"博学而笃志,切问而近思。"
（《论语》）

博晓古今,可立一家之说;
学贯中西,或成经国之才。

复旦博学·复旦博学·复旦博学·复旦博学·复旦博学·复旦博学·复旦博学

主编简介

杨伟国，中国人民大学劳动人事学院院长、教授、博士生导师，教学研究领域为：战略人力资源审计、就业理论与政策、劳动与雇佣法经济学、人力资源创业管理。现兼任中国人力资本审计研究所所长、德国劳工研究所（IZA）研究员等。曾主持或参与数十项国家社科基金、教育部、人社部、北京市委、苏州工业园、北京经济开发区等课题，发表论文逾百篇，著有《战略人力资源审计》（第1、2版）、《人力资源管理中国版》（第10版）、《劳动力市场政策评估国际手册》、《转型中的中国就业政策》、《劳动经济学》（第1、2版）、《劳动与雇佣法经济学》和《战略企业社会责任》等（专著、合著、译著、教材）20多部。先后任职于国家商务部（原外经贸部）、深圳海王集团、中国南光进出口总公司、南光捷克有限公司（布拉格）、中国光大银行、中国社会科学院等机构，先后留学或访问德国法兰克福大学、美国国务院及劳工部（IVP）、德国奥斯纳布吕克大学（DAAD-PPP）、香港科技大学、美国宾州州立大学（HHP）、英国剑桥大学等。先后主持或参与信息与通信、金融、电力、石油天然气、人才服务等多行业大型国有企业、民营企业、合资企业、上市公司以及政府部门等的战略人力资源咨询与培训项目逾百项次。联系方式：weiguoyang@ruc.edu.cn

丛书编辑委员会

主　任　曾湘泉

委　员　（按姓氏笔画排序）

文跃然　孙健敏　刘子馨　刘尔铎　萧鸣政

苏荣刚　郑功成　徐惠平　彭剑锋

总策划

文跃然　苏荣刚

普通高等教育"十一五"国家级规划教材

本丛书荣获第六届高等教育国家级教学成果奖

战略人力资源审计

中国最有影响和最具实力的人力资源院校

中国人民大学劳动人事学院组织编写

复旦博学

21世纪人力资源管理丛书

（第三版）

杨伟国 著

复旦大学出版社

www.fudanpress.com.cn

内容提要

本书是目前国内关于人力资源审计方面为数不多的、理论与实践相结合的系统性教材。全书共有七部分内容：战略人力资源审计结构、战略人力资源审计模式、战略人力资源功能审计、战略人力资源规则审计、战略人力资源行动审计、战略人力资源基础结构审计和战略人力资本审计。

本书至少在以下三个方面作出了创新的尝试：

第一，提供了评估、审核人力资源管理的框架与方法。

第二，将其他管理领域的知识积累和学科进展融入人力资源审计框架之中。

第三，突破了既有的人力资源管理的结构，基于对人力资源管理实践的理解和对其他管理领域的学习吸收，极大地扩展了主流人力资源管理的内涵。

作为"复旦博学·21世纪人力资源管理丛书"之一，本书适合大学人力资源管理专业及相关经济管理专业师生作为教材使用，也可作为企业人力资源主管的参考书。

前言（第三版）

这是一本关于战略人力资源审计基本理论的著作。13年前,一个偶然的机会看到"人力资源审计"(human resources audit)这个词,我下意识地认为这是一个尚待开发的新兴领域。在当时的情境下,根据我过去10多年在中央政府部门、各类企业(民营、国有、合资以及驻外中资企业等)以及科研部门的实际工作经历,我的切身感受是我们勇于做事,所以我们取得了巨大的成就;但是,我们很少回顾、审核、思考、改进,所以我们也一再犯错误,我们应该可以做得更好。我想人力资源审计或许可以做一些贡献。

因此,我花了两年的时间收集、翻译、整理、学习人力资源审计的相关文献资料,算是对这个领域有了初步的把握。刚好2003年回到母校工作,借劳动人事学院与复旦大学出版社合作出版教材之机,将自己的学习成果以《战略人力资源审计》(2004年第1版)为名出版。那是这个领域国内第一部著作,也是这个领域中一个完全原创性的分析框架。毫无疑问,在这本书中,大量引用也是一个非常突出的特点。

本书第1版出版后的五年,也是这个领域的研究与应用蓄积酝酿的五年。无论是学术界还是实践部门,大家都在不断地学习与尝试。在读者反馈和自我学习积累的支持下,我对第1版进行了大幅度修订,并于2009年底出版本书第2版。如果说,第1版的"编著"更靠近"编"的话,那么第2版的"编著"则希望更靠近"著"一些。这是一个非常艰辛的过程,但是这也不意味着它就完全令人满意了,需要改进的地方仍然很多。

时间又过去五年。2014年我开始这本书新的修订。这次修订试图回答两个问题:一是这本书到底有什么创新?二是还有什么地方需要进一步改进?实际上,从2004年的第1版开始,战略人力资源审计就在三个方面取得了突破：第一是它至少在人力资源管理领域提醒我们不仅要做事，更要认真分析事情做得是否科学，是否可以做得更好，并且提供了评估审核人力资源管理的框架与方法。形象地说，就是提醒我们要看看硬币的另一面。第二是它将其他管理领域的知识积累和学科进展融入人力资源审计框架之中，例如战略管理、项目管理、流程管理等，从而使人力资源审计更加科学、更加切合管理实践的需要。第三是它突破了既有的人力资源管理的结构，基于对人力资源管理实践的理解和对其他管理领域的学习吸收，极大地扩展了主流人力资源管理的内涵，例如人力资源法律、人力资源项目、人力资源事务、人力资源治理、人力资本结构等，从而有助于人力资源管理学科的进步。过去十年的工作就是要让这些突破更加名副其实，也是将来继续要做的工作。

至于新的改进，在本次修订过程中，我在学习如何更多、更好地用自己的语言来阐释自己所构建的分析框架。必须承认的是，由于人力资源审计实际上涉及的领域非常广，牵涉到诸多领域的知识，作者对其中的许多理解尚浅，因此，我仍然需要在很多地方引用既有的研究成果来充实这个框架。自己也在这个学习过程中不仅不断加深对这些领域的理解，也不断加深了对人力资源审计的理解。在这本著作中，虽已是三度修订，仍然有不少薄弱的地方，甚至非常薄弱的地方，例如，第6章、第4章第4节等。除此之外，也在修订过程进行了很多新的思考。这个模型是否可以继续优化（如加入人力资源环境审计和人力资源结果审计）？这可能是下一个5年需要深入研究的问题。科学无止境！

2014年底我从苏州校区重新回到学院工作，重新回到自己的专业领域，感恩永在，心情愉快。感谢我的老师们、同事们和同学们，让我工作在一个独一无二的组织中。感谢我的家人，让我拥有一个独一无二的家庭。

最后还是：鉴于作者的学识，这本书必定还有许多不足乃至不当的地方，恳请读者和学界批评指正。对于书中的错误，作者理当承担一切责任。

杨伟国

2015年4月8日，于时雨园

前言（第二版）

本书第一版出版已然五年。在这五年中，这本教材或其主要内容在很多不同场合的授课和培训中使用过，这包括各类企业的人力资源专业人员、不同的中央或地方政府部门、军队系统、不同层次的在校学生，以及高校系统等。作者也因此获得了第一手的反馈信息。其中有两点反馈很重要，并构成本书本次再版修改的主要基础：有些理论性，从而有些难读；操作性不够强。关于第一个反馈，主要是由于作者对该领域文献消化理解得不够，对文献更多采用的是翻译式的引用，影响了读者的理解；第二个原因则是因为人力资源审计作为新兴学科，作者积累与学识有限，难以做到深入浅出。这次也希望读者能发现有了非常明显的调整。但是，因为毕竟是原理课，所以"理论性"是基本要求，当然，我尽力使其成为一本"读者友好型"的教材。关于"操作性不强"的反馈，我在这次再版中只有"些许"改进，这样做一则是因为"原理"教材的基本要求，二则是因为这些年一直在积累素材，希望将来专门把战略人力资源审计实务整理出来，以方便学生与人力资源业界更好地借鉴使用。在这版中，实务和技术层面的内容更多是示例性的。最后，我个人也想特别强调，在我们的人力资源领域中，理论的贫困是关键问题。或许这个说法过于尖锐乃至武断。

本次再版依旧获得了复旦大学出版社的资助，同时也获得了北京市2006年优秀人才计划"人力资源审计基础理论"项目的资助。在本版中，本书主要在以下方面做出改进：第一，本书结构有一个重大调整是在本书FRAIP模型的第3章到第7章均加上了概述性的第一节，提出了本节内容的模型和清单，便于读者更好地宏观把握本章内容。第二，除了精炼了每章的内容之外，也调整了部分章节的内容结构，以更好地反映人力资源审计内在的逻辑。例如,将原第5章的人力资源绩效审计转至第3章,因为人力资源绩效不只是人力资源行动的结果而是整个人力资源战略的结果;在第5章增加了"人力资源事务审计"一节,其实道理非常容易理解,人力资源事务一直是人力资源管理的基本单位,只不过我们更盯着"战略"而忽视了它的存在。此外,我们在第6章增加了人力资源治理审计的内容,以反映这个领域的新发展。第7章也根据内容的内在逻辑关系而调整了顺序。第三,在文献方面,第一版部分章节引用存在不严谨的地方,对有些主题的阐述因为个人缺乏积累而较大篇幅的引用,在这一版中尽可能做出明显的改进,删除了过去较大篇幅引用的部分;本版还更新了大量的文献,以反映本领域的进步;而且对文献进行了更多的提炼,以满足充实分析框架的要求;特别是挖掘了过去遗漏的文献,使得对这个领域的概括更为准确,全面反映了本学科的现状。第四,在案例方面也做了许多改进。在每一章前面增加了引例,希望通过具体的案例能让读者更容易进入这个领域;再版中还增加了一些更新的案例,而且还增加了一些本土案例。特别值得一提的是中国神华股份公司国华电力分公司。我与国华在人力资源领域的合作有差不多10年的时间,我觉得它是我国在管理领域中最具勇气的企业,他们不断尝试新的管理领域,人力资源审计就是其中之一。本版中的一些案例就是我们合作的结果。其完整的内容呈现在《发电企业人力资源管理理论与实践》中。

本书出版后的五年中,我国人力资源审计领域出现很多研究性成果,在人力资源管理实践领域中,也有不少咨询机构开始尝试人力资源审计业务,这些都是令人欣喜的发展。不过,认真阅读和观察后,还是有一些不安,原创性成果还是非常的稀缺,仓促性特征还是比较明显。毕竟我们已经起步,期待更多的学者与业界同仁关注参与这个领域的开发。

在本版即将提交给复旦大学出版社之际,从学校得知本书所在的"复旦博学·21世纪人力资源管理丛书"荣获北京市2008年教学成果奖一等奖、2009年国家教学成果奖二等奖。这个奖跟我实际上没有多大关系,但心里还是很喜悦,而更多的是感激。正如在第一版后记所提到的,本书是中国人民大学劳动人事学院院长曾湘泉教授主编的"复旦博学——21世纪人力资源管理丛书"的一部分,今天所得到的认可是曾湘泉教授给我这个机会让我能参与其中。作者从1991年毕业后离开学院,到2003年再回到学院任教,这些年里深深感到劳动人事学院诸位同仁所给予的巨大帮助和关心。就本书而言,作者特别感谢曾湘泉教授、孙健敏教授、文跃然副教授、石伟教授、周文霞教授、程延园教授、徐世勇副教授、刘松博副教授、李育辉博士等给予的启发。

作者感谢刘晓萌同学为本书所做的独一无二的贡献,他本人也因此成为中国以"人力资源审计"为题完成硕士论文的第一人。与他同在2006级的熊能、王发波、代懋、王婧,以及2007级陈玉杰、谢欢、张成刚、高峰、章睿,2008级国艳敏、罗西、毛艾琳、毛竞新、文彦蕊等都为本书付出了艰辛的努力。此外,作者非常感谢复旦大学出版社苏荣刚先生对本书第一版和再版所给予的大力支持。最后,我特别感谢我的家人。我的父母年事已高,仍在为我们操劳家务,好让我们安心工作。我的妻子王飞博士要兼顾工作、儿子的学习以及对我的专业支持。小儿启中今年8岁,已让我感到小子初长成,更让我感到人生如此美好。

最后还是第一版后记的那几句话:鉴于作者的学识,这本教材必定还有许多不足乃至不当的地方,恳请读者和学界批评指正。对于书中的错误,作者理当承担一切责任。更多的是希望更多的人参与这个领域,孤单不是一种境界。

杨伟国

2009年9月12日于求是楼

目录

1	前言（第三版）
1	前言（第二版）

1	**第1章　战略人力资源审计结构**
1	学习目标
2	引例　美国迈阿密地区的公司主张实施人力资源审计
3	1.1 战略人力资源审计的兴起
13	1.2 战略人力资源审计的界定
17	1.3 战略人力资源审计的结构
21	1.4 战略人力资源审计的价值
23	本章小结
24	复习思考题
25	案例　GAO对美国国防部的人事管理审计

26	**第2章　战略人力资源审计模式**
26	学习目标
27	引例　审计人力资源功能

29	2.1 战略人力资源审计主体与客体
33	2.2 战略人力资源审计方法
42	2.3 战略人力资源审计流程
44	2.4 战略人力资源审计报告
47	本章小结
48	复习思考题
48	案例1　花旗银行的人事管理审计：1974年
52	案例2　人力资源管理审计项目指南

54	**第3章　战略人力资源功能审计**
54	学习目标
55	引例　CD电力公司网站上的招聘广告
56	3.1 人力资源功能审计模型
58	3.2 人力资源战略审计
66	3.3 人力资源系统审计
68	3.4 人力资源技术审计
74	3.5 人力资源绩效审计
78	本章小结
79	复习思考题
80	案例1　人力资源战略审计：国华电力公司的人力资源战略
84	案例2　人力资源战略审计：某金融机构营销战略与考核激励制度（节选）

87	**第4章　战略人力资源规则审计**
87	学习目标
88	引例　可口可乐"派遣工"争议折射劳动合同法漏洞
90	4.1 人力资源规则审计模型
91	4.2 人力资源法律审计
101	4.3 人力资源制度审计

106	4.4 人力资源流程审计
111	本章小结
112	复习思考题
113	案例1　人力资源法律审计：内地在港上市Z公司管理层产权分享制度（节选）
116	案例2　人力资源制度审计：G公司员工招聘管理办法（节选）

118　第5章　战略人力资源行动审计

118	学习目标
119	引例　NOSA成就绿色电站
121	5.1 人力资源行动审计模型
123	5.2 人力资源计划审计
126	5.3 人力资源项目审计
134	5.4 人力资源事务审计
140	本章小结
141	复习思考题
141	案例1　人力资源管理计划审计：G公司2004年度人力资源管理计划
144	案例2　人力资源事务审计：国华电力人力资源规范化审计大纲（节选）

146　第6章　战略人力资源基础结构审计

146	学习目标
147	引例　人力资源治理何以如此重要
149	6.1 人力资源基础结构审计模型
150	6.2 公司治理与人力资源治理审计
157	6.3 公司组织结构审计
163	6.4 公司职位结构审计

170	6.5 人力资源信息系统结构审计	
174	本章小结	
175	复习思考题	
176	案例1	职位结构审计：J公司职位评价方案(节选)
179	案例2	人力资源信息系统审计：GE(中国)医疗系统部的eHR管理(节选)

182	**第7章 战略人力资本审计**	
182	学习目标	
183	引例　诺基亚管理秘诀：保持薪酬竞争力,重赏好员工	
185	7.1 人力资本审计模型	
187	7.2 人力资本结构审计	
191	7.3 人力资本价值与收益审计	
194	7.4 人力资本倾向审计	
197	7.5 人力资本流动审计	
202	本章小结	
204	复习思考题	
204	案例1	人力资本结构审计：ST公司的员工调查
207	案例2	人力资本流动审计：谷歌员工纷纷转投微软,人才流动演绎新篇章

209	参考文献
214	后记(第一版)

第1章 战略人力资源审计结构

【学习目标】

学习完本章内容之后,你应该能够:

1. 了解管理审计与人力资源管理审计的历史发展
2. 理解人力资源管理审计兴起的原因
3. 熟悉人力资源管理审计的代表性定义
4. 掌握战略人力资源审计的概念
5. 理解 FRAIP 模型
6. 了解战略人力资源审计的价值

引例　美国迈阿密地区的公司主张实施人力资源审计

在美国迈阿密（Miami）地区，涉及性别、民族起源、信仰、种族、肤色、残疾和年龄的歧视案件数量惊人。人力资源审计可以通过评价你的公司当前对雇佣法和各种法令的遵守程度、指出你的组织中的潜在问题等方式减少被起诉的机会，而且人力资源审计很有希望成为解决任何已发现问题的第一步。

下面就是一个例子。

两名分别叫詹尼特·史密斯和帕蒂沙·哈维德的妇女都申请了一家制造公司的一个管理职位，她们都填写了雇佣申请表而且都被邀请参加面试。注意到禁止歧视少数民族的《公平就业机会法案》，该公司对其员工进行了法律准许的面试技术的培训。虽然两位妇女拥有相似的工作经验，但是这家公司却把机会给了史密斯，因为从她的面试看来，她更适合公司的企业文化。

当帕蒂沙·哈维德断定该公司对她的民族起源（西班牙裔）构成了歧视时，公司感到令人不解。面试者确信她的民族起源问题从来就不是一个讨论的话题，而且如果不是这样他们根本就没有意识到她的民族起源问题。但是，他们使用了近20年、在雇佣管理人员时很少被参考的雇佣申请表却询问了申请人的种族。因为两名妇女的工作经验几乎完全相同，而且另一个候选人仅仅是因为似乎更适合公司才被雇佣的，该公司很快就输了官司。

当公司注意到公平就业机会时，一个完整的人力资源审计或许可以为他们节省时间和成本、减少麻烦。一个基本的人力资源审计可通过分析组织的结构、政策和实践、表格、文件和记录实践的档案资料以确信他们都遵守了各种雇佣法令。

下面是为了加强企业对各种法律的遵守、减少企业在雇佣方面的责任必须采取的措施：

1. 在公平劳动标准法案下，从豁免加班和非豁免加班的角度分析你的雇员的种类；
2. 确保向非豁免雇员支付了合适的加班费；
3. 审查你的惩罚政策并确信你遵守了你的惩罚政策；
4. 检查你的工作申请表和招聘广告确信它们没有提出《公平就业机会法》不允许的问题；
5. 根据适用法律和法令的要求而保存人事资料；
6. 以保密的方式保存雇员的医学档案；

> 7. 开发或购买人事政策和程序手册；
>
> 人力资源专家或律师都可以有效地完成人力资源审计。
>
> 不要等待,你不知道的东西就是可能伤害你的东西。
>
> 案例来源：Miami-Area Companies Urged to Perform Human Resources Audit, The (FL) Miami Herald, Sep. 19 2000. 经作者编辑整理。

这个案例显示的是美国发展最为成熟的人力资源审计领域——人力资源法律审计；在法律领域，其也被称为劳动与雇佣法审计。人力资源法律审计的核心功能在于通过对公司的人力资源政策、程序等所有人力资源管理活动进行审计，确保符合现行法律要求，避免高昂的诉讼与管理成本。实际上，人力资源法律审计只是人力资源审计的组成部分之一，人力资源审计包含的内容更多更广。那么，人力资源审计到底包括哪些内容？对一个组织有何价值？更进一步说，我们回到本源，到底什么是人力资源审计？为什么会出现人力资源审计？人力资源审计是如何发展变迁的？这就是本章试图回答的问题。

1.1 战略人力资源审计的兴起

战略人力资源审计的兴起的基本逻辑是：人力资源的战略价值决定了人力资源管理在战略上重新定位的内在要求，而实践中的管理困境又使得人力资源价值难以充分发挥，因此，探寻管理困境的根源成为人力资源管理的首要主题，这正是战略人力资源审计的使命所在。

1.1.1 人力资源管理审计的发展

人力资源管理审计作为管理审计的一个组成部分，它的起源可以追溯到20世纪30年代。1932年，英国三大协会（机械工程师协会、生产工程师协会和英国管理协会）会员罗斯(T. G. Ross)，撰写了探讨管理审计科学的第一部著作——《管理审计》(The Management Audit)①。在《管理审计》中，罗斯倡导以职能部门评价和成绩评价为核心的管理审计。罗斯认为：应将企业划分为若干个职责不同的部门，应建立用

---

① 王光远,《管理审计理论》,1996年,中国人民大学出版社。追溯人力资源审计的历史是一个非常艰难的过程。王光远所著的《管理审计理论》详述了管理审计的链式变迁。除非特别说明,本节关于管理审计发展的历史均来源于王光远的著作。关于在管理审计发展过程中人力资源管理审计的演变,作者基于王光远的著作进行了提炼归纳,并参阅了相关的文献,均在脚注中做出说明。

效率来衡量管理的技术程序；而一个具有 15 年以上工作经验并且有管理才能的管理者应能审查评价每一个职能部门的效率和成绩，这时管理审计自然也包括对人事部门及其活动的审计与评价。

另一位对管理审计因而也对人力资源管理审计作出开创性贡献的是曾任美国管理协会主席的詹姆斯·麦金西（James O. Mckinsey）。他在 20 世纪 30 年代创造性地主张应对企业定期实行管理审计（management auditing）。这实质上是对整个企业的一次自我审计（self audit）。企业自我审计的目的在于定期审核企业的现状，通常是每两年、三年或五年进行一次。首先，通过研究市场需求趋势、技术发展变化以及政治和社会因素对企业所在行业的影响，来判断企业外部环境的未来状况。接下来，要评估企业现在及未来在该行业中的竞争地位。在此基础上，即可审核企业的总体目标和政策、未来或持续进行的规划、具体的程序、人事、管理以及财务状况，实现从总体到个体、从各个分部到所有业务活动的全面分析与评价。由此可见，到了麦金西时代，人事管理审计已经在管理审计中被明确提出。

20 世纪 50 年代，杰克逊·马丁德尔（Jackson Martindell）出任美国管理协会（AMA）的会长之后，对美国数百家大公司实施了管理审计，从而推动了管理审计实务的发展。该协会还一度创办了《管理审计》期刊（The Management Audit）。马丁德尔本人在 1950 年撰写了《对管理的科学评价》，这是继罗斯的著作之后的第二部严肃地探讨管理审计的著作。在这本著作中，马丁德尔系统阐述了对组织中管理能力的评价问题，并提出了明确的十大评价标准。在马丁德尔的十大标准中，对公司组织结构、董事会业绩分析以及对经理人的评价等领域也都属于人事管理的范畴。

特别重要的是，人事管理审计已经被明确表明属于美国注册会计师管理咨询服务的九大领域之一，即综合管理、财务、生产、销售、行政管理、采购、交通和运输、人事、研究与发展。这一时期，许多国际性会计公司纷纷设立管理咨询部门，提供人事管理审计服务。例如，厄恩斯特扬兄弟合伙公司将战前设立的专事税务和管理咨询的服务部改组为管理服务部，管理服务部的职责就包含了为会计公司本身和客户提供组织与人事的专业知识。

在管理审计与咨询发展的进程中，人事管理审计也开始呈现出相对独立的特征。1955 年，纽约麦格劳希尔（McGraw-Hill）公司出版了托马斯·卢克（Thomas Jefferson Luck）的《人事管理审计与评估》一书，这应是第一部人事管理审计著作[1]。20 世纪 60 年代中期，美国产业会议委员会出版了《致高级管理层的人事管理审计与报告》[2]。

---

[1] Luck, Thomas Jefferson, *Personnel Audit and Appraisal*, New York: McGraw-Hill, 1955. 依据对美国国会图书馆的藏书搜索。

[2] Seybold, Geneva, *Personnel Audits and Reports to Top Management*, New York: National Industrial Conference Board, 1964.

这份报告是美国产业会议委员会出版的"人事管理政策研究"系列中的第三份研究成果。其目的是向公司提供了解人事管理政策与程序是否得以执行的方法。在这里，人事管理审计被定义为对决定公司人事管理效果的人事政策、程序和实践的分析与评估。这可能是对人力资源管理审计的最早定义。另一部重要的人事管理审计著作是小赫勒曼（H. G. Heneman, Jr.）1967 年出版的《人事管理审计与人力资产》[1]。

到 20 世纪七八十年代，随着美国对公用事业管理审计的加强，人力资源管理审计也随之得到强化与发展。1974 年 6 月，纽约州公共服务委员会（PSC）要求阿瑟·利特尔咨询公司审查爱迪生联合公司的管理系统和业务活动，从那时起到 1975 年 11 月，九大私营投资电力和煤气公用事业公司，全部接受了一次管理审计。进入 80 年代，纽约州的公用事业管理审计经验引起了广泛关注。遂由美国霍夫施特拉大学的管理学教授霍华德·戈林鲍姆发起并组织对纽约州公用事业管理审计实践进行了一次系统的调查研究。这项研究形成了一份长达 350 页的翔实报告，并以《作为管理工具的管理审计》为题出版，该报告由八章组成，其中第五章专门讨论和分析了人力资源管理审计。

这个时代的一个标志性事件是美国私人机构启动专门的人力资源审计——世界最大银行之一的美国花旗银行开展了人事实践审计。人事实践审计起着员工关系早期预警体系的作用，它是通过指出已出现的和潜在的由于人事实践的不恰当管理而引发的员工不满意的来源发挥作用的。另外，人事实践审计也为改正已发现的问题提供了直接机会。在《花旗银行主管人事政策手册》中，列出了大约 50 项对一线管理人员提出具体要求的人事政策。花旗银行的人事实践审计主要关注和衡量管理者服从这些要求的程度。花旗银行的人事实践审计小组可以自主决定审计的范围，对基本审计单位的选择、人事审计的流程和方法、人事审计的主体、人事审计的时限、人事审计的预期效果等都做出了明确的规定[2]。在整个 70 年代，人力资源管理审计都是管理审计所涉及的主要职能领域之一。根据普华永道会计公司在 1979 年所进行的调查，管理审计的范围主要包括 12 个职能领域，诸如：执行管理、系统计划与设计、组织结构、燃料管理、财务管理、人力资源管理、生产效率、公司供给服务等。

英国也是 20 世纪八九十年代人事管理审计发展的最主要的贡献者之一。英国国家审计署（National Audit Office, NAO）于 1987 年 10 月成立人力资源分署。人力资源分署的工作主要是开展系统审计，也涉及绩效审计的内容。它既关注于人力资源部门，同时也考虑到广义的人力资源管理[3]。对人力资源的利用进行审计一直是英

---

[1] Heneman, H. G. Jr., *Personnel Audits and Manpower Assets*, [Minneapolis] Industrial Relations Center, University of Minnesota, 1967.
[2] Paul Sheibar, Personnel Practices Reviews: A Personnel Audit Activity, *Personnel Journal*, Mar. 1974.
[3] McBrayne, I., Audit in the human resources field, *Public Administration*, 1990, 68(3), pp. 369-375.

国国家审计署工作的重要组成部分。它包括对公共雇员管理的效率和效果以及对公共雇员的激励、绩效、薪酬、生产率和个人福利等方面的常规检查。其目标在于：研究人力资源实践；检查公共部门的人员控制与人事管理；为人力资源审计建立坚实的智力基础，包括建立专家小组、与外部专家合作乃至与国外专家合作；在所审计的机构鼓励所有人力资源领域的良好实践；促进对人力资源事务的重视①。有意思的是，作为发展中国家的巴基斯坦或许因为是英联邦国家也开展了政府人力资源管理绩效审计。他们确定了四个关键审计领域：组织结构、人力资源规划、培训以及激励。每一个审计领域都分别详细介绍了审计内容与方法②。

20世纪90年代之后，无论从实践上还是从理论上，人力资源管理审计开始成为一个相对独立的管理领域。除了管理咨询公司（含会计师、审计师事务所）提供越来越多的人力资源管理审计咨询服务之外，政府、企业乃至非营利组织内部也都对人力资源管理审计日益关注，这种实践发展也体现在理论研究和专业教材之中③。麦克布莱恩于1990年发表《人力资源领域中的审计》一文，探讨了公共部门的人力资源审计实践④。人力资源管理审计逐渐成为人力资源管理教材中独立的一章，并有专门的人力资源管理审计专著问世。多林科（Dolenko）在其《人力资源管理审计》一书中提出了支撑人力资源审计存在与发展的三个基本假设：(1)每项人事功能都要求以最少量的关键行为达到最大的绩效；(2)存在被普遍接受的可以运用于这些关键行为的管理原则；(3)如果遵循这些被普遍接受的管理原则，人事功能将更可能有效率、有经济性和有效果。多林科的人力资源管理审计关注员工关系、人力资源规划、员工招聘与配置、培训、绩效评估、薪酬与福利、人力资源信息系统等领域。这本书被认为是任何计划并从事人力资源审计之前都必须阅读的简洁指南⑤。1999年，李·帕特森的《人力资源管理审计》就已经出版了第三版。不过，这本书实际上是一个人力资源法律审计的实务操作手册⑥。

进入21世纪，人力资源审计进入真正专业化的阶段。这个阶段的最关键标志是：提出明确的人力资源审计的概念以及相应的人力资源审计模型。这其中最重要

---

① Easteal, Martin, The Audit of Human Resources, *International Journal of Government Auditing*, Jan. 1992, 19(1), pp.10-11.
② Arif, A. R., Performance Audit of Human Resources Management, *International Journal of Government Auditing*, April, 1989, 16(2), pp.9-11.
③ 例如，Herman Schwind, Hari Das and Terry Wagar, *Canadian Human Resource Management a Strategic Approach*, 6th edition, Toronto: McGraw-Hill Ryerson, 2001; Raymond J. Stone, *Human Resource Management*, 3rd edition, 1998, Brisbane: John Wiley & Sons Australia。
④ Ian Mcbrayne, Audit in the Human Resources Field, *Public Administration*, Autumn 1990, 68, pp.369-375.
⑤ Marilyn Dolenko, *Auditing Human Resources Management*, Institute of Internal Auditors, Florida: Altamonte Springs, 1990.
⑥ Lee T. Paterson, *The Human Resource Audit*, 3rd edition, Charlottesville: VA Lexis Law Publishing, 1999.

的模型包括：纳特利（Nutley，2000）二维人力资源审计模型①，施温德、达斯与瓦格尔（Schwind, Das and Wagar，2001）共同提出的 SDW 模型②。最近的人力资源管理审计实务方面的著作是由爱德华兹（Jack E. Edwards）、斯科特（John C. Scott）和拉尤（Nambury S. Raju）共同主编的《人力资源项目评估手册》，尽管它更侧重于人力资源项目评估，仍为组织内部实施人力资源管理审计和专业咨询公司提供审计咨询服务准备了完整的指南③。在学术研究研究领域，2007 年，澳大利亚南昆斯兰大学安德鲁斯以"开发并实施人力资源管理绩效审计：澳大利亚大学的案例研究"为题完成其博士论文。这推动了人力资源审计更为深入的研究④。

2000 年之后，中国开始系统性地关注人力资源审计并取得了一定的发展，特别是在 2010 年之后，无论是学术研究还是实务应用都快速进步。国内第一部系统的人力资源审计著作出版于 2004 年，作者杨伟国第一次提出 PRAIP 模型；2009 年，该书第二版出版⑤。2012 年段兴民主编的《人力资源管理审计》（科学版）出版⑥。除此之外，在国内学术期刊上，我们欣喜地看到越来越多的人力资源审计应用性研究。在应用领域，由杨伟国、代懋主编的《中国人力资源法律审计报告（2012—2013）》与《中国人力资源法律审计报告（2014）》先后出版⑦。段磊等人主编的《人力资源四维审计 HRA4》于 2014 年出版⑧，最新的《中国宏观人力资本竞争力审计报告》于 2015 年初出版⑨。

1.1.2 人力资源管理的战略定位

人力资源管理审计的演变过程也是人力资源的战略价值被逐步发现并被重视的过程，可以说，人力资源审计的本原在于人力资源对于组织的战略价值：人力资源是稀缺的、能动的战略性资源。由于时代的变化而导致人力资源的战略价值凸显，因

---

① Nutley, Sandra, Beyond Systems: HRM Audits in the Public Sector, *Human Resource Management Journal*, 2000, 10(2), pp.21-38.
② Herman Schwind, Hari Das and Terry Wagar, *Canadian Human Resource Management a Strategic Approach*, 6th edition, Toronto: McGraw-Hill Ryerson, 2001.
③ Jack E. Edwards, John C. Scott and Nambury S. Raju, *The Human Resources Program-Evaluation Handbook*, Thousand Oaks, CA.: Sage Publications, 2003.
④ Christopher John Andrews, *Developing and Conducting a Human Resource Management Performance Audit: Case Study of an Australian University*, Dissertation, Faculty of Business, University of Southern Queensland, 2007.
⑤ 杨伟国，《战略人力资源审计》（第 1、2 版），复旦大学出版社，2004 年、2009 年。
⑥ 段兴民，《人力资源管理审计》（科学版），科学出版社，2012 年。
⑦ 杨伟国、代懋，《中国人力资源法律审计报告：了解就业管制环境（2012—2013）》，中国人民大学出版社，2013 年；杨伟国、代懋，《中国人力资源法律审计报告：了解企业人力资源法律风险（2014）》，中国人民大学出版社，2014 年。
⑧ 段磊、荆泽峰、孙超，《人力资源四维审计 HRA4》，中国发展出版社，2014 年。
⑨ 杨伟国，《中国宏观人力资本竞争力审计报告》，中国人民大学出版社，2015 年。

此，为将这种潜在价值转化成企业（实际上是所有的组织）最终的战略目标，承担人力资源价值转化功能的人力资源管理势必要进行战略重新定位：从传统的人事管理转向战略人力资源管理，成为企业持续发展的战略伙伴。

人力资源是战略性资源。任何企业的生存和发展都必须同时拥有非人力资源和人力资源，两者缺一不可；而与非人力资源不同的是，人力资源是企业创造价值的源泉，非人力资源唯有通过人力资源的运用才能创造价值，才能创造利润，从而保证企业的生存，推动企业的发展，因此，只有人力资源才是企业生存和发展的真正主体。正如德斯勒在他的《人力资源管理》中引用一位公司总裁的话说："许多年来，人们一直都在说，对于处于发展中的行业来说，资本是一个瓶颈。而我已经不再认为这种看法是正确的了。我认为真正构成生产瓶颈的是劳动力以及公司在招募及留住优秀劳动力方面的无能。我还没有听说过任何一项以完美的思路、充沛的精力和真诚的热情为后盾的重要计划会因资本的缺乏而中止。我只知道那些陷于部分停滞或完全被遏止的行业是由于他们不能维持劳动力的效率和工作热情。并且我认为，这种判断在将来会越来越显示出其正确性……"①而随着经济结构正在发生革命性变化，经济增长的内生性日益增强，人力资源（人力资本）日益成为经济增长的动力源。

人力资源这种战略性资源又是稀缺性资源。人力资源比非人力资源更为稀缺，具有更难的可获得性，而且存在着极大的结构性矛盾，对企业至关重要的影响在于教育体制的滞后、金融资源的创新与就业倾向的转变。教育对优秀人才供给的作用始终滞后于企业的需求，而非人力资源特别是资金资源由于市场发育和金融创新对于具有良好发展前途的项目或企业来说则具有较容易的可获得性。

特别重要的是，这种稀缺的战略性资源又是能动性资源。非人力资源对企业战略目标的贡献是既定的，而人力资源由于能动性使其贡献处于极大的区间之中，而且这种能动性还最后决定了非人力资源的贡献，具有整体的且双向的倍数效应。如今的管理人员意识到，互联网时代的公司有赖于员工的聪明才智和主动性来作出更贴近消费者、对市场反应更快的决定。互联网时代孕育出的最好公司都在改写知识资本的法则——它们在这个人才比任何时候都更重要的时代制定了如何吸引、培养和留住人才的新标准，同时也正在利用网络打破人才资源维护与培养方面的传统框架。

人力资源的战略价值改变了人力资源管理的战略定位。密歇根大学早在2002年公布的全球人力资源能力调查与研究结果就表明，高绩效企业最明显的特征是，人力资源战略和企业战略紧密有效地结合在一起。财务表现的至少10%归结于人力资源的竞争和实施。人力资源对企业战略的整体影响力高达43%——几乎是其他任何

---

① Quoted in Fred K. Foulkes, The Expanding Role of the Personnel Function, *Harvard Business Review* (March-April), 1975, pp. 71-84，转引自：加里·德斯勒，《人力资源管理》，中国人民大学出版社，1999年，第3—4页。

因素影响力的两倍①。密歇根大学的全球人力资源能力调查与研究一直提倡并强调,人力资源高管应该成为企业圆桌会议中的成员,应该参与战略的制定,人力资源问题成为公司议程中的主要议题之一。人力资源角色的转变是不言而喻的,优秀的人力资源管理必须能够创造负责任而又受市场驱动的组织②。

1.1.3 人力资源管理的战略困境

由于人力资源在组织中的价值从而人力资源管理对组织的贡献日益提高,人力资源管理重新定位的压力愈益增大,但人力资源管理的转型不论在战略上还是在技术上仍有很长的路要走。我们可以将人力资源管理的战略转型所面临的困境概括为八个方面的关键挑战,即市场竞争、法律环境、战略定位、管理结构、利益机制、绩效评价、信息技术、人力资本。这种概括既基于对全球企业的一般性考察,又是基于对中国企业人力资源管理的调查和理解。实际上,中国企业有很多方面与国外企业所表现出来的特征也有近似之处,差别更多的是程度方面的。

建立适应于市场环境变化的人力资源战略是企业面临的首要挑战。市场环境是外生变量,企业是环境的接受者。即便是传统上一国之内的垄断企业亦难以例外。经济全球化与经济市场化构成企业生存和发展的基本环境,不适应环境则必然被市场淘汰。日趋激烈的市场竞争迫使所有的企业将目光投向人力资源管理,这将是他们应对激烈竞争的最后武器。这是因为资本市场化导致资本更加容易获得,技术交易也相当成熟。竞争对人力资源管理变革提出的艰巨使命是在保持人力资源最大灵活性的同时挖掘人力资源的最大潜能。在中国,伴随着市场化,特别国家日益加大了对民营机构发展的支持力度,民营企业在产权安排上的灵活性以及在管理上的市场导向使得国有企业遭遇巨大的竞争压力,所有制的边界在竞争中日益模糊;伴随着全球化,中国经济逐步真正融入经济全球化的大潮之中,市场范围倍速扩大,专业分工也倍速深化。对于中国企业来说,国内、国外市场的边界越来越只具有纯粹的地理意义。

企业面临的第二个挑战是建立满足国家法律及适应于法律变化的人力资源战略。社会经济生活中一个越来越明显的趋势是对产品、服务及资本市场的管制越来越少,而对与人有关的事务的法律限制却越来越多、越来越严格。这与全球发展的方向都是一致的。中国政府对劳动力市场规范化和法制化程度的提升给中国人力资源

---

① "HR对企业战略的整体影响力高达43%:高绩效企业的关键所在",《21世纪经济报道》,2002年9月7日。密歇根大学的全球人力资源能力调查与研究在过去15年里进行了4次。2002年的调研覆盖了亚洲、欧洲、南美和北美267家企业人力资源专业人士、员工和一线经理,共7100人参加。

② "HR对企业战略的整体影响力高达43%:高绩效企业的关键所在",《21世纪经济报道》,2002年9月7日。

管理变革带来了更艰巨的使命：一方面，人力资源管理只有更大的灵活性才能应对政府规制的强化；另一方面，人力资源管理的任何变革又必须止步于国家法定的就业权利底线之上。2004年伊始，新修订的《集体合同规定》《最低工资规定》就同时颁布；随之，各类劳动就业法律法规不断出台，到了2007年出现了关键性的劳动雇佣立法的高峰期，特别是《劳动合同法》与《就业促进法》；更为重要的是，这些实体性政策的威力被程序性法规《劳动争议调解仲裁法》进一步放大和强化，推动了企业对基本就业权利的关注和投入。

为人力资源战略确立明确的企业整体战略发展方向是企业面临的挑战之三。市场与法律总是在不断变化，关键是企业要根据外部环境和自身使命而确定发展战略。没有企业整体战略，企业人力资源战略就失去了方向。企业战略通常存在的五大瓶颈是：战略定位不明、战略期望不实、战略优势不足、战略结构不稳与战略表述不清。战略定位不清是指企业的战略定位过于宽泛，不仅不能使市场清楚地了解它们的主导业务，而且也不能让公司员工明白公司主导的发展方向。战略期望不实是指企业都期望在企业经营管理的所有领域中实现最高水平的想法不切实际。技术、产品、管理、服务与解决方案涵盖了一个公司的全部经营活动，任何一个公司都难以在每一个方面取得顶尖级的水平。战略优势不足是指企业并不具有战略上的优势或正在丧失它。战略结构不稳主要体现在公司产权结构、治理结构、组织结构、业务组合战略结构和职能支持战略结构等方面。战略表述不清指的是企业战略表述的修辞化倾向明显，精雕细琢的、缤纷多彩的战略言辞迷惑了客户和员工，有时也使高管层陷入了陶醉之中：修辞似是现实。

企业面临的挑战之四是如何建立精简、高效、稳定、一体化的管理结构。企业是为实现一定目标而存在的系统，组织结构就是为了更好地通过配置资源实现这个目标而将企业系统有机地细分为相互支持的子系统的集合。企业组织结构的最大问题在于它既不支持企业的经济目标，似乎也不支持企业的权力目标，更像是许多独立组织的硬性捏合，整个组织结构是条块分割的，无法形成一个系统，缺乏可运行的"管理生产线"。这既增加了组织运营成本，也会阻碍甚至扭曲经营管理信息的传递，破坏组织运行效率。治理结构与职位结构也存在类似的难题。

如何建立支撑企业整体发展战略的利益动力机制是企业面临的第五个挑战。利益动力机制就是激励体系问题，是任何组织生存的基本前提。没有有效的内部利益动力机制不仅导致企业发展缺乏内在动力，而且导致企业经营管理中道德风险和逆向选择的发生，从而最终可能导致企业成为市场竞争的牺牲品。大多数企业确立了基本性的激励体系，但是，在结构性、长期性和动态性方面都还需要进一步改进。结构性指的是激励的构成是否科学合理，长期性则关注"终生收益"的激励，动态性意味着"权变性"优化调整。在这一方面，跨国公司也在不断探索之中。例如，摩托罗拉公司放弃了自己原来的薪酬体系,即员工所称的"只要你还活着,就能保证每六个月晋升一级工资"。它以另一种薪酬体系来代替,即根据员工掌握新技术和在团队工作中的表现支付薪酬。这听起来很好,难道不是吗?但员工对那些脱产学习六周,仍可拿奖金的同事不满,因为他们必须完成脱产者应完成的工作。最后,摩托罗拉也被迫放弃了这一新的薪酬制度①。从这个例子中,或许或多或少能体会到一些摩托罗拉公司发展乏力的原因。

企业面临的挑战之六是如何为企业的利益动力机制建立一套绩效评价标准和程序。利益动力机制是人力资源战略的核心,但如果没有公正合理的绩效评价标准和程序来支撑,利益动力机制的作用可能会适得其反。对许多企业而言,绩效评价问题实际上比利益机制问题更为严重。公司管理效果不佳的原因更多地源于绩效评价体系的缺陷而不是利益动力机制本身。绩效评价困境实际上包含着两个方面:一是没有通过职位分析和职位评价确定职位职责和任职条件,为绩效评价提供基本要素和标准;二是没有建立绩效考核体系,根据事先确定的绩效标准和考核程序实施绩效评价,并将评价结果运用于利益机制安排。林肯电气公司或许是一个参照。林肯电气公司是一家成功的企业,生产电弧焊设备。或许,它的奖励性工资制度造就了工人的高劳动生产率。林肯电气公司曾经试图将这一奖励性工资政策扩展到公司行政人员身上。为此,在打字机上安装了计数器,按照打出的字数付给秘书奖励性工资。这一政策导致了打字数量的增加。最终,这个政策没有执行下去,因为管理者发现,秘书利用午饭时间打一些毫无意义的东西,以图增加收入②。

企业面临的第七大挑战是如何建立整合的人力资源管理信息系统。以公路、机场等为代表的工业社会经济的基础设施,开始逐步升级为以互联网为基础设施的信息经济,具备信息基础设施是这个时代获得竞争优势乃至生存机会的基本前提条件。在这个时代的生产函数中,人力资本已经成为决定性的生产要素,但由于经济结构的迅速转型与教育制度的相对滞后而使得人力资本又成为最为稀缺的资源。人力资源管理信息系统的核心不仅在于其功能,而且,也更为重要的是,将企业各个信息系统整合为一体,使其连动配合,服务于企业发展战略。

企业面临的挑战之八是如何增加人力资本存量,优化人力资本结构,防止人力资本异化。人力资本的退化在一些企业已经成为一个普遍的现象,这主要是由以下几个原因形成的:一是重复简单的工作;二是缺乏培训深造的机会(如学习、在职学习、交流和挂职等);三是公司缺乏明确的职业生涯规划而导致自身学习动力的减弱;四是人力资本异化所引起的。另外一个严重的现象是人力资源的恶性流动:流出的人

---

① 乔治·T·米尔科维奇/杰里·M·纽曼,《薪酬管理》(第6版),中国人民大学出版社,2002年。
② Fast, N. and N. Berg, *The Lincoln Electric Company*, Harvard Business School Case #376-028, 1975. 转引自:J·A·布雷克利/C·W·史密斯/J·L·施泽曼,《管理经济学与组织架构》,华夏出版社,2001年,第27页。

才优秀于流入的人才,或者几乎只出不进,导致企业人力资本总体水平的恶化。

随着中国逐步融入全球经济体系以及市场化改革的深入,所有的组织特别是企业都处于大转折、大变动之中,不进则退,甚至不进则亡。过去的战略抉择、过去的组织结构、过去的管理模式都需要随着环境的变化而作出调整,进行新的战略抉择、重建新的组织结构、探索新的管理模式,以适应新的环境。在这个战略转型的进程中,人力资源战略面临的是八大关键挑战。我们的任务是要在建立起战略人力资源审计完整结构的基础上,更多地关注这些关键领域,实现"面面俱到,重点突出"。

1.1.4 战略人力资源审计的必然兴起

平衡计分卡的创始人之一诺顿对人力资源管理的战略困境作了一个简明的小结:"典型的高层管理团队不仅高度重视财务战略,对于运作流程的改进也比较重视。他们通常对客户战略(比如,目标客户是谁、价值主张如何)考虑不够,尽管在这方面近年来有所进步。他们最缺乏考虑的是关于开发人力资源的战略。关于这个主题,几乎没有意识、没有创造力、没有真正的思考框架。最糟糕的是,在过去的八年里我们几乎没有看到在这方面的任何改进。在新经济时代,人力资本是价值创造的基础。这就产生了一个有趣的困境:最重要的资产却最不被了解、最不被衡量,因而对管理最不敏感。"[①]布莱恩·贝克、马克·休斯理德与迪夫·乌里奇专门就人力资源的衡量问题进行了调查,发现大多数的公司对与人力资源政策和计划相关的成本或效益并未进行严格的估算,更谈不上战略人力资源审计了(见表1-1)[②]。

表1-1 公司测量的内容和方式

测量内容	968 家公司		
	未作任何测量(%)	主观估计或知觉(%)	采用正规测量程序(%)
人事变动成本	43.7	43.1	13.1
员工置换成本	38.2	48.8	13.0
员工对组织的经济价值	67.4	26.6	6.0
各类员工行为的成本(如旷工、抽烟)	48.3	38.2	13.5
开发一项高级选拔测试的经济效益	79.4	17.1	3.5
各类级别培训的经济效益	47.2	46.5	6.3
新增招聘的经济效益	57.3	35.4	7.3

---

① 布莱恩·贝克、马克·休斯理德、迪夫·乌里奇,《人力资源计分卡》,机械工业出版社,2003年。
② 同上书,第98—99页。

续表

测量内容	968 家公司		
	未作任何测量(%)	主观估计或知觉(%)	采用正规测量程序(%)
工作满意度的增加,组织的认同感及类似的工作态度的经济效益	54.9	42.3	2.8
在某一特定工作中的高、中、低绩效的经济效益	54.2	39.7	6.1

资料来源：布莱恩·贝克、马克·休斯理德、迪夫·乌里奇,《人力资源计分卡》,机械工业出版社,2003 年。

注：他们对 968 位高级人力资源经理做了调查,询问他们测量的成本和效益类型,以及使用的测量方法。他们要求这些经理以下面三种方式之一来回答问题。这三种方式为：(1)"我们对任何要素都没有进行测量";(2)"我们采用的方式是直观估计或知觉";(3)"我们采用正规的测量程序"。

产生人力资源管理困境的核心原因在于：不知问题之所在,不知问题之性质。战略人力资源审计的功能正在于发现问题、界定问题、分析问题、明确解决问题的方向与思路,它是人力资源管理以及任何解决方案的基本前提。因此,任何组织想要摆脱人力资源管理的战略困境,通过人力资源管理的战略转型来推动组织的发展,首先必须进行人力资源审计。

1.2 战略人力资源审计的界定

作为管理审计的组成部分或一个分支,人力资源管理审计与管理审计密切相关。随着人力资源管理价值的日益重要以及专业分工的日益深化,人力资源管理审计的自身特性也日益突出,并正在逐步形成一个相对完整的学科,而其基本前提是学科内涵与学科性质的明确化。

1.2.1 管理审计的概念

对管理审计的界定随着实践和理论的发展而日益完善,其代表性的定义是威廉·伦纳德和贾那斯·桑托基作出的。前者来自实践领域,而后者则来自大学。1962 年,管理咨询师伦纳德给"管理审计"下了一个基本的定义：管理审计是对公司、公共机构或政府机构及其处室的组织机构、计划、目标、经营方式及人力和物力的利用情况所进行的综合性和建设性检查。管理审计的目标是揭露受审项目存在的缺陷和违规之处,并提出可能的改进建议。英国伯明翰城市工学院的贾那斯·桑托基是管理审计的积极倡导者,在阐明管理审计的定义时他一反传统的规范式研究,而采用现代的调查法和实证法。1974 年,他通过问卷调查了 250 位工商界知名的董事长、高级经理、会计公司合伙人、管理咨询师及学术界专家后,得出了一个有 80% 的人士支持的管理审计定义:"管理审计是为了鉴明组织内的所有职能部门和业务活动中现存的和潜在的薄弱点,而对管理人员在贯彻组织目标和方针上的有效性进行独立的、客观的评价,并就现存的和潜在的薄弱点的改进提出建议措施。"管理审计师的目标就是"帮助管理当局改善组织业绩",因而其工作就应止于提出建议,否则管理审计师的无偏性、客观性、独立性就很值得怀疑①。

英国管理协会(BIM)对管理审计的定义是从组织外部的角度来明确的,可能更切合管理审计咨询实践。管理审计是由外部独立人员对组织结构、管理实务和方法实施系统的、综合的、批评性的和建设性的检查与评价。管理审计要检查任何一项管理活动及其目标,以确定组织的经济资源是否是由管理部门以最经济的方式、尽可能短的时间、尽可能大地取得符合目标的成果。管理审计包括管理审计师发现问题和解决这些问题的建议——它的主要目标是激励管理当局采取措施提高组织效率和获利能力②。

1.2.2 人力资源审计的概念

在对管理审计的定义做了最简洁的归纳之后,我们自然延伸到人力资源审计上。对人力资源审计比较代表性的界定来自米尔科维奇和布德罗、德斯勒、多伦和舒尔乐、欧拉拉和卡斯蒂罗等。其中,米尔科维奇和布德罗、德斯勒、多伦和舒尔乐均为人力资源管理学界的权威人士,欧拉拉和卡斯蒂罗的定义则是更新的一个归纳。这些代表性的界定至少让我们清楚地了解到西方国家人力资源审计的学科与实践发展的总体状况以及管理审计与人力资源管理审计在概念上的相互关系。

米尔科维奇和布德罗认为,人力资源审计像财务和税收审计一样,考察人力资源政策与业务是否实行并得到了遵守;是否在规定的日期内完成了对每个员工的业绩鉴定;是否进行了对即将离开的员工的退出访谈;当员工加入时,健康保险是否运行正常;每一项活动或程序是否按计划进行、是否按步骤实施、是否由适当的个人参与;等等。审计可以揭示事情是否按计划进行,但他们不能揭示业务是否得当、这些业务之间是否互补、是否与实现公司目标有关。克服审计局限性的方法就是派出几组观察者到主要的大公司去学习他们最好的业务经验,然后再以"最好的"为基准,将"最好的"和"目前的"业务相比较,以确定如何提高③。

多伦和舒尔乐把人力资源管理审计界定为评估人力资源效率的最简单与最直接

---

① 王光远,《管理审计理论》,中国人民大学出版社,1996年,第225、230页。
② 同上书,第332页。
③ 乔治·T·米尔科维奇、约翰·W·布德罗,《人力资源管理》(第8版),机械工业出版社,2002年,第631—632页。

的方法。这是对一个企业的所有人力资源政策与规划的系统的、规范的评价。它可以把重点放在不同的几个问题上,如:(1)人力资源部门的机构如何提高其运行能力;(2)人力资源部门目前的目标及战略如何支持企业的目标与战略;(3)人力资源部门如何实施各种人力资源功能,诸如配置、绩效评价、处理不满情绪等。简而言之,人力资源管理审计是对所提供的人力资源记录进行考察,从而确定关键的政策与程序是否到位。类似于财务审计,人力资源管理审计依赖于现存的记录,诸如人力资源预算和分配、不满、培训与发展项目的类型与数量以及绩效评价记录。因而,审计可以全面地包括一切项目,也可以选择性地针对某些项目①。

与米尔科维奇和布德罗及多伦和舒尔乐更强调过程不同,德斯勒强调的是结果。德斯勒认为,对于任何一家企业来说,人力资源管理审计都是一项最基本的工作,这项工作的目的是使企业的高层管理者认识到本企业人力资源管理工作的效果如何。人力资源管理审计通常包括两部分内容,即考察企业的人力资源管理应当是什么样的以及它们实际上做得如何。"应当是什么样的"是指人力资源管理部门在广义上的目标,它表明了人力资源管理是从一种什么样的哲学或基本观点出发的,描述了人力资源管理部门的使命应当是什么,确定了人力资源管理的基调。"它们实际上做得如何"是指对实际人力资源管理状况的认识②。

欧拉拉和卡斯蒂罗于2002年专门就人力资源审计的定义和内涵发表了一篇论文。论文认为,直到职能审计出现后,审计才变得越来越具体。职能审计的目的是在公司的各职能领域内部进行诊断、分析、控制并提出建议。人力资源审计是职能审计的一种。因此,人们首先想到的一种定义方法就是:人力资源审计就是在人力资源管理领域内进行诊断、分析、评估以及对未来人事活动的评价。人力资源审计是公司管理的一种基本工具,其目的不仅包括控制和量化结果,而且包括为确定公司未来人力资源管理活动而进行的广泛审核。因此,人力资源审计必须履行两个基本职能:第一,为了促进管理过程或人力资源的发展,人力资源审计必须是一个管理信息系统,该信息系统的反馈提供了有关环境的信息;第二,人力资源审计必须是一种对现行政策和程序进行控制和评价的方法③。

1.2.3 战略人力资源审计的定义与性质

虽然就其历史渊源而言,人力资源管理审计已经经历了很长时间的发展,但作为

---

① 西蒙·多伦、兰多·舒尔乐,《人力资源管理——加拿大发展的动力源》,中国劳动社会保障出版社,2000年,第447—478页。
② 加里·德斯勒,《人力资源管理》(第6版),中国人民大学出版社,1999年,第672—674页。
③ M. F. Olalla and M. S. Castillo, Human Resources Audit, *International Advances in Economic Research*, 2002, 8(1), pp.58-64.

一门独立的学科,它却正在兴起之中。到目前为止,业界对它的定义还不很一致,但是存在以下基本共识:人力资源审计就是对组织的整个人力资源管理系统进行全面检查、分析与评估。基于对管理审计与人力资源管理审计既有概念的理解,特别是考虑到实践中人力资源管理对组织战略发展的价值,我们对战略人力资源审计的严格定义是:按照特定的标准,采用综合性的研究分析方法,对组织的人力资源管理系统进行全面检查、分析与评估,为改进人力资源管理功能与技术明确问题以及问题产生的机理,提供解决问题的方向与思路,从而为组织战略目标的实现提供科学支撑。

与现行的人力资源管理诊断评价相比,战略人力资源审计有四个显著性质,即关注问题、关注方法、关注基准、关注机理。这四个性质也保证了战略人力资源审计作为新兴学科的地位以及在人力资源管理实践中的关键地位。

第一,关注问题。我们现在的人力资源管理乃至管理咨询更多关注的是"结果导向",即提供人力资源解决方案,而不太关注或没有意识到解决方案的前提,甚至有时根本就不理会这个前提。因此,在人力资源管理实践中,很多方案作为"药方"要么根本不能解决任何问题,要么根本就不能执行,要么可能产生更大的副作用,严重损害了组织的功能。战略人力资源审计关注的重点是把分析人力资源管理问题放在首位,即重心前移,从而为极大地提升解决方案的针对性准备基础,有效降低解决方案产生副作用的风险。因此,它的核心是"防疫"。由于在人力资源管理实践中,人力资源审计看到的多是问题,因此,它并不那么讨人喜欢。这或许也可在一定程度上解释它的发展为什么不那么顺利。

第二,关注方法。我们现在的人力资源管理实践或咨询方案更多地使用判断的方法来设计解决方案,而战略人力资源审计更强调以数据、事实、基准分析为基础的研究分析方法,强调研究方法的科学性、针对性与综合性,从而为提高解决方案的科学性与精确性准备基础。

第三,关注基准。问题的存在或目标的实现总是以基准为前提的。没有理论指导的实践是盲目的。人力资源审计的第一个基准实际上就是理论基准,这意味着管理实践需要遵循理论上的一般性。由于人力资源管理的法律限制,战略人力资源审计首先以法律为基准,确定管理实践与法律规定之间的缺口,这是最基本的规制基准。而由于整个组织的目标性,所以战略人力资源审计自然特别要关注"目标基准",确定目标计划与实际完成状况之间的缺口。同时,由于市场竞争的淘汰机制,战略人力资源审计还必须关注行业乃至竞争对手的"最佳实践"基准,确定现行管理模式与最佳实践之间的缺口。这是市场基准。此外,企业必然是一个持续发展的经济体,尽管会遇到各种波动,但是总体上要求企业按照一个上升的曲线运行,因此,"历史基准"所衡量的是人力资源指标的时间序列变化与改进。

第四,关注机理。管理解决方案是以解决问题、消除缺口为目标的,但仅仅知道问题和缺口是不够的,还必须把握问题和缺口产生的机理;此外,任何解决方案都必须在实施之前进行机理分析,以确定方案能否真正解决我们想要解决的问题以及发生意外的概率与补救措施选择,战略人力资源审计关注对问题机理与方案机理的审计分析。唯有如此,在关注双向机理(前向与后向)的基础上,管理方案才能最有效防止副作用的发生。最为关键的是,机理分析需要找到合适的理论基础。

1.3 战略人力资源审计的结构

虽然经过了较长的历史发展,但严格地说,还不存在一个完整的战略人力资源审计结构。从目前的管理实践与咨询业务中,我们感受到战略人力资源审计还是模块式的;在对战略人力资源审计的界定中,我们也能强烈地感受到定义的"罗列"特征。尽管如此,已有的管理探索与研究成果为我们尝试构建一个完整的结构框架提供了丰富的背景。本节在介绍两个代表性的人力资源审计模型之后,提出 FRAIP 模型。

1.3.1 纳特利二维人力资源审计模型

纳特利(Nutley,2000)纵览当时已有的相关文献和审计框架,概括出六种类型的审计方法:系统审计、合规审计、绩效审计、用户满意度审计、增值审计和战略性贡献审计[1]。他还把这六种人力资源审计按照审计范围(仅仅是人力资源部门的行动还是更广义的人力资源管理)和审计对象(系统和/或绩效)等两个维度加以归结和划分(见图1-1)。

纳特利对这六种审计操作方法概括如下。(1)系统审计:现有控制系统和反映最佳实践指导方针的模板加以对比。(2)合规审计:组织实践内容对照人力资源政策和流程的评估。(3)绩效审计:运用一系列指标(如流动率、稳定指标、病假和缺勤率等)对人力资源体系的绩效回顾。(4)用户满意度审计:直线经理对人力资源部门绩效的满意度评估。(5)增值审计:通过人力资产会计和成本-收益分析等技术对人力资源部门增加的价值进行评估。(6)战略性贡献审计:对人力资源是否被战略性管理以及人力资源人员是否扮演战略性角色的考核。而关于这六种不同审计的主要特征及其优缺点也都明确区分(参见本章末附录)。

---

[1] Nutley, Sandra, Beyond Systems: HRM Audits in the Public Sector, *Human Resource Management Journal*, 2000, 10(2), pp.21-38.

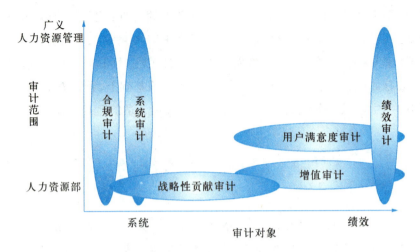

图 1-1　Nutley 六种审计二维分类示意

资料来源：Nutley, Sandra, Beyond Systems: HRM Audits in the Public Sector, *Human Resource Management Journal*, Vol. 10, No. 2, 2000, pp. 21-38.

1.3.2 SDW 模型

战略人力资源审计结构的 SDW 模型是由施温德、达斯与瓦格尔（Schwind, Das and Wagar）共同提出的①。这个模型将人力资源审计分成四个方面：公司战略审计、人力资源系统审计、管理规范审计、员工满意度审计（见图 1-2）。但显而易见的是，虽然，SDW 模型比纳特利提出得更晚，但它并不具有结构的完整性和逻辑的严密性。除了一些细微的差别之外，SDW 模型中的四个组成部分实际上都包含在纳特利的模型之中了。

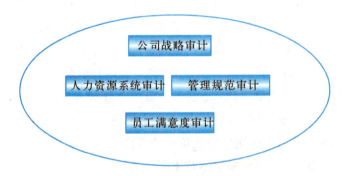

图 1-2　战略人力资源审计的 SDW 模型

---

① Hermann Schwind, Hari Das and Terry Wagar, *Canadian Human Resource Management a Strategic Approach*, 6th edition, Toronto: McGraw-Hill Ryerson, 2001.

公司战略审计的核心是审计人力资源战略、政策、实践与组织战略计划的切合性,审计组织战略与环境及使命的切合性。人力资源系统审计重在评估人力资源功能、系统、活动以及其对组织、社会以及员工目标的贡献度;确定责任人,决定每项活动的目标,评估这些活动如何支持并体现了组织战略,评估政策与程序;采样记录并分析数据;准备并在报告中提出改进建议。管理规范审计的内容是评估经理人在多大程度上遵循人力资源政策与程序,以发现错误,保证及时纠正并满足未达到的要求。员工满意度审计是评估员工对工作相关事务的满意度以及人力资源管理实践与系统的影响,如工资、福利、监督、绩效反馈、职业机会等,在预算及其他限制内解决资源供给。

1.3.3 FRAIP 模型

基于对以纳特利二维模型和 SDW 模型为代表的既有研究成果的分析,特别是通过我们对人力资源管理实践与管理咨询经验的抽象化,我们提出 FRAIP 模型,试图比较好地涵括前两个代表性模型的内涵,并能够使它们所缺失的部分得到体现,以完整地反映战略人力资源审计的逻辑结构。

FRAIP 模型也可以被称为战略人力资源审计大厦,它的完整结构由以下 5 个部分构成:审计大厦的屋顶为战略人力资源功能审计(SHRFA);大厦的两个支柱分别为战略人力资源规则审计(SHRRA)与战略人力资源行动审计(SHRAA);战略人力资源基础结构审计(SHRIA)是审计大厦的屋基;而战略人力资本审计(SPA)构成大厦的核心部分,因为人是能动的战略性资源(见图 1-3)。我们所发展的战略人力资源审计的 FRAIP 模型突破了目前这个学科的散点式结构而迈向了系统阶段。

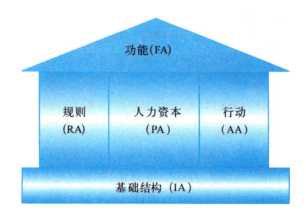

图 1-3　战略人力资源审计的 FRAIP 模型

- **战略人力资源功能审计（SHRFA）**：战略人力资源功能审计的核心使命是确定人力资源管理功能能否在战略上支撑组织战略，或与行业的"最佳实践"相比，组织的人力资源功能的差距所在。它所包含的内容有：人力资源战略审计、人力资源系统审计、人力资源管理技术审计与人力资源绩效审计。这与SDW模型中"公司战略审计"基本是一致的，但是，战略人力资源功能审计还包括人力资源管理内部以及与组织其他功能的上下左右的整合与兼容；此外，战略人力资源功能审计非常关注人力资源管理技术审计，因为技术是功能的最基础单位；最后，人力资源管理绩效是人力资源管理的最终目标。

- **战略人力资源规则审计（SHRRA）**：规则是为了实现组织的人力资源功能而为具体的人力资源管理活动实施确定行动准则，具有相对的稳定性，所有的人力资源行动必须在规则的框架下进行。战略人力资源规则分为外部规则（法律）与内部规则（制度与流程）；内部规则中制度是实体性规则，而流程是程序性规则。战略人力资源规则审计的核心内容是人力资源法律审计、人力资源管理制度审计与人力资源流程审计。

- **战略人力资源行动审计（SHRAA）**：行动是实现人力资源功能价值的全部过程，即所有的功能最终都必须通过具体的管理行动才能得以实现。整个战略人力资源行动包括三个方面：行动的开始（人力资源管理计划）、行动的过程（人力资源项目）和行动的运行（人力资源事务）。因此，战略人力资源行动审计就自然包括人力资源管理计划审计、人力资源项目审计与人力资源事务审计。在对人力资源项目与人力资源事务进行审计时，既关心其行为，也关心其结果，即项目与事务的绩效，但这不是整个人力资源管理的绩效。

- **战略人力资源基础结构审计（SHRIA）**：人力资源基础结构是组织人力资源管理运行的平台。战略人力资源基础结构审计包括人力资源治理审计、组织结构审计、职位结构审计与人力资源信息系统审计等。人力资源治理审计从公司治理层面探讨人力资源问题，涉及董事会、人力资源委员会及其管理层激励等问题。

- **战略人力资本审计（SPA）**：人力资本是组织人力资源功能价值实现的最终决定因素。人力资本的基本内涵包括员工的人口统计学与社会经济特征、员工的各类流动、员工为企业创造的价值以及从企业获得的收益、员工对企业的心理评价等。因此，战略人力资本审计的内容为人力资本结构审计、人力资本流动审计、人力资本价值与收益审计、人力资本倾向审计。

1.4 战略人力资源审计的价值

管理审计的价值在于,"通过审计,管理审计师就能确定管理方法和管理业绩中存在的缺陷并给予充分的揭示。审计师要遵循一个确定的研究或其他手段,只要有改善的可能性,审计师就有责任严格检查并评价每一项解决问题的建议,靠'科学'的方法可以完成许多任务"。"审计是对各层次管理能力的检查,它是一种服务,即判断潜在的危险点,或者相反,突出可能的有利机会;降低成本;消除浪费和不必要的损失;观察业绩和评价控制效果,确保管理部门履行公司的方针和程序;为管理部门提供较好的记录制度和信息报告方法;检查整体计划和企业目标;研究新思想、新发展和新的设备类型;判定企业经营是否有效益。"[①]

1.4.1 FRAIP 模型的扩展

美国人力资源管理协会2002年发表白皮书指出,大多数组织都例行地进行财务审计,以确保其财务系统没有非合规性,也能帮助经理改进财务管理。不幸的是,大多数组织从来不对人力资源政策、实践进行审计,以确定是否需要进行效果改进或更具有合法性。但实际上,实施人力资源审计可以发展一个分析框架,以致能够确定优先的绩效管理问题;确定缺失的或在法律上难以抗诉的就业实践与政策;评估与测量实际的与要求的绩效,以及消除绩效缺口的必要行动;评估人力资源的效果与效率,是否与企业的规划战略相一致[②]。

施温德、达斯与瓦格尔认为,人力资源审计检查组织或部门层面上的人力资源政策、实践与系统以消除缺陷,改进实现目标的方法;为直线经理和人力资源经理/专业人员提供反馈。他们对战略人力资源审计的价值进行了详细的归纳:保持人力资源与组织战略目标的一致;为人力资源的贡献提供特定的、可证实的数据;改进人力资源的专业形象;鼓励更大的专业化;澄清人力资源与直线部门的职责权限;激励政策与实践的一致性;发现关键性的人力资源问题;及时遵从法律要求;帮助评估与改进人力资源信息系统等[③]。显然,如果我们能够发展一个模型将这些价值包容进去,并

---

① 王光远,《管理审计理论》,中国人民大学出版社,1996年,第225—226页。
② Dale Dwyer, *Human Resource Auditing*, 2002, www.shrm.org/whitepaper.
③ Schwind, Das and Wagar. *Canadian Human Resource Management a Strategic Approach*, 6th edition, Toronto: McGraw-Hill Ryerson, 2001.

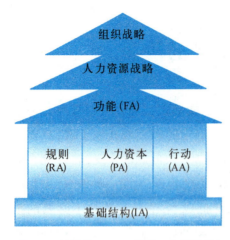

图1-4 扩展的FRAIP模型/"天坛模型"

能够进一步深化对战略人力资源审计的理解，那么这个框架就会不仅具有理论上的创新意义，而且在管理实践中也具有实际的指导意义。

为能够清晰地表明战略人力资源审计的价值，我们对FRAIP模型进行扩展：在人力资源审计大厦的屋顶结构上再增加人力资源战略与组织战略两个层次，构成"天坛模型"。这个扩展的FRAIP模型或"天坛模型"使得战略人力资源审计的战略价值与管理价值体现得更为清晰明了（见图1-4）。

1.4.2 战略人力资源审计的战略价值与管理价值

通过FRAIP模型的扩展，我们对人力资源审计的战略价值就一目了然了：人力资源审计是为寻求更加支持组织战略的人力资源战略提供前提与基础。通过审计，确定人力资源战略能否有效地支持组织战略，确定现行的人力资源功能是否与人力资源战略一致，确定人力资源规则、行动、基础结构以及人力资本能否支持人力资源功能。

战略人力资源审计的管理价值在于为改进组织的人力资源管理提供前提与基础。它的管理价值可以形象地概括为四种精密仪器：显微镜、测量计、分析仪与导航器。显微镜的功能在于根据法律基准、目标基准与实践基准发现组织人力资源管理功能、规则、行动、基础结构与人力资本方面的缺口；测量计的功能在于测定缺口的性质与衡量缺口的大小；分析仪的功能是分析研究缺口产生的机理与解决方案发挥作用的机理；导航器的功能是确定解决问题的方向与基本思路。

战略人力资源审计的价值还可以从另一个角度来考虑，即如果组织不能发现人力资源管理中的问题，那么组织的代价是难以估量的，也就是说，不进行人力资源审计的负价值可能是极高的。最典型的例子是人力资源法律审计。国家对人力资源管理施加了越来越多的法律限制，而且这些法律也在不断变化，这使得组织如果不能及时切实地遵从法律规范，那么它的代价是面临法律诉讼，甚至高额罚款，它还会使组织蒙受声誉上的损失，影响组织在市场和社区的形象①。

---

① Hermann Schwind, Hari Das and Terry Wagar, *Canadian Human Resource Management a Strategic Approach*, 6th edition, Toronto：McGraw-Hill Ryerson, 2001.

本 章 小 结

1. 战略人力资源审计兴起的基本逻辑是：人力资源的战略价值决定了人力资源管理在战略上重新定位的内在要求，而实践中的管理困境又使得人力资源价值难以充分发挥，因此，探寻管理困境的根源成为人力资源管理的首要主题，这正是战略人力资源审计的使命所在。

2. 战略人力资源审计的定义是：按照特定的标准，采用综合性的研究分析方法，对组织的人力资源管理系统进行全面检查、分析与评估，为改进人力资源管理功能与技术、明确问题以及问题产生的机理，提供解决问题的方向与思路，从而为组织战略目标的实现提供科学支撑。战略人力资源审计有四个显著性质：即关注问题、关注方法、关注基准、关注机理。

3. 战略人力资源审计 FRAIP 模型也可以称之为人力资源审计大厦，它的完整结构由五个部分构成：审计大厦的屋顶为战略人力资源功能审计（SHRFA）；大厦的两个支柱分别为战略人力资源规则审计（SHRRA）与战略人力资源行动审计（SHRAA）；战略人力资源基础结构审计（SHRIA）是审计大厦的屋基；而战略人力资本审计（SPA）构成大厦的核心部分，因为人是能动的战略性资源。战略人力资源审计的 FRAIP 模型突破了目前这个学科的散点式结构而迈向了系统阶段。

4. 战略人力资源审计的战略价值是：为寻求更加支持组织战略的人力资源战略提供前提与基础。通过审计，确定人力资源战略能否有效地支持组织战略，确定现行的人力资源功能是否与人力资源战略一致，确定人力资源规则、行动、基础结构以及人力资本能否支持人力资源功能。战略人力资源审计的管理价值在于为改进组织的人力资源管理提供前提与基础。它的管理价值可以形象地概括为四种精密仪器：显微镜、测量计、分析仪与导航器。显微镜的功能在于根据法律基准、目标基准与实践基准发现组织人力资源管理功能、规则、行动、基础结构与人力资本方面的缺口；测量计的功能在于测定缺口的性质与衡量缺口的大小；分析仪的功能是分析研究缺口产生的机理与解决方案发挥作用的机理；导航器的功能是确定解决问题的方向与基本思路。

复习思考题

1. 简要分析管理审计与人力资源管理审计的历史发展脉络。
2. 人力资源管理审计为什么会兴起?
3. 列举一些人力资源管理审计的代表性定义。
4. 什么是战略人力资源审计?它的性质是什么?
5. 什么是 FRAIP 模型?它的结构是什么?
6. 战略人力资源审计对组织战略和管理有何价值?

附录:纳特利 6 种审计方法的主要特征、优点和缺点

表 1-2 总结了纳特利 6 种审计方法各自的特点。

表 1-2　纳特利 6 种审计方法的主要特征、优点和缺点

审计方法	主要关注点	审查范围	潜在假设	优点	缺点
系统审计	现有控制系统的适当性	既有人力资源部门,又涵盖广义的人力资源管理	可以界定最佳实践系统;好的系统能够带来好的绩效	关注于系统设计与系统整合。能帮助提升措施公平性。好的系统能影响用户对质量的感知	可能导致就审计而审计,而忽视了审计了目的。官僚政治化。没有评估系统绩效
合规审计	现有政策和程序的执行	既有人力资源部门,又涵盖广义的人力资源管理	合规＝执行	提供一个组织是如何做的证据,而不是它宣称的它是如何做的。帮助人力资源人员使直线经理执行人力资源政策	通过经理来诠释政策。可能鼓励员工与政策的字面意义保持一致,而非政策的精神
绩效审计	定量的绩效指标	既有人力资源部门,又涵盖广义的人力资源管理	重要的是结果,而非意图	收集和分析绩效指标(人力资源和组织产出)。避免界定最佳实践	公共部门难以建立信度和效度都高的组织绩效指标。需要为对象界定绩效。如果不考虑绩效是如何取得的,组织学习就很有限
用户满意度审计	定性的绩效指标	人力资源部门	效果更多的由同事来评判	认可人力资源功能的服务和咨询角色	可能有主观和偏差的评估
增值审计	人事功能增加的价值	人力资源部门	可以分离和测量人事功能增加的价值	严格的评估人力资源功能的贡献	难以汇编和评估实践中的成本和收益
战略性人力资源审计	人力资源管理和组织战略之间的关联	人力资源部门,与组织相关联	人力资源的战略性管理带来更好的绩效	战略导向的评估,关注"大视野"而非操作性的细节	将战略导向和组织绩效关联起来的目标仍有待检验

资料来源:Nutley, Sandra, Beyond systems:HRM Audits in the Public Sector, *Human Resource Management Journal*, 2000, 10(2), pp.21-38.

案例　GAO 对美国国防部的人事管理审计

美国国防部每年要购买价值达 100 亿美元的武器、维护设备和各种服务,而在一项成功的购买中,一个简单又非常重要的因素是采购人员的能力。GAO 在对国防部下属的采购部的人事计划检查之后,发现诸多问题,这包括:需要重新修订计划使其适应多年来军事采购观念的重大变化;缺乏军事官员和非军事官员之间在采购方面的职业开发;提高采购的职业地位;需要吸引有条件的青年进入这一职业,以逐渐更换老龄化的工作队伍。在检查陆军部的人事项目时,审计师发现:许多重要项目的经理,缺乏必要的阅历,有的工作时间还不到两年,让一个阅历如此之短的人来担负计划、领导和控制项目的所有资源之责,必然导致效率低下。GAO 的建议改进了采购部和陆军部的人事管理工作。

案例来源:王光远,《管理审计理论》,中国人民大学出版社,1996 年。

案例讨论

1. GAO 为什么要对国防部进行人事管理审计?
2. GAO 对国防部进行人事管理审计的主要内容是什么?
3. GAO 主要采取什么方法来对国防部进行人事管理审计?

第2章 战略人力资源审计模式

【学习目标】

学习完本章内容之后,你应该能够:

1. 了解战略人力资源审计内外部主体优缺点
2. 把握战略人力资源审计的基本方法
3. 掌握战略人力资源审计数据采集与分析技术
4. 了解战略人力资源审计的流程
5. 掌握战略人力资源审计报告的基本结构与内容

引例　审计人力资源功能

人力资源审计的目的是评估人力资源功能的有效性，并确保其遵循相关法律。审计可以由任何具备丰富人力资源管理经验的人来执行。如果拥有在一个以上公司任职的经验，那将更加理想，因为这会使审计者具有更广阔的视野。使用外部咨询顾问执行审计有其优势。因为相对于公司员工而言，外部咨询顾问对组织有更少的偏见，对组织产出有着更少的个人兴趣，从而外部咨询顾问可能会更客观些。

搜集数据

评估组织使命、愿景、战略和文化，需要使用公司所拥有的书面材料（检查处理公众、客户、股东关系的部门或个人）。

搜集现有的数据，包括：

- 雇佣统计（接受率、雇佣率、雇佣预测）；
- 流动率；
- 薪酬福利哲学与实践；
- 离职面谈总结；
- 员工抱怨（歧视、骚扰、安全以及其他）；
- 晋升管理实践与趋势；
- 人力资源预算与支出。

如果可能，比较你搜集的数据与市场数据。这个信息将为你提供一个下一阶段审计的视角：访谈。如果在访谈中公司数据与被访谈者的回答之间的差距增大，那么你需要考虑这种差距产生的原因。

实施访谈

访谈的目的是从公司内部客户搜集人力资源需求的信息以及这些需求被满足的程度。首先从高管层开始访谈。然后执行对抽样的下一级经理的访谈，包括直线经理。访谈中的讨论主题包括：

- 对公司及其目标的想法；
- 高管层的优势与劣势；
- 员工对公司和高管层的想法；
- 与下属的关系；
- 对自我与员工职业目标的支持；
- 主要的人力资源问题；

- 哪些人力资源功能运行良好；
- 哪些人力资源功能需要改进。

访谈为内部客户的组织需求提供了直接反馈。此外，他们还能提供间接反馈。例如，访谈结果可能表明不同的组织会有相互冲突的目标。或许绩效管理系统能够解决这个问题；或者组织内沟通可能不够流畅，需要实施一些沟通项目或者提供一些培训与开发。

访谈时搜集到的一些信息可能有些敏感，必须要做到保密。对于在访谈阶段需要提问的问题，要事先从高管层获得批准。

实施法规遵循审计

下列领域需要作为法规审计的一部分列入审计范围：

- 人事档案与记录（只包含与职位相关的信息）；
- 支付公平；
- 职位描述（遵循《美国残疾人法案》）；
- 合法发布招聘广告；
- 平等雇佣机会与反优先雇佣行动；
- 人事表格（职位申请表、内部人事表格等）；
- 工人补偿；
- 公平劳工标准法案；
- 家庭与医疗假期法案；
- 法律报告。

总结审计结果

整理巩固你搜集的信息。将审计结果与市场调查结果进行比较，确定哪些管理实践是良好的、可用的、有效的、具有竞争力的，哪些实践需要改进。根据组织有效性审计与法规遵循审计结果提出针对性的建议，并尽可能优化改进建议。确定如何测量改进是否成功。

获得高管层的批准

将初步审计结果与建议分别提交给高管层个人，并指出这些建议将如何满足改进需求。获得他们的支持后，将最终的审计结果与改进建议提交给高管层集体进行最后审批。

执行审计改进项目

考虑将改进项目作为一个试点在公司内部分部门执行。监控并衡量改进的成功水平，寻求持续改进过程。一旦组织变革需要调整项目时，做好准备优化项目。

案例来源：www.auxillium.com/audit.shtml，2009年8月11日下载，经作者编辑整理。

本案例是一家美国人力资源网上解决方案公司提供的一个关于如何实施人力资源审计的介绍。案例简要地分析了内外部审计主体的优缺点,也提供了审计客体的范围与内容,如面谈主题与法律审计。更重要的是,这个案例描述了一个实施人力资源审计的标准流程,给出了获得信息与数据的方法,并且强调了审计分析所关注的"比较法"——特别是与市场的比较,从而从个案的视角提出了本章的所有主题:审计主体、审计方法、审计流程与审计结果的呈现方式——审计报告。

2.1 战略人力资源审计主体与客体

就一个组织的人力资源审计而言,一般需要解决以下三个问题:审计决策者、审计主体及审计客体。审计决策者指的是决定开展人力资源审计的机构、群体或个人,取决于特定情况。例如,证监会可能要求增加对上市公司的人力资源审计,这是外部审计决策者。在大多数情况下,组织管理层是审计决策者,当然,也包括组织的最高领导人。就人力资源审计本身而言,谁来审计,以及审计谁、审计什么实际上是最重要的。这是本节要阐述的内容。

2.1.1 战略人力资源审计主体

人力资源审计的主体是指谁来执行审计。通常情况下,人力资源审计主体可以简单分为外部主体和内部主体。关键的问题在于根据内外部主体在执行审计时的优劣来确定相应的审计领域和方式。与人力资源审计主体相对应的是人力资源审计客体。显而易见,人力资源审计的客体是指审计谁、审计什么,即人力资源审计所针对的机构、群体或个人,以及审计所涵盖的领域。

一般而言,人力资源审计的主体只有两类:外部审计主体和内部审计主体。或者,我们根据审计主体的不同而将人力资源审计分为内向型审计和外向型审计两类。内向型审计是指一个独立组织(由其内部成立的审计委员会、部门或个人)对其自身人力资源管理体系的审计,而外向型审计是指一个独立组织的外部机构或人员(包括该组织的上级机构或控股机构)对该组织的人力资源管理体系进行独立审计。这两种类型的审计在审计目的、审计对象、评价标准、审计职能和审计独立性等方面都有一定的差别,这种差别与管理审计的内向型和外向型之间的差别大体是一致的。我们也基于此来区别人力资源外向型审计和内向型审计(见表2-1)。

表2-1　人力资源外向型审计与内向型审计的差别

比较项目	外向型审计	内向型审计
1. 审计目的	发现人力资源问题,改善组织人力资源管理,侧重维护外部决策者的利益	发现人力资源问题,改善组织人力资源管理
2. 审计对象	内、外部审计决策者确定	内、外部审计决策者确定
3. 评价标准	来自内、外部决策者的期望与审计标准	来自内、外部决策者的期望与审计标准
4. 审计职能	咨询性、建设性职能	建设性职能
5. 审计主体	作为独立的第三方的人力资源专家、注册会计师、管理咨询师或专业机构	组织内部专家或机构
6. 审计独立性	中、强	弱、中
7. 审计报告	发表咨询性审计意见	提供建设性审计意见

资料来源：王光远,《管理审计理论》,中国人民大学出版社,1996年,第262页。作者根据王光远的研究,结合人力资源审计的特点,探讨了人力资源外向型与内向型审计的区别。

实际上,这种内向型管理审计和外向型管理审计的差别更多的是由于审计所处的立场不同,也即由于审计主体的不同而形成的。但是,并不能因此而作出判断说外向型审计要优于内向型审计,或说内向型审计要优于外向型审计。在人力资源管理审计实践中,不同审计主体进行人力资源审计对接受审计的组织来说,各有优劣,关键在于根据特定的情形来确定应该由哪类主体来审计。

王光远根据对管理审计文献的研究,总结了内向型与外向型审计的特点。人力资源内向型审计与外向型审计也同样具有这些特点。外部管理审计主体的最主要特点是其独立性。这种独立性既包括管理审计师的精神独立(正直、诚实的人格),这是审计职业伦理所要求的;也包括管理审计师与受审计组织之间没有重要的财务利益关系。此外,独立的管理审计师由于其良好的专业训练和丰富的审计经验而非常熟悉公司管理系统的运作,并熟悉公司的经营环境,能够进行独立的、客观的、系统的分析。最重要的是,他们具有很强的解决问题的能力[1]。

内部审计主体是组织内部成员,站在审计决策者角度看,这是一种组织自我进行的管理审计。内部管理审计师的独立性也仅限于"独立于受审部门之外""向审计委员会报告"。这种较低的独立程度给管理审计师全面、综合地评价企业业绩带来较大的困难。但正如内部审计大师劳伦斯·索耶所形象地描述的,内部审计师也有其独特的价值。内部审计师是内部咨询师,而不是内部的冤家对头;是家中的宾客,而不是街上的巡警;他不仅要寻找那些或大或小的错误,而且要为改善业务活动提供指南;他不是处分众人的事后诸葛,而是鞭策人们励精图治的咨询师;他不仅关心事情是否做得得当,而关心该做的事是否做了[2]。尽管如此,在贾那斯·桑托基的调查

---

[1] 王光远,《管理审计理论》,中国人民大学出版社,1996年,第245、328页。
[2] 同上书,第245、334页。

中,大量的管理审计工作皆是有组织内部的人员来完成,从而形成了一支可观的内部管理审计队伍①。

S·多伦和R·舒尔乐专门对人力资源管理审计采用外部评价和内部评价进行了比较。为开展市场基准性审计,即将公司人力资源部门与其他公司或竞争对手进行比较,应当聘请外部专家。同财务审计一样,外部专家会带来对公司人力资源部门行为与政策的新的、毫无偏见的检验。如果由内部人员来进行,总是存在着对现行政策以及程序进行辩护的风险。外部专家也许会更加严格,通过与其他公司进行比较以及参照他自己的知识与经验,从而找到本公司的缺点以及与其他公司的不同。而开展理论基准性审计,即建立在研究与数据分析在之上的对个别人力资源问题的评价,比如抱怨、缺勤、迟到以及事故带来的损失,内部人员可以进行很好的评价。为使这样的分析具有规律性,内部人员(通常为人力资源部门员工)需要能够很容易地使用人力资源信息系统。另外,开展规制基准性审计,即关系到重要的法律、规则与条例,比如雇佣平等法、工作健康与安全以及雇佣法等,内部评价人员可以根据政府的要求列出简明的清单,然后将公司的实际行为和规则与其进行比较②。按照S·多伦和R·舒尔乐的建议,"究责性"领域应该更多地采用外部审计,而"分析性"领域则可以采取内部审计。

考虑到中国目前的现状,由于人力资源管理功能的敏感性以及提供数据时的担忧,或许外部审计更具有客观性,而这正是制定人力资源政策的基础。此外,由于人力资源管理审计涉及人力资源管理、审计、财务、法律及业务等多方面的知识与经验,这对组织内部的管理审计人员来说的确是一个不小的挑战,而外部主体由于专业特长(主体之间的特长组合)、行业经验和行业数据的积累等方面的优势使得他们能够更好地充当人力资源审计的重任。但是,从另一个角度来看,任何一个人力资源审计项目的时间都不可能太长,所以,外部主体想要非常深入地了解和把握一个组织的人力资源管理体系也是很困难的;而且,我国咨询界还没有形成职业规范,也有可能在人力资源审计中受客户领导的主导,从而失去客观性。既然如此,内部审计或许更有优势。由于人力资源管理审计的实践和理论研究在中国都刚刚开始,因此,不论是内部审计还是外部审计,总体上的水平都有待提高。

2.1.2 战略人力资源审计客体

谈到人力资源审计主体,自然会涉及人力资源审计客体,这是一枚硬币的两个

---

① 王光远,《管理审计理论》,中国人民大学出版社,1996年,第230页。
② S·多伦和R·舒尔乐,《人力资源管理——加拿大发展的动力源》,中国劳动社会保障出版社,2000年,第446页。

面。这个问题相对简单明确。人力资源审计的客体是指人力资源审计所涵盖的领域。从审计范围来看,审计客体既可以是人力资源管理的整个体系,也可以是某个子体系,如薪酬体系审计、培训开发体系审计等,而更为常见的审计客体可能是某个具体的人力资源管理项目,如人力资源年度计划审计、人力资源流程审计或职位结构审计等。从审计对象来看,审计客体既可以是整个组织,也可以是某个部门,典型的例子如公司人力资源管理绩效审计、财务会计部的人力资本流动审计等。从审计层次来看,审计客体既可以是组织人力资源管理宏观层面,即人力资源战略,也可以是人力资源管理的具体活动,如校园招聘项目。如果我们需要确定一个相对完整的审计客体结构的话,这个结构也正是我们所提出的 FRAIP 模型所包含的全部内容。它包括战略人力资源功能审计、战略人力资源规则审计、战略人力资源行动审计、战略人力资源基础结构审计与战略人力资本审计。每一个领域都可以继续细分成更多的子领域,而且,我们还可以将这些领域与不同的组织层次联系在一起。

另一个非常特殊的人力资源审计客体是人力资源咨询项目审计。在过去 20 年间,中国人力资源咨询市场经历了前所未有的大发展,这其中人力资源咨询行业的跨国公司占据了绝大部分市场份额。近年来,本土人力资源咨询机构也发展迅速,业务拓展很快。与此同时,由于人力资源管理的复杂性与敏感性、中国较低的整体人力资源管理水平和管理人员素质以及人力资源咨询机构有待进一步提升的职业伦理与业务能力,在具体的人力资源咨询服务中,出现了一系列的问题。最为突出的是"抽屉方案"或"阁楼方案",不仅浪费了大量的经费资源,更重要的是,对组织管理层与员工带来了重大的负面影响。由此,开展人力资源咨询项目审计将极大缓解组织在实施人力资源咨询项目时所承担的巨大风险。

承担人力资源咨询项目审计的外部专家或机构首先需要明确定位自身的角色:作为客户的代表;不接受客户的同类人力资源咨询项目委托。这是确保"管理审计师的无偏性、客观性、独立性的关键"[①]。人力资源咨询项目审计包括四个不同阶段或不同类型:咨询项目招标审计、咨询项目过程审计、咨询项目结项审计、咨询项目绩效审计。人力资源咨询项目招标审计的核心功能是基于客观和专业视角帮助客户选择一个满足客户需要的人力资源咨询机构。人力资源咨询项目过程审计实际上相当于工程监理,全程跟踪咨询项目实施,确保项目咨询过程符合项目设计的要求。人力资源咨询项目结项审计自然是帮助客户判断咨询项目是否完全实现了预期的目标。人力资源咨询项目绩效审计一般会在项目结束后三个月或更长时间开展咨询项目绩效的评估。

---

① 王光远,《管理审计理论》中国人民大学出版社,1996 年,第 230 页。

2.2 战略人力资源审计方法

战略人力资源审计的一个突出特点是它更多地关注科学方法的系统使用。为保证审计方法的科学性,必须遵循以下原则:(1)程序是公开的。一份科学报告对做什么有完整的描述,能够让该领域的其他研究者追踪每一个步骤。(2)定义是明确的。采用的程序、测量的变量以及如何测量都必须清楚地表明。(3)数据收集是客观的。客观性是科学方法的关键特征。(4)发现是可重复的,能够让其他有兴趣的研究者重复验证研究的结果。(5)方法是系统的和累积性的。这与科学内在目的有关,即科学的目的是发展统一性的知识体系。(6)目的是可解释的、可理解的和可预测的。他们就能够预测在哪些特定情况下会发生什么样的特定事件(行为科学的人类行为)。预测是行为科学的最终目的,也是所有科学的最终目的[①]。本节所谈论的方法主要涉及基本审计方法、审计数据采集技术与审计数据分析技术等三个方面[②]。

2.2.1 基本审计方法

在审计方法上,"没有任何方法能够在任何情形下对任何组织都普遍适用,因为每一项人力资源功能都是唯一的,人力资源经理必须选择最适合组织文化的方法并生成最具有说服力的绩效指标。"[③]这实际上是针对一个具体的人力资源审计项目而言的,或者说是狭义的。如从广义的方法论角度来看,人力资源审计中存在着普遍适用的基本方法。但在具体应用时,需要根据人力资源审计实践的需要决定取舍或组合使用。

根据斯通与施温德、达斯、瓦格尔等人对人力资源审计方法所做的总结,他们都认为进行人力资源审计可以有五种基本方法:比较法(comparative approach)、外部机构法(outside authority approach)、统计法(statistical approach)、遵从法(compliance

---

① 詹姆斯·吉布森、约翰·伊凡塞维奇、小詹姆斯·唐纳利,《组织学:行为、结构和过程》,电子工业出版社,2002年,第326页。
② 在开展人力资源审计方法的学习之前,认真学习企业管理研究方法知识是完全必要的。推荐:唐纳德·库珀、帕梅拉·欣德勒,《企业管理研究方法》(第10版),中国人民大学出版社,2013年。
③ Raymond J. Stone, *Human Resource Management*, 3rd edition, Brisbane: John Wiley & Sons Australia, 1998, p.734; Schwind, Das and Wagar, *Canadian Human Resource Management a Strategic Approach*, 6th edition, Toronto: McGraw-Hill Ryerson, 2001.

approach)、目标管理法(management by objective approach)①。

(1) 比较法是指在人力资源审计中,将公司(或部门)与其他公司(或部门)进行比较,揭示绩效不佳领域或开发新的计划。这种方法通常被用以比较特定活动或项目的结果;它有助于发现需要改进的领域。对比较法的一个发展是基准法(或称标杆法),即将人力资源绩效指标与"最佳实践"的公司(或部门)的相应指标值进行比较。基准是一个以不断改进为方向的组织变化过程,它是在承认基准的领导中寻找产生更好绩效的最佳实践的过程,其具体理念是分析优秀组织通过做什么实现改进,然后把它与所有可能有用的方法结合起来②。

(2) 外部机构法,是指在审计中使用外部顾问的专业知识或已经发表的研究成果作为标准来评估人力资源活动或项目。咨询顾问或研究结果可以帮助诊断出现问题的原因。

(3) 统计法被定义为开发并使用基于历史信息的绩效统计测量工具。运用数量标准,审计可以发现错误,即便这些错误还显得微不足道。

(4) 遵从法是指通过对人力资源信息系统的取样调查,审计寻找人力资源活动与法律和公司政策或程序之间的偏差,从而可以评估过去的人力资源实践与正式宣称的公司政策、立法以及法定标准的一致程度。在当今的人力资源审计中,遵从法被广泛应用,这主要是由于人力资源审计事务大量集中在法律领域。

(5) 目标法就是人力资源审计应用目标管理法来比较实际结果与计划目标之间的差距,从而确定低绩效领域,评估人力资源功能,并采取正确的行动。

在认真推敲这五项基本审计方法之后,我们可以发现,这种随对审计方法的归纳并非科学,其主要原因在于关于基本方法的分类标准不一致或者不清晰。人力资源审计最关键的特征就是通过比较来发现问题,而且既然是比较就必须有参照系——通常定义为"基准"。这里的基准与我们所讨论的比较法中的基准存在广义与狭义的区别。实际上,如果广义地理解,我们发现人力资源审计的五个基本方法都可以被看作基准法。首先,基准法源于比较法,所以比较法自然是最典型的基准法;其次,外部法实际上是对比较法产生的结果的高度提炼,从而具有一般性,含有"理论基准"的意义;第三,统计法即基于统计数据的标准;第四,遵从法则考虑的是以规则(制度、法律、流程)为标准来衡量人力资源活动;最后,目标法是以预期目标作为人力资源管理活动的基准。而且,统计法实际上并不能作为一种独立的审计方法,而更多的是一种

---

① Raymond J. Stone, *Human Resource Management*, 3rd edition, Brisbane: John Wiley & Sons Australia, 1998, p.734; Schwind, Das and Wagar, *Canadian Human Resource Management a Strategic Approach*, 6th edition, Toronto: McGraw-Hill Ryerson, 2001.
② Jeannette Swist, Benchmarking in Human Resources, White Paper, Society for Human Resources Management, Feb.1997, Reviewed Nov. 2002; K. Morrish, Navigating Human Resource Benchmarking: Aguide for Human Resource Managers, Workforce Management and Development Office, 1994.

数据与信息采集分析技术。

基于上述分析,我们可以将基本审计方法重组为如下五种:(1)理论审计法,主要是依赖人力资源管理理论来确定人力资源实践中存在的问题,这里人力资源管理理论充当一种"正确的"基准;(2)市场审计法,是指将一个组织的人力资源管理实践或绩效与市场结果进行对比,它包括三个层面,即市场对比、行业对比与竞争对手对比,这里市场审计法实际上是过去我们所说的狭义的"基准法";(3)历史审计法,任何一个组织都谋求永续发展,因此组织人力资源实践与绩效的时间序列比较就很关键,是一个关注长期发展的审计方法,历史审计法所衡量的是人力资源指标的时间序列变化与改进;(4)规制审计法,即是遵从法,关心人力资源规则与活动的合法性;(5)目标审计法,也即目标管理法,确定组织人力资源实践的实际状况与期望目标之间的差距。如果按照广义的基准法的理解,这些方法又可以归纳为:理论基准法、市场基准法、历史基准法、规制基准法和目标基准法。在人力资源审计实践中,一般较少只使用这其中的一种方法,更多的是组合使用。

2.2.2 审计数据收集技术

审计数据收集技术是指获得进行人力资源管理审计所需要的数据、文献、资料的技术。根据施温德、达斯与瓦格尔的总结,为进行人力资源审计而采取的数据收集技术有以下几种。(1)面谈:与现行员工及经理面对面访谈以发现改进建议或确定何处需要额外的信息和教育,或评估组织文化与亚文化;与离职员工面谈以确定公司的优势与劣势。(2)问卷与调查:通过问卷了解员工对公司与工作的态度;保密可导致更诚实的回答;说明长期趋势,进行组织内与组织间的跨机构比较。(3)记录分析:寻求潜在的原因与消除根源——缺勤与流失;雇佣、薪酬、晋升机会;人力资源项目与政策的执行,以确定是否正在做计划要做的。(4)外部信息:使用劳动力市场、经济、竞争者和行业信息做基准(政府统计、专业机构)。(5)人力资源实验:专业实验可以进行实验组与控制组在现实条件下进行比较,难以控制的是外部因素的影响。(6)聚焦小组:基于给定的主题,由有经验的主持人对8—12名员工或人力资源服务的使用者进行深度访谈[①]。实际上,我们可以将这些数据收集技术再归纳一下,即文献审阅、统计数据、审计面谈、问卷调查、管理实验。下面,我们将对此作具体介绍。

(1)文献审阅是对组织内外有关人力资源管理的文件、资料、报道等成文数据的阅读与审核,以获取进行人力资源审计所需要的信息。文献审阅是管理审计最常用

---

① Schwind, Das and Wagar, *Canadian Human Resource Management a Strategic Approach*, 6th edition, Toronto: McGraw-Hill Ryerson, 2001.

的获取信息的技术,但是,通常这种也被认为是最简单的技术在实际应用过程中却很少能够做到恰如其分。为保证文献审阅的完整性,在实际审计过程中,审计者通常需要开列一个文献审阅清单(见表2-2)。

表2-2　人力资源管理体系审计项目文献清单

1. 公司战略:
    - 战略规划
    - 改制方案
2. 组织制度:组织结构与部门职责
3. 公司责权体系
4. 人力资源管理战略:
    - 制度体系
    - 人力资源管理规划
    - 2003年、2004年计划
    - 人力资源管理手册
5. 职位系统:职位结构、职位说明书、职位评价系统
6. 招聘甄选:制度、2004年实施方案(含大学生)
7. 绩效考核与改进:制度、2002—2004年方案
8. 教育培训:制度、2003年方案、2004年计划
9. 薪酬
    - 薪酬制度
    - 股权管理办法及持股方案
    - 工资改革方案
    - 2003年、2004年薪酬实施方案
10. 福利与保险:制度与2003年方案(含住房、汽车与商业保险)
11. 退休人员:管理办法(退休金、保险与福利等)
12. 员工发展:职业生涯设计制度
13. 外派人员管理制度
14. 对子公司的人力资源管理范围与权限
15. 有关人力资源方面的财务管理制度,如奖金支付、红息派发等

资料来源:作者对国内一家大型贸易公司进行人力资源管理体系审计时所列举的清单。引用时做了部分删节与修改,2004年。

(2) 统计数据与文献的唯一区别在于数字与文字,而它与问卷调查的区别在于统计数据体现的是事实,而问卷调查的结果反映的是人们的态度和倾向(当然也包括一部分事实性的问题),它有可能会成为某些统计数据出现的先兆。统计数据是定量分析的基础。在人力资源审计中,全国性(乃至全球性)、地区性、行业性的统计数据都值得关注,但组织内部统计和竞争对手统计数据是最为重要的。从长期性来看,时间序列数据或许具有更大的分析价值(见表2-3)。

表2-3　北京六区GDP、工资总额与就业人员(2003—2012年)

		2003	2004	2005	2006	2007	2008	2009	2010	2011	2012
东城区	GDP(亿元)	416	583	622	712	807	899	1 122	1 224	1 340	1 450
	工资总额(亿元)	144	170	200	225	271	346	368	413	494	575
	就业人员(万人)	54	51	54	49	51	53	53	53	58	61

续表

		2003	2004	2005	2006	2007	2008	2009	2010	2011	2012
西城区	GDP(亿元)	550	951	1 088	1 223	1 498	1 675	1 816	2 058	2 361	2 593
	工资总额(亿元)	230	277	324	380	453	578	638	748	910	1056
	就业人员(万人)	83	79	82	83	84	79	82	87	89	93
朝阳区	GDP(亿元)	684	1 119	1 253	1 450	1 697	1 906	2 380	2 804	3 272	3 632
	工资总额(亿元)	244	313	355	417	479	664	733	843	1 019	1 240
	就业人员(万人)	85	86	84	83	90	103	111	115	119	130
丰台区	GDP(亿元)	231	333	370	414	463	510	627	735	843	924
	工资总额(亿元)	88	98	111	138	162	208	242	272	341	366
	就业人员(万人)	45	43	44	48	48	57	65	65	67	64
石景山区	GDP(亿元)	139	182	197	203	226	213	249	295	321	338
	工资总额(亿元)	39	42	49	54	60	68	76	86	107	120
	就业人员(万人)	16	15	16	16	15	15	16	17	18	19
海淀区	GDP(亿元)	893	1 144	1 331	1 523	1 829	2 110	2 447	2 772	3 180	3 515
	工资总额(亿元)	277	293	353	456	564	722	816	964	1 188	1 433
	就业人员(万人)	95	97	98	108	116	118	126	134	144	152

数据来源：北京市统计局，《北京区域统计年鉴2003—2013》，同心出版社；北京市统计局、国家统计局北京调查总队，《北京统计年鉴2003—2013》，中国统计出版社。

（3）审计面谈也是人力资源管理审计中应用最广泛的技术之一。审计面谈有很大的灵活性，但是面谈方式的选择会影响面谈的效果，通常情况下，设计一个结构化的面谈提纲会有很大的帮助。S·多伦和R·舒尔乐提供了一个标准的审计面谈提纲（见表2-4），而斯通提供了一个针对具体问题——离职面谈的问题提纲（见表2-5）。

表2-4　人力资源审计面谈中的精选问题(节选)

A. 一般性问题
1. 你认为你们企业的主要目标是什么？
2. 依你看，人力资源部门的主要职责是什么？
3. 企业现有哪些严重的问题？是如何造成的？
4. 本年度你有什么特殊的人力资源目标？长远目标呢？
B. 工作分析
5. 你是否有最新的工作描述和工作说明书？
6. 制作在职以及非在职人员工作描述或说明书的方法是什么？
C. 人力资源规划
7. 为了满足你自己的人力资源需求，你有什么样的计划？以小时为单位说明你的计划，你的计划期有多长？
8. 你实施人力资源计划的方法如何？你应用这些方法的经验如何？
9. 为了有助于你的人力资源计划，你希望企业中其他经理人员怎样做？

续表

D. 报酬 10. 你对雇员免税薪资管理的责任是什么？你如何评价工作以及确定工资增长？ 11. 你是否实行绩效性或刺激性报酬制度？如果有，详细阐明其原理；如果没有，说明为什么。 12. 你在工资管理中的主要问题是什么？ 13. 除根据法律要求你提供的福利之外，你还另外提供给雇员什么福利？为什么（你的理论依据）？
E. 绩效评价 14. 你对应用于不同类型人员的绩效评价形式是否满意？不满的主要原因是什么？ 15. 绩效评价服务的目的是什么？为什么？ 16. 主管人员是否经常对其雇员进行正式绩效考察？他们喜欢这种制度吗？下级人员喜欢现有制度吗？
F. 培训与发展 17. 你是否定期进行培训需求分析？如何进行？你怎样确定哪些雇员应该参加培训？ 18. 培训规划是怎样设计的（在内容方面）？理论是什么？ 19. 你如何评估各种培训规划的效率？ 20. 你认为在职培训应该有什么变化或者进步？ 21. 你有没有一个体制可以用来激励上级主管帮助其雇员发展他们的潜力？
G. 各种人力资源管理 22. 经理以及高级专业人员希望集体关系应是怎样的？ 23. 你对预算的观点如何？ 24. 你对人力资源部门人员质量有何看法？ 25. 你对人力资源部门在整个企业中的角色有何看法？

资料来源：西蒙·多伦、兰多·舒尔乐，《人力资源管理——加拿大发展的动力源》，中国劳动社会保障出版社，2000年，第446页。

表2-5 离职面谈问题

1. 你为什么要离职？
2. 你打算去哪里？
  • 地理位置
  • 组织名称
  • 职位头衔
  • 薪酬细节
3. 对你在本公司的以下方面，你是怎么想的？
  • 薪酬与福利
  • 工作
  • 监督
  • 工作条件
  • 晋升机会
  • 培训
4. 你对公司作为一个工作的场所总的感觉怎么样？
5. 你考虑过要回到公司吗？
6. 我们能做什么让你不至于离开公司？
7. 你对公司有任何建议或评论吗？

资料来源：Raymond J. Stone, *Human Resource Management*, 3rd edition, Brisbane: John Wiley & Sons Australia, 1998, p.737。

（4）问卷调查被认为是搜集信息的最客观并且最经济的方法。南克维斯（Nankervis）总结了员工态度调查的五大好处：发现大量的发展建议；寻求政策与实践变革的证据;就员工参与组织决策进行沟通;让员工有机会宣泄情绪以及发现潜在的不满[①]。斯通认为为达到理想的调查结果应该对问卷调查进行细心筹划(参见表2-6)。德斯勒在其《人力资源管理》中提供了一个完整的关于失业保险成本控制的问卷调查表(参见表2-7)。

表2-6 问卷调查指南

1. 与多次调查相比,一次性调查没有多大价值;重要的是把握变化的趋势和方向。
2. 为降低成本并进行多次调查,可以考虑使用抽样调查。
3. 开发一些公司、工厂、部门标准,有时制定标准比大多数外部比较更有价值。
4. 进行时间上的纵向比较并且对其标准化,可以增加特别关注的问题,但基本问题应保持不变。
5. 尝试将员工态度调查分值与特定的人力资源管理政策或实践联系起来。
6. 观察对个别问题回复的诊断价值。
7. 不要在没有专家的帮助和意见的情况下进行调查。
8. 将员工及其一线经理都纳入调查计划之中。
9. 决不要破坏员工的信心。
10. 表明调查结果将如何被用以改进管理

资料来源:Raymond J. Stone, *Human Resource Management*, 3rd edition, Brisbane:John Wiley & Sons Australia,1998, p.744.

表2-7 失业保险成本控制调查表(节选)

请回答在以下方面你是否做到:	是	否	有时
迟到			
1. 要求雇员在迟到时要打电话来	—	—	—
2. 保存有关迟到的历史记录文件以及警告通知	—	—	—
3. 在解雇经常迟到的雇员之前给予其停职处分	—	—	—
缺勤			
1. 要求雇员在缺勤时要打电话来	—	—	—
2. 规定缺勤三日又没有打电话请假视为自动解雇	—	—	—
3. 保存有关缺勤的历史记录文件以及警告通知	—	—	—
4. 要求提供由医生出具的有关重返工作的证明	—	—	—
生病			
1. 在可能的情况下,保留工作空缺	—	—	—
2. 准许休假	—	—	—
3. 要求提供由医生出具的有关重返工作的证明	—	—	—
怀孕			
1. 遵守EEOC的规定,"不予解雇"	—	—	—
2. 要求医生出具意见,说明该雇员可以工作多长时间	—	—	—
3. 给怀孕的雇员在公司内部调换工作	—	—	—
4. 给予产假	—	—	—

---

① A. Nankervis, Employee Attitude Surveys Can Help Morale, *Weekend Australian*, Mar. 1990, p.39.

续表

请回答在以下方面你是否做到：	是	否	有时
管理报告			
1. 分类指出分析人员流动问题			
(1) 地点	—	—	—
(2) 部门	—	—	—
(3) 雇员类型	—	—	—
(4) 工作岗位	—	—	—
2. 评价现行政策和程序对以下活动的有效性			
(1) 招募			
(2) 甄选			
(3) 培训			
(4) 监督管理			
(5) 离职			
3. 帮助制定具有以下效果的政策和程序			
(1) 减少高成本的裁员解雇	—	—	—
(2) 提高合格雇员的比率	—	—	—
(3) 提高雇员的留任率	—	—	—

＊每个"否"或"有时"的回答表明你在该方面缺乏控制力；每个"是"的回答表明你采取了有助于控制你的成本的行动。

资料来源：加里·德斯勒，《人力资源管理》，中国人民大学出版社，1999年，第495—497页。

(5) 管理实验在人力资源管理审计中应用相对较少，而且难度较大。但是，管理实验并非不可用，关键在于科学设计，谨慎实施。组织行为学家认为，实验是最具有活力的科学研究技术。在一项实验研究中必须包含两个要素：对一些变量的操纵（自变量）以及对结果的观察和测量（因变量），而保持其他的所有变量不变。因此，在一个组织开展的一项或多项实验中，行为科学家可能改变一个组织因素，而保持其他因素不变，然后在现场实验中观察结果，研究者试图在自然条件下操纵和控制变量，而不是在实验室里。但是，研究者不能够像在实验室中一样，控制所有的可能影响因素（即使他们知道这些因素）；研究者在场可能使人们的行为与研究者不在场时不一样，特别是如果他们注意到他们在参与一个实验时。行为科学中的实验，更具体地说组织学中的实验是一件复杂的事情①。这个领域中最著名的实验或许应该是"霍桑实验"②。

---

① 詹姆斯·吉布森、约翰·伊凡塞维奇、小詹姆斯·唐纳利，《组织学：行为、结构和过程》，电子工业出版社，2002年，第329页。
② S·克雷纳，《管理百年：20世纪管理思想与实践的批判性回顾》，海南出版社，第65—70页。

2.2.3 审计数据分析技术

人力资源审计数据收集技术也可以看作初步的数据分析技术,但单纯依靠它来进行人力资源审计还远远不够,因此,我们需要使用更为复杂一些的技术来对数据进行再处理,以便能够更为清晰地揭示人力资源管理中存在的问题与机制。人力资源管理审计使用的分析技术主要是统计分析技术。关键的是,统计分析只解决了人力资源审计的一个方面,更重要的是基于专业理论的解释及管理建议。

在人力资源管理审计中,运用最多的统计分析技术是描述统计[①]。最常用到的描述统计是居中趋势测量。这种统计方法通过确认群体中典型成员或大多数成员具备某一特征的程度来对群体或事件进行描述。最常使用的测量指标有三种:众数、中值和简单算术平均值。众数是指出现最频繁的数值。众数强调的是数据的集中性,但它没有涉及相应的波动性。中位数指的是一系列数值中正好居中的那一个。在处理大规模数据时,中位数最为有效。这种情况下,它不容易受到极端值的干扰,而这种干扰使得平均值比中位数更加有效。平均数是十分常见的居中趋势测量技术。平均数是指对于那些未分组数据,我们把所有数值相加之和除以数据总数目。除非是对很大规模的数据进行计算,否则它会受到极大或极小数值项的干扰。

对波动性的测量技术通常有简单频率统计、数值范围、内部四分位数、方差、标准差等。运用简单频率统计对大量数据进行处理,不仅使我们对最常见的回答有了大概印象,同时也使我们对回答的波动性有了一定理解。频率统计可以被表示为百分数的形式,也可以转化成从 1 到 100 的数值范围。数值范围是指两个数值间的差距(数据最大值和最小值之差)。通常情况下,数值范围会和中位数一起使用,以对数据波动性进行准确衡量。内部四分位数是和中位数联系在一起的。一定程度上,我们可以认为中位数把一组数据分成了数目相同的两组。然后再找中位数,这样就形成了内部四分位数。方差指的是数据对于平均值的偏离的平均水平。方差可以告诉我们的是数据对平均数的平均偏离情况。如果方差很大,那么平均数作为一种描述手段的效果就会很差;如果方差很小,使用平均数的效果则会不错。标准差是用标准单位表示出数据的平均偏离情况,是方差的平方根。在使用标准差来刻画数据的分布情况时,标准差很大就说明平均值对于数据的代表程度很小;而较小的标准差则表明大多数数据都分布在平均值的附近。

如果需要探求确切的相关关系时,我们需要求助于那些确切的数量指标,如相关

---

① 关于统计分析技术在管理实践中应用,可参见:托马斯·威廉斯、丹尼斯·斯威尼、戴维·安德森,《商务与经济统计学》(精编版第 5 版),中国人民大学出版社,2014 年;K·L·迈耶,J·L·布鲁德尼,《公共管理中的应用统计学》(第 5 版),中国人民大学出版社,2004 年。

系数。相关系数提供两个或多个特征之间相互关系的数量指标(通常用 r 表示)。在技术上,相关系数是对两个变量间线性关系强度的考察。相关系数永远介于 -1 和 1 之间;当为 0 时,意味着两者之间不存在线性关系。如果我们发现相关系数为 1,那么 X 每增加一单位,Y 都会对应增加一单位。类似的,当相关系数为 -1 时,X 每单位的减少也会对应着 Y 相应的减少,这也就是所谓的负相关关系。无论相关关系是正还是负,数值愈接近 1,相关关系就越强;愈接近 0,相关关系就越弱。

很显然,我们在这里探讨的只是最基本的统计分析技术;而且毫无疑问,在很大程度上和很长时间里,我们都将依靠这些技术来分析我们存在的人力资源管理问题。不容忽视的是,随着互联网技术的日益发展,基于互联网所产生的大数据以及统计分析技术的进步,可以使我们对人力资源问题产生更加准确的判断,但同时这也将对我们的专业洞察力提出新的挑战。

2.3 战略人力资源审计流程

实施人力资源审计,审计流程不可避免。本章开篇的引例实际上是一个执行人力资源审计的标准流程。在人力资源审计研究中,不同的学者基于不同的视角提出了相应的审计流程。虽然这些流程形式上有些许差异,而且各有所侧重,但是,从本质上来说,人力资源审计流程应该包含以下基本元素:审计项目的确定、审计计划的编制、审计实施、审计结果报告、审计反馈与改进等[1]。

斯通构建的一个人力资源审计流程模型从组织战略和业务目标开始,然后传递到人力资源管理的战略目标。人力资源目标的实现需要人力资源管理活动的支持,如人力资源获取、开发以及报酬与激励等。人力资源管理结果或绩效主要由员工承诺、能力、成本效益等指标来体现。人力资源管理审计的任务是应用比较法、外部法、统计法等审计方法来评估人力资源管理结果与战略目标之间的差异(参见图2-1)[2]。

一个理论上极为详细的人力资源审计流程是由德斯勒提供的,具体来说有以下六步。第一步,人力资源管理的功能是什么?要全面搜集关于人力资源管理的看法,以及人力资源管理的主要"客户"认为人力资源管理的功能应当是什么。第二步,这些功能重要程度如何?由参与者对所列举的每一项人力资源管理活动的重要性进行评价。第三步,这些人力资源管理功能执行的情况如何?参与者来评价这些功能实际上被执行的情况如何。第四步,有哪些功能项目需要改善?那些被评定为最重要

---

[1] 王光远,《管理审计理论》,中国人民大学出版社,1996年,第57页。
[2] Raymond J. Stone, *Human Resource Management*, 3rd edition, Brisbane: John Wiley & Sons Australia, 1998.

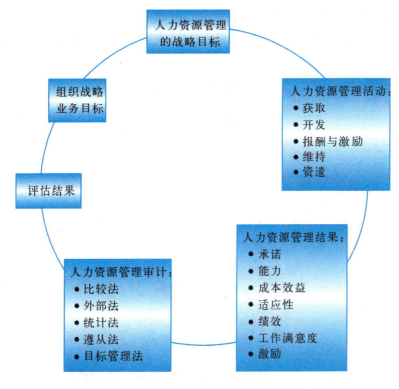

图2-1　人力资源管理审计流程模型

资料来源：Raymond J. Stone, *Human Resource Management*, 3rd edition, Brisbane: John Wiley & Sons Australia, 1998。

的但同时又被评定为执行程度最差的功能是最必要尽快引起注意的。更重要的是，这将有助于企业确认自己的人力资源部门最需要在哪些功能上作出改进。第五步，企业在履行人力资源管理功能过程中使用资源的效率如何？要检查企业是否安排了人力资源管理预算，以及预算的支出是否与人力资源管理功能所应当强化的那些内容保持一致。第六步，人力资源管理功能如何达到最优？对那些需要改善的人力资源功能项目进行一次全面的审计，这需要强化各部门员工与现场人力资源管理者之间的联系，以便每一项人力资源管理功能的责任都能落到实处[①]。

巴格托克（Bargertock，2000）提出过一个人力资源管理效果审计四阶段模型。他强调，审计的重点要围绕"内部客户的高度参与"（high participation of internal

---

[①] 加里·德斯勒，《人力资源管理》（第6版），中国人民大学出版社，1999年，第672—674页。更多的人力资源审计流程是从实际审计活动的角度来设计的，如施温德、达斯与瓦格尔界定的流程为：（1）界定范围；（2）选择研究方法；（3）选择研究设计与数据搜集方法；（4）分析数据、评估并编制报告。相对详细一些的审计流程是由西蒙·多伦和兰多·舒尔乐提供的：（1）确定审计项目；（2）确定审计方法，并提出计划草案；（3）选择审计人员；（4）进行前期研究，主要包括搜集有关人力资源部门、企业以及审计要针对的一些特殊问题的背景资料；（5）选择适当的审计方法，拟定一个清晰的时间表来完成审计计划；（6）搜集审计资料；（7）综合审计结果，由此来找出人力资源部门的优缺点和有助于进行长远规划的领域，从而提高它的运行能力。西蒙·多伦、兰多·舒尔乐，《人力资源管理——加拿大发展的动力源》，中国劳动社会保障出版社，2000年，第447—478页。

customers)这一核心原则。经历对人力资源各种服务重要性加以排序、自我评估、测量现有服务水平、开发行动计划四个阶段①,审计人力资源管理的效果(参见图2-2)。

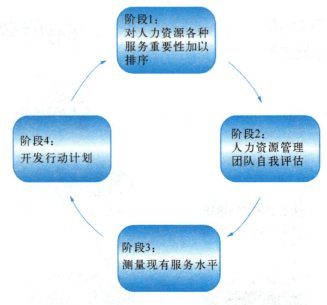

图 2-2　Bargertock 人力资源管理效果审计四阶段模型

资料来源:Andrew S. Bargerstock, The HRM Effectiveness Audit: A Tool for Managing Accountability in HRM, *Public Personnel Management*, 2000, 29(4), p.520。

从外向型审计视角来看,美国人力资源战略服务公司提供了一个人力资源管理外部审计流程的实例。它们为客户进行人力资源审计所遵循的流程是:第一,向客户提供一个标准评估范围的综合框架,并就任何附加的主题达成共识;第二,客户搜集并提供所有人力资源管理的表格、成文政策与实施程序;第三,客户选定一个供评估用的人事档案样本;第四,对人事档案、表格、政策与程序进行非现场的评估;第五,访问客户现场,对合适的关键管理层就人力资源政策、程序和其他关心的领域进行访谈;第六,评估访谈反馈并准备框架报告;第七,举行高层会议,提交并讨论评估结果以及建议②。显然,这实质上是一个专业机构开展人力资源审计服务的业务流程。

2.4　战略人力资源审计报告

人力资源审计工作完成之后的结果需要一个呈现形式,这就是人力资源审计报

---

① Andrew S. Bargerstock, The HRM Effectiveness Audit: A Tool for Managing Accountability in HRM, *Public Personnel Management*, 2000, 29(4)。

② Human Resource Strategies Services, 2003.

告。施温德、达斯与瓦格尔认为,人力资源审计报告应该综合描述人力资源管理活动,包括有效实践的建议、改进无效实践的建议,也确认良好实践的建议[①]。人力资源审计报告通常分为两类:原始报告(或称技术报告)与简式报告(或称摘要报告)。显然,原始报告涵括了人力资源审计的最完整信息,专业性与技术性较强,主要适合专业人士阅读使用,特别是需要承担人力资源管理改进职责的人力资源专业人员。简式报告主要提供给管理层或外部利益相关者参阅,目的在于了解关键的结论性与反馈性信息。

当然,人力资源审计报告也可以分为人力资源内部审计报告和人力资源外部审计报告。但是这种分类不会影响审计报告的作用本质,仅仅在侧重点和表述方式上有所不同。例如,在人力资源管理审计咨询中,美国人力资源战略服务公司提供的审计框架报告包括两个部分:(1)对评估中所做的观察的描述以及相应的评论与建议;(2)建议采取措施的优先次序(见表2-8)。

表2-8 人力资源审计框架报告(节选)

对评估中所做的观察的描述以及相应的评论与建议:
• 确保在州与联邦层次上的立法遵守;
• 将涉及员工合法性的风险与暴露降低到最小;
• 执行产业或职业的"最佳实践";
• 提升整个部门或功能的效率与效果
建议的优先序:
• 要求得到立即关注的关键问题与项目以限制立法暴露或达到立法要求;
• 关键的但并非要求立即予以关注的问题与项目;
• 旨在改进效率、效果、质量、服务水平,或执行"最佳实践"的并非关键的问题与项目

资料来源:Human Resource Strategies Services,2003。

为了更好地理解人力资源管理审计的目的、方法、过程以及结果,从而能够对人力资源管理有一个相对完整的审视,我们需要一个更为详细的审计报告。这个报告从结构上看至少(但不限于)需要具备以下各项:审计背景与目的、审计方法与范围、审计结论以及审计建议;如果可能,还需要有被审计对象对审计结论与审计建议的反馈意见;此外,还可以根据实际情况增加详细的数据比较分析和审计过程记录。这里我们提供一个国华电力公司的激励体系审计报告的节选例子(参见表2-9)。

表2-9 国华电力公司的激励体系审计报告(节选)

	审计背景和审计目的
背景	曾投入大量精力试图改进公司的激励体系,以激发员工的积极性
目的	了解既有的激励体系的效果以及可能的改进方向

---

① Hermann Schwind, Hari Das and Terry Wagar, *Canadian Human Resource Management a Strategic Approach*, 6th edition, Toronto: McGraw-Hill Ryerson, 2001.

续表

	审计的方法和范围	
激励需求问卷调查	面向公司各级各类人员发放并有效回收200份,获得对激励机制问题的整体的现状数据。利用SPSS对数据进行录入与管理,并认真进行统计分析	
访谈法	针对员工,主要关心他们对激励体系的知晓程度、评价与建议	
	针对管理者(部门经理及以上)和人力资源部(所有人员),侧重从管理角度进行评价和提出建议	
资料分析	认真研究公司内部的各类规章制度37份	
	审计结论	
总体评价	由于公司的发展和员工需求的变化,激励体系总体上存在一定的不足	
绩效考核	绩效指标设定	部分员工认为未能集中关注核心业绩指标,且与核心工作无关的指标占的比重很大
	二级评价体系	二级评价人的评价权重比较大(占到30%),且二级评价有可能导致越级管理和多头管理
	部门绩效差距	以公司总体绩效平均值对部门的绩效平均值进行调整的硬性平均方式,损害了绩效高的部门员工的工作积极性
薪酬	访谈	与同行业单位相比,薪酬水平偏低
		与兄弟公司相比,薪酬水平较落后
	问卷	45.03%的员工认为其薪酬水平与本人能力和工作付出不对等
福利	带薪休假	具体执行情况令员工产生了不满,主要原因是:没有时间休假、带薪休假不足、未休的年休假不能累积;有关部门经理建议将"年休假完成率"作为部门的考核指标
	企业年金	员工对年金的认识不清,缺乏相关知识;员工对年金具体运营情况不了解;部分员工认为年金激励性不强,对未来收益不看好,偏好于短期现金激励
职业生涯发展	生产技术类职业通道	该类员工认为公司的收入、发展空间都对管理层有利,生产岗位流动性差,收入不高;晋升渠道较为有限、单一
	职业生涯规划的效果	目前具体的操作和规划不够,专业技术性的职业发展路径不长;未给员工的职业发展带来实质性变化
	审计建议	
绩效评价改进	应根据本公司工作流程、战略和员工能力设定关键的考核指标,并尽可能简化,对员工的绩效考核真正集中于关键业绩指标	
	鼓励员工参与绩效指标设定的过程和提出意见	
职位体系重建	打通经营管理人才、专业技术人才、操作技能人才三条职业发展通道,给员工创造更多成长、成才机遇	
	改变目前的单纯实行行政等级岗位级别的晋升体系设计	
	在行政等级岗位级别基础上,设立像评职称相类似的职位等级,该等级只代表专业能力,没有任何行政职能	
	根据不同岗位实施不同的激励措施	
	可考虑打通专业技术类员工发展通道,使管理和生产的地位设置一样,提高生产性人员的收入	
建立股权激励制度	调查中88.37%的员工赞同员工可以购买一定数额内部股的做法,但应该向国外先进的跨国公司进行学习和借鉴,并考虑中国特定的法律环境限制和金融市场的发育程度	

续表

	审 计 建 议
菜单式激励方式选择	调查中发现不同员工的需求不同,绝大多数员工欢迎菜单式激励,公司提供福利清单,员工自由选择其所需
	从管理实践上看,最终设计的激励体系可能由两部分构成:第一就是公司层面统一实行的激励部分;第二是各个员工可以自选的一些菜单式的激励项目,同时激励体系要与考核相挂钩

资料来源:张振香、杨伟国,《发电企业人力资源管理理论与实践》,中国劳动社会保障出版社,2009年,第207—208页。经作者编辑整理。"国华电力公司激励体系审计项目"原由作者团队执行,项目成果经整理后编入该书,引用时又经作者编辑整理。

本 章 小 结

1. 战略人力资源审计的主体与客体解决的是谁审计什么的问题。人力资源审计的主体是指谁来审计;而人力资源审计的客体是指审计什么,即人力资源审计所涵盖的领域。

2. 严格地说,人力资源审计的主体只有两类:外部审计主体和内部审计主体。或者,我们根据审计主体的不同而将人力资源审计分为内向型审计和外向型审计两类。内向型审计是指一个独立组织(由其内部成立的审计委员会、部门或个人)对其自身人力资源管理体系的审计;而外向型审计是指一个独立组织的外部机构或人员(包括该组织的上级机构或控股机构)对该组织的人力资源管理体系进行独立审计。

3. 人力资源审计有五种基本方法:(1)理论审计法,主要是依赖人力资源管理理论来确定人力资源实践中存在的问题,这里人力资源管理理论充当一种"正确的"基准;(2)市场审计法,是指将一个组织的人力资源管理实践或绩效与市场结果进行对比,它包括三个层面,即市场对比、行业对比与竞争对手对比,这里市场审计法实际上是过去我们所说的狭义的"基准法";(3)历史审计法,任何一个组织都谋求永续发展,因此组织人力资源实践与绩效的时间序列比较就很关键,这是一个关注长期发展的审计方法,历史审计法所衡量的是人力资源指标的时间序列变化与改进;(4)规制审计法,即是遵从法,关心人力资源活动的合法性,通过对人力资源信息系统的取样调查,审计寻找人力资源活动与法律和公司政策或程序之间的偏差,从而可以评估过去的人力资源实践与正式宣称的公司政策、立法以及法定标准的一致程度;(5)目标审计法,也即目标管理法,确定组织人力资源实践的实际状况与期望目标之间的差距,从而确定低绩效领域,评估人力资源功能,并采取正确的行动。如果按照广义的基准法的理解，这些方法又可以被归纳为：理论基准法、市场基准法、历史基准法、规制基准法、目标基准法。

4. 人力资源管理审计的有效实施有赖于审计数据搜集技术和数据分析技术。数据搜集技术是指获得进行管理审计所需要的数据、文献、资料的技术，而数据分析技术主要是指对所获得的数据进行再加工并为最终的审计结论提供支撑的技术。广义地说，数据搜集技术也可以被理解为最初步的数据分析技术。

5. 人力资源审计流程应该包含以下基本元素：审计项目的确定、审计计划的编制、审计实施、审计结果报告、审计反馈与改进等。

6. 人力资源审计报告是人力资源审计结果的呈现形式。人力资源审计报告通常分为两类：原始报告与简式报告。原始报告涵括了人力资源审计的最完整信息，专业性与技术性较强，主要适合专业人士阅读使用，特别是需要承担人力资源管理改进职责的人力资源专业人员；简式报告主要提供给管理层或外部利益相关者参阅，目的在于了解关键的结论性与反馈性信息。

复习思考题

1. 什么是战略人力资源审计的主体？内外部审计主体的优缺点是什么？
2. 战略人力资源审计的基本方法有哪些？
3. 战略人力资源审计数据采集与分析技术的基本内容是什么？
4. 为什么人力资源审计流程会有不同？
5. 人力资源管理审计报告有哪些类型？

案例1　花旗银行的人事管理审计：1974年

人事实践审计起着员工关系早期预警体系的作用，它是通过指出已出现的和潜在的、由于人事实践的不恰当管理而引发的员工不满意的来源来发挥作用的。另外，人事实践审计也为改正已发现问题提供了直接机会。

审计企业的哪些人事政策？

《花旗银行主管人事政策手册》中包含了大约50项对一线管理人员提出具体要求的人事政策。人事实践审计主要关注但并不是仅仅局限于这些要求以及衡量管理者服从这些要求的程度。表2-10包含了一个审计过程中被审计的四个政策领域的问题样本。

为了方便人事实践审计的实际操作,起初接受审计的活动范围仅仅局限在18个政策领域,而且人事部人员拥有选择的优先权。现在,人事实践审计小组可以自主决定审计的范围,而且已经克服了操作过程中的障碍,审计活动已经扩大到包括额外的一些政策领域和更加复杂的审计技术。

表2-10 人事实践审计中调查问题样本

人事领域	审 计 问 题
缺勤控制	• 管理者是否有确认有缺勤问题员工的系统? • 管理者在多大程度上采取了改正措施以控制缺勤? • 季度缺勤报告是否与部门缺勤记录吻合?
绩效评估程序	• 是否有适用于员工的绩效评估? • 进行员工绩效评估的间隔是否少于一年? • 管理者是否与员工讨论绩效?
新员工引导	• 管理者是否为新员工提供了机会接受引导以了解银行?是否给新员工提供了工作指导?
请求辞职和解雇	• 管理者是否在辞职和解雇生效之前咨询了人事关系部?

人事审计领域

选择什么基本组织单位进行审计?

审计的焦点是部门。部门可以很宽泛地定义为一个或两个工作团队,每一个工作团队都是在一个向部门领导报告工作的一线管理者的管理之下。选择部门作为审计的基本组织单位是出于以下两个考虑:

1. 部门在很大程度上代表了组织中的相关工作团队;

2. 在花旗银行的200多个分支机构中,每一个分支机构都可以被看作一个部门,因此选择部门不会给人事实践审计带来更大的困难。

怎样选择被审计的部门?

虽然许多被审计的部门都是随机选择的,但是通常使用下面两个附加准则:

1. 被选择的部门应该反映了最广泛的管理基础,这样可以使审计活动对组织的影响最大,这一点在实际操作过程中尤为重要;

2. 最近已经或将要重组的部门不应该被选择,因为在这种情况下,审计的影响可能是最小的。

如何进行审计?

人事实践审计使用一个详细的综合手册,该手册包括了审计的所有内容,包括将要被审计的实践以及具体的审计方法。为了说明这一点,花旗银行的政策要求管理者按照事先确定的时间表进行绩效评估并与员工一起讨论绩效评估的结果。

员工绩效评估资料是花旗计算机人事数据系统的一部分。审计操作手册中包含一个清单，这个清单提供了使用人事数据系统资料证明给定部门没有按照事先确定的时间表进行绩效评估的程度。为了确定管理者是否与员工共同讨论了绩效评估结果，手册同样也提供了挑选、访谈部门员工的指导和方法。

由于突然袭击并不是审计过程的一个影响因素，因此部门领导会被事先告知要进行审计，而且事先的任务安排也是审计活动的一部分。然后，为了从员工人事档案资料和人事数据系统档案中获得相关的资料，将会由一位审计员对企业的档案资料进行搜索。数据搜索完成之后，审计员要对部门领导简要说明整个审计程序以及审计过程中所需要的支持。在讨论过程中要把重点放在人事实践审计的促进作用上，也即帮助管理者发现和改进他们在人事政策执行过程中的弱点。任务简介之后，审计员紧接着要进行部门档案搜索。他们要审计那些记录员工工作时间的文件，并且通过对进入或退出部门的员工进行直接调查来证明这些文件。为了补充从档案资料搜索中获得的数据，审计员要对所有部门领导和10%—20%的员工进行访谈。这样审计的初步结果就会被编纂出来并由审计员在报告会上呈报给部门领导。在审计员对初步结果进行校订以反映新情况，或在对管理人员详细了解情况的过程中又澄清了信息之后，审计员就会准备一份最终报告并给部门分配一个总的审计等级。接下来将由部门领导和当地的人事部门共同合作提出一套矫正行动计划并在最终报告中具体说明这些计划的要求。获得矫正行动计划通常被认为是审计完成的标志。为部门领导和当地人事部共同提出矫正计划提供的时间大约是三个星期。

由谁来审计？

所有的审计都是由六个审计师、一个执行经理和一个书记员组成的人事实践审计小组完成的。审计员是从花旗的全体员工中挑选出来的，并且其中三个以前曾做过内部财务审计员。

审计员的培训几乎都是在实际工作中获得的。在审计过程中，审计手册的使用将会被示范给审计员，而且新审计员会在审计的所有阶段得到指导。另外，也会给审计员提供帮助他们对管理者和员工进行访谈的培训审计师，随之将根据其在培训后所进行的审计活动来分级。

一个典型的审计需要多长时间？

考虑到部门人员的可用率、部门领导对详情调查的反应时间、审计程序、人事实践审计的结果等因素，一个审计员可以在两个星期内完成审计并提交最终报告。这个估计是以审计一个有大约75个非管理职位和5个直线管理者组成的部门为基础得出来的，但是我们发现两个星期的时间对于审计拥有各种数量员工的部门来说同样是适合的。

设计人事实践审计项目需要付出多少努力？

设计整个人事实践审计项目通常需要10个月。设计活动包括：定义审计目标、范围和人事实践审计项目的操作；设计审计手册、操作验证；招募和培训审计员。整个设计过程包含了一个全职、两个兼职行为科学家的努力和一个小组领导者的监督努力。

人事实践审计在一年中覆盖多少员工？

以以前的完成率为基础，考虑假期、休假、生病等因素，一个审计员预计每年可以完成20个审计，每次审计会涉及75个非管理职位的员工，这样在一年中，一个审计员的审计工作将会涉及大约1 500名员工。六个审计师可以在两年时间内对所有在纽约工作的非管理职位员工进行审计。

人事实践审计项目的效果有多大？

人事实践审计的效果在其全面执行的前六个月中就变得很清晰。虽然在这一阶段并不适合详细讨论人事实践审计的结果，但是在这一阶段进行的部门审计却证明了一些被审计人事领域相当数量的政策偏差。为了对人事实践审计结果作出反应，所有被审计部门都要在规定的时间内呈交可接受的矫正行动计划。前半部分人事实践审计更进一步的结果是：推荐给一些人事领域的改进措施、审计的范围扩大到包括其他一些人事实践调查。

但是，必须认识到人事实践审计项目的操作过程仍有改进的空间。另外，实践证明决定部门总体审计等级是一项很难操作的任务。虽然是否继续给部门分配量化等级的问题目前仍在讨论之中，但是一些技术可能会被继续用来确认那些令人满意的组织单位。人事实践审计的价值也许来自它给组织人事实践各方面施加的压力。如果这些人事操作存在不足，审计活动就会很快指出。更重要的是，审计活动可以消除这些不足，加强人事操作的可靠性。有效人事操作的关键在于员工的拥护和直线人员运用审计结果不断修改人事功能使人事功能跟上组织的变化。

案例来源：Paul Sheibar, Personnel Practices Reviews: A Personnel Audit Activity, *Personnel Journal*, Mar. 1974. 经作者编辑整理。

案例讨论

1. 花旗银行人事管理审计的主要内容是什么？
2. 花旗银行的人事管理审计是如何实施的？
3. 花旗银行的审计主体是谁？采用了哪些审计计量技术？

案例2　人力资源管理审计项目指南

表2-11为人力资源管理审计项目指南。

表2-11　**人力资源管理审计项目指南**

人力资源管理审计项目指南			
预算时间	审　计　程　序	责任人	备注
背景			
	（输入审计领域的具体描述）		
统计			
	（输入财务或行为方面的比较数据）		
初步计划（节选）			
	1. 给待访谈部门的合适访谈人选准备并寄发介绍信。 2. 准备项目规划，安排好初步调查工作的时间表。 3. 进行下列室内调查： 　（1）财务数据； 　（2）内部政策、流程手册； 　（3）可用规章、法律和制度； 　（4）重要的内部审计报告和管理制度注解。 4. 规划并召开客户见面会。明确部门联系人的姓名，落实实地调查场地，完成审计的现场工作部分。 5. 为审计项目准备日常表，估计完成日期；编制调查报告索引并上交。 6. 阐明观点，并在必要时修改审计方案		
审计范围			
	以前期调查工作和风险评价为基础，审计期间将会涵盖（输入客户）从（输入日期）到（输入日期）内的所有工作		
审计目标			
	（列出所有审计目标）		
概览（节选）			
	1. 获取人力资源部门结构图，并决定是否进行修改。 2. 审查人力资源员工的工作说明书。 3. 审查下列信息是否存在，是否能够按时提供： 　（1）整体绩效； 　（2）员工流动水平； 　（3）缺勤率		
人力资源规划（节选）			
	1. 获取当前阶段人力规划方案，并明确其是否已经得到审批。 2. 审查人力规划方案，确定其数据是否可靠。 3. 把实际结果与人力规划方案进行对比，找出显著差异并加以解释		

续表

人力资源管理审计项目指南		
雇佣实践(节选)		
	1. 搜集证据：部门管理层采用的人员招募手段与公司政策具有一致性。 2. 搜集证据：员工可以接受招募、调动和晋升、解雇等方面的举措和工作安排。 3. 选择人事文件样本，了解下面各领域的充分信息：招募、调动和晋升、解雇、绩效评价、申诉、培训和开发	
IT系统		
	明确各种资料是否得到妥善保管，不致丢失或损坏；只有得到授权的人才可以看到相关资料，关键文件有充足备份	
薪酬(节选)		
	1. 常规的薪酬结构设计和调整。 2. 选择有休假、病假、产假等经历的员工样本，分析其薪酬记录。 3. 选择薪酬有变动经历的样本员工，分析其薪酬记录。 4. 把授权水平分类	
公平就业		
	搜集为避免歧视(性别、民族、年龄、种族)等方面的行为和预期目标	
健康与安全		
	明确已经采取了哪些行为以与当前法律和制度保持一致	
培训与开发(节选)		
	1. 获得培训流程方面的样本信息。 2. 搜集证据：培训和开发工作得到了部门管理人员的配合	
组织		
	审查赞成、成立和批准企业的具体流程及制度，并确保所有员工都有了解	
内部沟通		
	审查与提高员工对企业规章制度、职位空缺、重要事件等问题认知的相关流程和举措；确保所有员工都有获知信息的平等权利	
审计整合(节选)		
	1. 同审计主管、部门负责人和审计董事讨论所有审计发现，并在得到他们的批准后与客户管理人员进行讨论。 2. 总结和归纳。 3. 完成工作报告并制作索引。 4. 如果有需要，计划并召开总结会议。 5. 呈交审计报告	

案例来源：www.auditnet.org。

案例讨论

1. 从这个项目指南中，你了解到的人力资源审计的内容包括哪些方面？
2. 人力资源管理审计的基本步骤是什么？
3. 请你根据项目指南的结构，设计一个《薪酬管理审计项目指南》。

第3章

战略人力资源功能审计

【学习目标】

学习完本章内容之后,你应该能够:

1. 熟练掌握人力资源功能审计 SSTP 模型及其内容
2. 了解公司战略与人力资源战略之间的逻辑关系
3. 掌握人力资源战略审计分析方法和应用
4. 掌握人力资源系统审计的含义与方法
5. 掌握人力资源管理技术审计的内容与方法
6. 掌握人力资源绩效审计的含义与方法

引例　CD 电力公司网站上的招聘广告

我公司位于河北省东部渤海之滨的沧州市黄骅港开发区,与国家跨世纪特大工程西煤东运第二通道出海口——黄骅港紧紧相邻。陆上南面紧靠山东半岛,西距沧州市约 100 km,东距黄骅市约 55 km,北距天津市约 112 km,距北京约 240 km。

该项目一期工程建设 2×600 MW 国产亚临界燃煤火电机组,规划容量为 6×600 MW。目前#1、#2 机组已经开工建设,机、电、炉等主设备由上海电气集团制造,各辅机设备已经开始招标订货。从 2006 年年底开始各机组将相继投入商业运营。公司的建立是国家"西电东送"的重要战略步骤之一,对于支撑河北南网以及华北环渤海地区的电网结构起着重要的作用,有利于提高华北电网受端电网的安全稳定性。电厂投产后将建成国内最大的低温多效海水淡化系统,近期建设日产 2 万 t 容量的低温多效海水淡化设备,根据周边经济发展情况,可向社会供应淡水 100 000—200 000 t/d,从而解决周边地区生产、生活用水问题,也为黄骅港的发展提供了电和淡水方面的需求保障。我公司是一个全新的现代企业,在董事会的领导下,适应"厂网分开、竞价上网"的电力体制改革形势,坚持"小业主、大咨询"的基建项目管理模式,认真实践"用国产机组创国际一流"的建设管理思路,以科学严谨、开拓创新的企业精神,努力把公司建设成为国际一流的发电企业。工程项目在环保、节能、节水、节约土地、节约投资等方面均按国际一流的各项指标进行优化设计;对于国外先进的 BFS++等生产管理信息系统和运行优化控制软件大胆引进,为实现精确核算实时发电成本、上网电价报价决策、点检定修效益分析及检修成本核算分析提供了软件保障;在国内电站行业率先引进先进的总线控制方式、智能仪表控制系统,努力创建"全厂一控"的现代化企业。在安健环管理方面,引进 NOSA 星级管理标准和"万全管理"策略,对于生产过程中的各种活动进行风险评估分析,充分体现"以人为本"的管理理念,确保"安全为天"的安全生产思想的贯彻。公司在基建过程中为实现"信息化、透明化、效益最大化,创建国际一流电站"目标不断创新和开拓。

公司以"凡事讲规范、办事讲效率、工作讲实效"为工作准则,培育"科学、严谨、实干、高效"的企业工作作风,充分利用 P3、MIS、远程 OA、视频会议及国际互联网等现代化技术手段,实行信息化管理,确保实时监控、闭环管理和科学决策。公司坚持以人为本,倡导管理创新,工程建成后将实行状态检修、全面预算管理、全信息控制,管理岗位高度精简。公司总定员 180 人(2×600 MW 机组),负责主机运行(含除灰除渣、化学制水、脱硫、燃料运行等)、全厂点检管理以及热工及继电保护的维护与检修工作。对海水淡化及淡水外供、灰(渣)系统的外运与灰场管理、煤场管理、运行外围系统的巡检巡操和全厂(除热工和电气继电保护)设备的维护检修工作实行外包。公司全面实行劳动合同制度和总公司为鼓励新建火力发电厂精简定员编制而推行的岗位效益等级工资制度,努力创造出一个"机制新、用人少、效益高"的全新发电企业,从而成为真正具有国际一流电站管理水平和较强市场竞争实力的发电公司。

为加快公司现代企业制度建设进程,推进人事制度改革,吸收优秀人才,共同建设一流的发电公司,充分引入市场机制,坚持公开、公平、竞争、择优的原则,我公司招聘首批生产管理人才,主要面向投资方所属容量 300 MW 及以上火力发电企业进行招聘,特殊岗位可面向全国范围内同类型机组。要求年龄在 35 岁以下,中级以上职称,具有一定的相关岗位生产实践或管理工作经验(对特别优秀的人才,可以适当放宽招聘条件)。招聘按照报名、资格审查、考试考核(包括笔试、面试和素质测评)、决定聘用的程序进行。决定聘用后,办理正式调动手续。按照国家有关规定,聘用者实行试用期制。试用期满、考试合格后,享受相应待遇。试用期内,履行所任岗位职责,试用期计入任职时间。个人劳动关系,按中华人民共和国《公司法》和《劳动法》的规定,实行劳动合同制。

案例来源:作者人力资源咨询项目资料,2003 年。

本案例是人力资源管理中最常见的工作内容:招聘。案例显示该招聘广告发布在公司的网站上,而且四分之三的篇幅在介绍公司的业务与管理等内容。在广告最后一段提出招聘生产管理人才。这个案例提出很多招聘中的关键问题:如何选择招聘渠道?公司网站招聘是否有效果?如何编写招聘广告?如何确定招聘职位的任职条件?如何避免任职条件的规定与劳动雇佣法的不一致?这些都属于人力资源技术审计的范畴。人力资源技术是人力资源功能的最基础单位。我们还关心人力资源战略是否与组织战略一致?人力资源系统内部各模块之间是否一致?以及人力资源管理的绩效到底如何?这是本章需要回答的问题。

3.1 人力资源功能审计模型

人力资源功能审计的核心使命是确定人力资源管理功能能否在战略上支撑组织战略。要完成这个使命,必须解决四个问题:人力资源战略与组织战略的一致性、人力资源系统的整合性、人力资源技术的切合性,以及人力资源管理绩效的至高性。由此,人力资源功能审计包含以下四个方面:人力资源战略审计(human resources strategy audit)、人力资源系统审计(human resources system audit)、人力资源技术审计(human resources technology audit)与人力资源绩效审计(human resources performance audit)。人力资源功能审计的目的在于把握组织的人力资源功能的差距所在。为便于理解,我们将这些内容转换为一个示意性的模型——SSTP 模型(见图3-1)。

从 SSTP 模型中,我们也可以看到它具有一定的结构性特征。它既体现了人力资源功能审计的四个组成部分,还体现了这些部分之间的内在联系:人力资源战略决定了人力资源系统,而人力资源系统又决定了人力资源技术;战略、系统与技术的混合作用决定了人力资源绩效水平。这是自上而下的逻辑联系。从实践的角度看,人力资源绩效是人力资源管理运行的结果,是整个人力资源战略、系统和技术的支撑。它与组织目

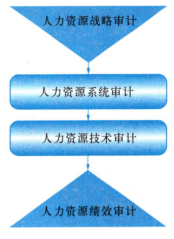

图3-1 人力资源功能审计 SSTP 模型

标、市场水平以及自身历史水平的比较决定了人力资源战略、系统、技术的实际价值与问题所在。但是,从 SSTP 模型中,我们并不能找到实施人力资源功能审计的具体内容,因此,我们从实际操作的视角出发,将这个模型转换为可供操作的人力资源功能审计的内容清单(参见表3-1)。更详细的理论分析与管理实例将随后分节呈现。

表3-1 人力资源功能审计的内容

人力资源功能审计	人力资源战略审计	人力资源战略与公司战略的一致性
		人力资源战略与公司竞争战略的一致性
		人力资源战略与公司职能战略的一致性
		人力资源战略与生命周期的一致性
	人力资源系统审计	各人力资源模块(如薪酬战略)与人力资源战略的整合性
		各人力资源模块(如薪酬战略、培训战略)之间的整合性
	人力资源技术审计	招聘甄选技术审计
		薪酬福利技术审计
		绩效管理技术审计
		培训开发技术审计
	人力资源绩效审计	人力资源绩效指标
		人力资源平衡计分卡

从表3-1中,我们就能清楚地了解到,人力资源功能审计的分层分类的内容结构,极大地方便我们从整体上把握审计内容。但是,这个表也不是面面俱到的,应该以扩展性的眼光来看待它。例如,在人力资源技术审计部分,我们只列举了招聘甄

选、薪酬福利、绩效管理、培训开发等四项人力资源技术，实际上，人力资源技术还包含更多方面，如员工关系管理技术、职业健康管理技术等。

3.2 人力资源战略审计

要进行人力资源战略审计，首先要解决的问题是搞清楚公司战略（组织战略）与人力资源战略之间的逻辑关系，然后在此基础上进行人力资源审计分析，最后才能明确人力资源战略是否与组织战略一致、偏差的程度以及调整的方向。这需要审计人力资源战略与公司战略的一致性、人力资源战略与公司竞争战略一致性、人力资源战略与公司职能战略一致性、人力资源战略与公司生命周期的一致性等。

3.2.1 公司战略与人力资源战略的逻辑关系

公司战略是人力资源管理的最高目标。约翰逊和斯科尔斯声称，战略管理是所有管理者的责任，而且这种责任正变得越来越重要。现代组织处在复杂的环境中，要求越来越快、越来越有效地采取战略对策。对管理者的最低要求是，他必须了解所管理的部分是怎样与战略问题和组织的其他部分相互融合的。如果不这样，就会严重地损及战略管理的有效性，妨碍战略目标的实现①。

组织战略与人力资源管理之间的关系可以从价值链上得到最突出的体现。波特（M. E. Porter）认为企业每项生产经营活动都是其创造价值的经济活动；那么，企业所有的互不相同的但又相互关联的生产经营活动便构成了创造价值的一个动态过程，即价值链。价值链将企业经营生产活动分成主体活动和支持活动两大类，其中，主体活动是生产经营的实质性活动，一般可以再细分为内部后勤（原料供应）、制造（生产加工）、外部后勤（成品储运）、市场营销和售后服务等5种活动；支持活动是支持主体活动，而且内部之间又相互支持的活动，包括企业投入的采购管理、技术开发、人力资源管理和企业基础结构②。

在波特的价值链中，人力资源管理被赋予了重要的地位。人力资源管理包括各种涉及所有类型人员的招聘、雇佣、培训、开发和报酬等各种活动。人力资源管理不仅对单个主体活动和支持活动起到支持作用，而且支撑着整个价值链。人力资源管理的各种活动发生在企业当中的不同部分，正如其他各种支持活动一样，这些活动的

---

① G·约翰逊、K·斯科尔斯，《公司战略教程》，华夏出版社，1998年，前言第2—3页。
② 徐二明，《企业战略管理》，中国经济出版社，2002年，第114—116页；G·约翰逊、K·斯科尔斯，《公司战略教程》，华夏出版社，1998年，第78—79页。

分散可能导致政策的相互抵触。人力资源管理通过它决定雇员们的技能和积极性以及雇佣和培训的成本所起的作用,影响着任何企业的竞争优势①。

公司战略与人力资源管理的交互作用还可以从下面的"一个战略管理过程模型"中得到体现(参见图3-2)。战略管理过程具有两个不同却相互依赖的阶段:战略形成和战略执行。在战略形成阶段,战略规划群体需要通过确定企业的使命和目标、外部的机会和所受到的威胁以及企业内部的优势和劣势来决定企业的战略方向。此外,他们还需要列出各种可能的战略选择,并且对这些战略在实现组织目标方面的能力进行比较。在战略执行阶段,企业就要按照已经选定的战略开始贯彻实施。这包括对组织进行设计、对资源进行分配、确保企业获得高技能的雇员以及建立起能够促使员工的行为和企业战略目标保持一致的报酬系统②。

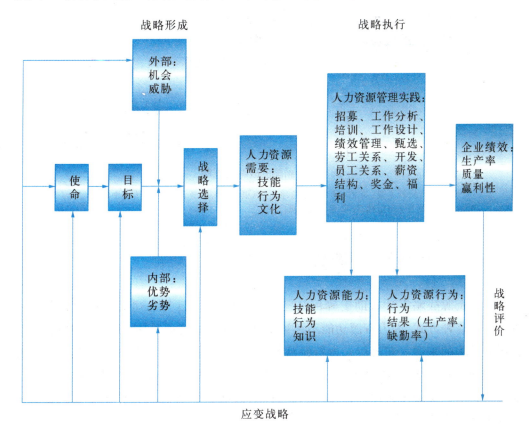

图3-2　一个战略管理过程模型

资料来源:R·A·诺伊、J·R·霍伦拜克、B·格哈特、P·M·莱特,《人力资源管理:赢得竞争优势》,中国人民大学出版社,2000年,第53页。

---

① 迈克尔·波特,《竞争优势》,华夏出版社,1997年,第42页。
② R·A·诺伊、J·R·霍伦拜克、B·格哈特、P·M·莱特,《人力资源管理:赢得竞争优势》,中国人民大学出版社,2005年,第52—53页。

我们从"薪酬的战略性视角"还可以找到从公司目标、战略规划、愿景与价值观一直到公司的薪酬体系并最终实现公司竞争优势的一个逻辑发展过程(参见图3-3)。在这个模型中,任何一个高一级的举措都决定了下一级举措的方向,因此在人力资源战略审计中,这些高一级的举措就成为审计基准,以此来判断人力资源战略以及更具体的薪酬战略、招聘战略等与公司战略的一致性。

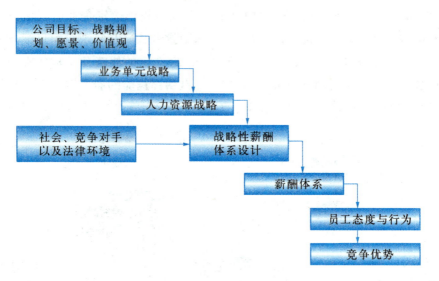

图3-3　薪酬的战略性视角

资料来源:乔治·T·米尔科维奇、杰里·M·纽曼,《薪酬管理》,中国人民大学出版社,2002年,第23页。

3.2.2 人力资源战略与公司战略一致性审计

人力资源战略审计有助于确保公司的人力资源项目与公司的长期目标保持一致。通过这种方式,人力资源功能不再被认为是专门给公司带来高成本的功能,而是公司竞争力的来源。在进行人力资源战略审计时,在设计帮助公司实现其全球战略的人力资源政策之前,审计人员必须首先明确公司的全球战略,然后把这些政策同当前的人力资源实践进行比较,通过比较可以对某些人力资源政策作出必要的修改以使其更加符合公司的战略[1]。

---

[1] M. F. Olalla, M. S. Castillo, Human Resources Audit, *International Advances in Economic Research*, 2002, 8 (1), pp.58-64. M. F. Olalla 和 M. S. Castillo 举了一个例子来说明: Sears 和其他一些公司曾经提出和使用的雇员-顾客收益模型就说明了公司经营和人力资源政策的完全一致性。这种一致性带来了更大的挑战,因为某些人力资源活动对公司经营结果的影响通常是不清晰的。许多从事人力资源工作的专业人员都发现,把人力资源活动的结果同组织策略联系起来十分困难。但是,人力资源领导可以很轻松地确定出公司经营的关键以及应该对与这些关键点及其结果有关的雇员采取的人力资源活动。对于那些负责人力资源的人来说应该发生的主要变化是:告别他们的安乐窝,花更多时间去寻找结合人力资源和公司经营的方法。

在开展人力资源战略审计时,所使用的指标必须可用于确定人力资源活动是否得到了充分发展、是否取得了正确的结果、是否给公司经营带来了价值。正如维尔伯恩和安德鲁斯(Weelbourne & Andrews)强调的那样,公司管理层分配给其人力资本的重要性是投资者在评价一个公司吸引力时关注的最重要因素之一[1]。意识到组织人力资源对组织发展的战略重要性后,对人力资源活动结果的测量就会导致用受过良好培训的、得到充分激励的雇员创造的较大收益来衡量人力资源管理活动对公司经营的影响[2]。

人力资源战略审计的一个直接价值是通过审计来厘清人力资源战略制订过程中必须回答的问题,从而为基于组织战略的人力资源管理体系的形成作出贡献(参见表3-2)。

表3-2 形成一个人力资源观点面临的课题

概念	定义	主要问题	产出
远景规划	快速、有力地说明部门为什么存在	作为一个职能部门,人力资源想要达成的是什么	常用口号(比如,"人力资源:解决方案的一部分",或"人力资源:有利的事业伙伴")
使命	说明人力资源为企业的附加价值所作的贡献	人力资源如何为本部门的顾客附加价值和保证对他们的服务	人力资源的产出(比如,竞争优势、战略实施、行政效率、员工贡献度、应变能力)
价值	说明作为一个部门,人力资源信奉什么价值观	作为一个部门,人力资源信奉的是什么	部门赖以存在的准则(比如,完整统一)
利益相关者	说明人力资源为谁服务	人力资源主要为谁服务	客户和他们的期待(比如,管理者、员工、股东、顾客)
创意性措施	说明人力资源能够提供的项目和服务	为附加价值,人力资源能够设计和提供的活动或系统是什么	组织诊断(比如,7-S、主要的诊断框架)
优先事项(目的/目标)	说明人力资源将发起、领导的2—4个优先事项	为附加价值,人力资源应该设计和提供的活动或系统是什么	组织优先事项(分配资源时参考)
行动	说明实施的行动计划	为附加价值,人力资源将设计和提供的行动或系统是什么	行动计划
衡量标准	说明人力资源对什么负责	人力资源将使用什么样的标准来表明成功程度	测量基点与跟踪指数

资料来源:戴维·沃尔里奇,《人力资源教程》,新华出版社,2002年,第219—220页。

人力资源管理战略与公司战略一致性审计的一个恰当的应用体现在培训领域。我们首先要确定公司的战略选择,然后我们基于公司战略与人力资源战略之间的逻

---

[1] T. M. Weelbourne, A. O. Andrews, Predicting the Performance of Initial Public Offerings: Should Human Resource Management Be in the Equation?, *Academy of Management Journal*, 1996, 39(4), pp.891-919.

[2] M. F. Olalla, M. S. Castillo, Human Resources Audit, *International Advances in Economic Research*, 2002, 8(1), pp.58-64.

辑关系来推导出培训战略选择。当然,这种过程只具有"一般性",或者说只是"审计基准"。在具体确定一个组织的培训战略时还需要更多的影响变量(参见表3-3)。

表3-3 公司战略与人力资源培训战略

战略	重点	达成途径	关键点	培训含义
内部成长战略	• 市场开发 • 产品开发 • 创新 • 合资	• 现有产品的营销或者增加分销渠道 • 全球市场扩展 • 修正现有产品 • 创造新的产品或不同的产品 • 通过合资进行扩张	• 创造新的工作和任务 • 创新	• 支持或促进高质量的产品价值沟通 • 文化培训 • 帮助建立一种鼓励创造性地思考和分析问题的组织文化 • 工作中的技术能力 • 反馈与沟通方面的管理者培训 • 冲突谈判技能
外部成长战略	• 横向一体化 • 纵向一体化 • 集中的多元化	• 兼并在产品市场链条上与本企业处在相同阶段上的企业 • 兼并能够为本企业供应原料或购买本企业产品的企业 • 兼并与本企业毫无关系的其他企业	• 一体化 • 人员富余 • 重组	• 确定被兼并企业中的雇员能力 • 使两家企业的培训系统一体化 • 合并后企业中的各种办事方法和程序 • 团队培训
收回投资战略	• 精简规模 • 转向 • 剥离 • 清算	• 降低成本 • 减少资产规模 • 获取收入 • 重新确定目标 • 出售所有资产	• 效率	• 激励、目标设定、时间管理、压力管理、跨职能培训 • 领导能力培训 • 人际沟通培训 • 重新求职帮助 • 工作搜寻技巧培训

资料来源:R·A·诺伊、J·R·霍伦拜克、B·格哈特、P·M·莱特,《人力资源管理:赢得竞争优势》,中国人民大学出版社,2000年,第267—268页。经作者编辑整理。

以收回投资战略为例,公司战略重点是精简规模、转向、剥离、清算等;实现战略的途径包括:降低成本、减少资产规模、获取收入、重新确定目标以及出售所有资产等;其关键点在于效率。这就导致了在培训战略选择上必须关注领导能力培训、人际沟通培训、重新求职帮助以及工作搜寻技巧培训等方面。这是人力资源管理理论所要求的"最佳实践"。从而,人力资源战略审计的基本思路是检查公司的战略重点、实现途径、培训战略选择,比较公司的实际做法与理论上要求的做法是否一致以及差异的程度,分析哪些因素会导致整个情形的出现。

3.2.3 人力资源战略与竞争战略一致性审计

人力资源战略与竞争战略一致性审计要解决的问题在于公司竞争战略与人力资源战略之间的一致性(参见表3-4)。企业赢得竞争优势的三种基本战略是成本领先战略、差异化战略和集中化战略。成本领先战略的主要竞争优势是成本低于竞争对手,追求最小的投入获得最大的产出;差异化战略是指企业能通过提供与其竞争对手有差异的产品或服务,来满足消费者的特殊需求;集中化战略是指在一个小市场上为顾客提供价格更低的产品或服务,或者提供某种特殊的产品和服务,在小市场范围内向"高、精、尖"方向发展,具有高度的专业化。

表3-4 竞争战略与人力资源战略

类型	成本领先战略	差异化战略	集中化战略
战略目标	覆盖整个市场	覆盖整个市场	占有一个很小的市场,在这个市场上购买者的需求和偏好与市场的其他部分有着很明显的区别
竞争优势	成本低于竞争对手	能够为顾客提供某种特殊的产品和服务	在这个小市场上为顾客提供价格更低的产品或服务,或者提供某种特殊的产品和服务
产品线	质量好的、标准化的产品	产品拥有不同的类型,与竞争对手有明显的差别	按照该市场的特殊需求,提供特定的产品或服务
产品生产重点	在不降低产品质量和关键特色的前提下,降低产品生产成本	通过不同途径为顾客创造价值,寻求产品的差别化	通过不同途径为顾客创造价值,寻求产品的差别化
市场营销重点	尽量保持低成本	根据顾客愿意支付的高价位进行服务,或者制定高价格以补偿差别化所带来的高额成本	使顾客了解在这个市场上所能够得到的满足
组织要求	结构分明的组织和责任;基于严格的定量目标的激励;严格的成本控制;经常、详细的控制报告	在研究与开发、产品开发与市场营销部门之间的密切合作;重视主观评价和激励,而不是定量指标;有轻松愉快的气氛,以吸引高技能工人、科学家和创造性人才	针对具体战略目标,由上述各项组合构成
人力资源战略	招聘录用:因岗定编;外部招聘多为基层职位;以岗位为核心;明确的工作说明书;详尽的工作规则;强调具有技术上的资格证明和技能。 薪酬:强调以工作为基础的薪资;低工资成本。 绩效评估:用绩效评估作为控制机制;鼓励节约与降低成本 培训:强调与工作有关的培训;培训种类单一。	招聘录用:外部招聘为主;松散的工作规则;工作范围广;工作边界模糊。 薪酬:强调以个人为基础的薪资。 绩效评估:用绩效评估作为员工发展的工具;鼓励创新和弹性。 培训:团队为基础的训练;培训种类多样化	结合上述两种人力资源战略的重点

资料来源:根据下列文献综合编辑整理:徐二明,《企业战略管理》,中国经济出版社,2002年,第126—127页;迈克尔·波特,《竞争战略》,华夏出版社,1997年,第40页;彭剑锋,《人力资源管理概论》,复旦大学出版社,2003年,第171页。

我们以成本领先战略与差异化战略为例来比较竞争战略与人力资源战略之间的逻辑联系。成本领先战略主要依靠成本低于竞争对手而获得竞争优势,因此实行成本领先型战略的企业在人员招聘方面具有明确的工作说明书和详尽的工作规则,主要以内部招聘保障组织发展,外部招聘多为基层职位;在薪酬管理上多奉行保持低人工成本的理念,一般强调以工作为基础的薪酬设计;在绩效评估方面则会关注员工的绩效表现,及时跟踪,用绩效评估作为控制机制,鼓励节约与降低成本;在培训方面强调与工作相关的训练,培训种类单一。而差异化战略的武器是提供有别于竞争对手的、能满足客户特殊需求的产品或服务,所以差异化战略下的人力资源管理的理念与成本领先战略不同。比如在人员招聘方面,其理念是不惜手段引进专家,从而决定其招募行为是以高投入挖墙脚引进各领域的精英,以外部招募来满足组织发展的需要;在薪酬方面则是强调以个人为基础的薪酬,激励个人实现优秀业绩;在绩效评估方面则将其作为激励员工发展的工具,鼓励创新和弹性;在培训方面则注重以团队为基础的训练,培训种类多样化。

基于对竞争战略与人力资源战略的一般理解,我们还可以更进一步了解竞争战略与人力资源管理领域中具体的职能战略之间的关系,如表3-5所示的人力资源来源、人力资源发展和奖励等。这是由英国著名的人力资源管理专家迈克尔·阿姆斯特朗所提供的,他还引用赖特和斯内尔的建议,提出要获得功能兼容需要做到以下几点:需要知识、技术和行为准则来完成该战略;需要人力资源管理实践活动的知识来引发这些技能和行为;需要一种能力来实施理想中的人力资源管理实践[①]。

表3-5 竞争战略与人力资源战略:细化战略

竞争战略	人力资源战略		
	人力资源来源	人力资源发展	奖励
通过创新获得竞争优势	通过技能创新和记录技能创新来录用和留住高素质员工	发展公司的战略能力,鼓励发展员工的创新技能,提高公司的智力资本	提供金钱奖励并对员工成功的创新工作给予认可
通过质量获得竞争优势	采用复杂的员工甄选程序,录用那些能给顾客带来高水准服务的员工	鼓励发展学习型组织,发展实施知识管理过程,注重员工培训以提高整体质量和关心顾客的首创精神	将奖励同工作质量和为顾客提供高水准的服务挂钩
通过低成本获得竞争优势	制定雇佣核心员工或使用非全职员工的雇佣体系,使员工为公司创造附加值,否则只能采取具有人道主义的减员	以员工培训促进生产率提高,引入准时制以适应业务频繁变化的需求,产生可见的成本削减效果	重新审视公司奖励的实践,实现既要金钱奖励,又不增大不必要的开支
通过雇佣比竞争对手更优秀的员工获得竞争优势	采用复杂的员工甄选程序,录用那些具备公司所需特殊才能的员工	开发组织学习过程,通过作为业绩管理一部分的员工职业发展计划鼓励员工自我管理式学习	制定业绩管理过程,通过金钱手段和非金钱手段对员工的能力和技能进行奖励,并使公司的薪酬水平高于竞争对手

资料来源:迈克尔·阿姆斯特朗,《战略化人力资源基础》,华夏出版社,2004年,第39页。

[①] 迈克尔·阿姆斯特朗,《战略化人力资源基础》,华夏出版社,2004年,第39页。

3.2.4 人力资源战略与职能战略一致性审计

人力资源战略不仅要与特定的组织竞争战略相适应,而且还要与企业其他的职能战略相匹配。这些人力资源决策的核心价值在于确定了特定战略下人力资源战略与各职能领域之间的一致关系,并能够被用作"审计基准"。如果公司的生产线有限且非常稳定,同时又能预知市场规模,那么此时公司研究开发战略就应该是专注于产品的改进,以低成本高产出获得竞争优势,其对应的人力资源战略就应该是支持企业的发展,在员工招聘方面应以内部招聘为主,在培训方面关注员工技能的改进,在薪酬方面注重内部公平等。这里以成本领先战略为例,我们观察人力资源战略与其他职能战略之间的配合(参见图3-4)。

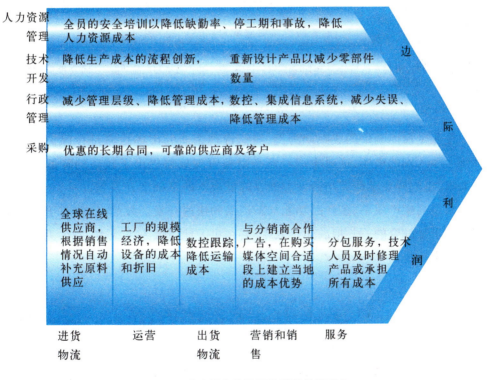

图3-4　成本领先战略下的职能战略配合

资料来源:约翰·皮尔斯二世、小理查德·B·鲁宾逊著,《战略管理——制定、实施和控制》(第8版),中国人民大学出版社,2004年,第200页。

3.2.5 人力资源战略与企业生命周期一致性审计

人力资源战略不仅需要在特定的公司战略框架下与各职能战略保持一致性,而且也必须在组织发展的不同生命周期阶段与各业务职能领域保持匹配(见表3-6)。从这个意义上看,人力资源战略与企业生命周期的一致性实际上是因为不同生命周期阶段对企业的竞争战略与职能战略的要求不同,从而也就对人力资源战略提出了不同的要求。

表3-6 产品生命周期各阶段中的成功关键因素

阶段	投入期	成长期	成熟期	衰退期
市场	广告宣传、争取了解、开辟销售渠道	建立商标信誉,开拓新销售渠道	保护现有市场,渗入别的市场	选择市场区域,改善企业形象
生产经营	提高生产效率,开发产品标准	改进产品质量,增加花色品种	加强和顾客的关系,降低成本	缩减生产能力,保持价格优势
财务	利用金融杠杆	积聚资源,以支持生产	控制成本	提升管理控制系统
人事	使员工适应新的生产和市场	发展生产和技术能力	提高生产效率	面向新的增长领域
研究开发	掌握技术秘诀	提高产品的质量和功能	降低成本,开发新品种	面向新的增长领域
成功关键因素	销售、消费者的信任、市场份额	对市场需求的敏感,推销产品质量	生产效率和产品功能、新产品开发	回收投资,缩减生产能力

资料来源:徐二明,《企业战略管理》,中国经济出版社,2002年,第56页。

以企业生命周期中的成熟期为例,我们发现企业的市场战略是在保护现有市场的基础上渗入别的市场,这对生产经营与财务管理战略提出了较高的降低和控制成本的要求,也同样要求研究与开发方面在降低成本的基础上开发新品种,企业成功的关键因素是高生产效率、多产品功能与新产品的快速开发。显然,这些对于人力资源战略的要求是综合的——提高生产效率,要么更大地降低人工成本,要么更大地提升劳动生产率。

3.3 人力资源系统审计

布莱恩·贝克、马克·休斯理德、迪夫·乌里奇等在其《人力资源计分卡》一书中认为高绩效工作系统的一个基本特点是人力资源功能的整合。高绩效工作系统本身就是一个战略实施系统,它根植于公司较大的战略执行系统之中,人力资源系统和较大系统的许多不同方面都存在相交点,也许在同一方面还与人力资源系统的诸多要素有重合之处。确认这些相交点,并相应地调整人力资源系统,都是确保人力资源作为战略角色的关键,同时也是知道怎样评估人力资源对价值创造影响的关键。而且,公司必须经常不断地强化这种意识,明了人力资源系统各要素之间是否匹配恰当。

也就是说，公司必须知道人力资源是在多大程度上加强了各个要素之间的联系，还是在多大程度上导致了各要素之间的冲突①。

对人力资源功能整合的一个比较清晰但并非完整的归纳来自迈克尔·阿姆斯特朗。他区分了不同的人力资源战略，如强化业绩管理、延伸员工技能基础、为员工能力和职业发展服务、强化就业质量、增强员工责任感以及增加激励效果等，并根据这些不同的战略来确定人力资源来源、人力资源发展以及奖励等具体的职能战略应该具备的要求（见表3-7）。

表3-7　人力资源管理功能的整合（节选）

人力资源总战略	人力资源战略的组成部分		
	人力资源来源	人力资源发展	奖励
强化业绩管理	基于能力的甄选，评价中心	基于能力的培训，发展中心	基于能力的薪酬
为员工能力和职业发展服务	确定能力框架，通过业绩管理来确认能力水平和潜力	以业绩管理和人事管理为基础，确定并满足学习需求，建立较宽的职业发展带，以此为员工提供横向的发展道路，用能力术语描述员工在一组不同工作组中的职业阶梯	建立起较宽范围的一组不同的工作，并用能力的术语对其定义，明确表明"目标点"（即一组不同的工作之内或之外所需要的能力），在不同的工作范围之内为员工横向工作发展建立薪酬制度
强化就业质量	在确认和发展可转换技能的基础上，发展有益的心理契约，提供工作内容扩大化的范围，为员工轮岗创造机会	用人事发展计划来确定员工技能发展需求，建立发展员工可转换技能的项目	发展较宽范围的一组不同的工作结构，以此确定不同工作所需要的不同能力，并确定学习需求的基础
增加激励效果	根据受到良好激励员工的特点，以及构建甄选面试的结构，找到容易达到良好状态的员工	为受到良好激励的员工提供学习机会，强化他们的特点	以业绩管理为基础，以非金钱的方式奖励给员工发展和成长的机会

资料来源：迈克尔·阿姆斯特朗，《战略化人力资源基础》，华夏出版社，2004年，第39页。

迈克尔·阿姆斯特朗还对加强人力资源功能整合提出了6条注意事项：第一，分析企业需要及其特点；第二，对人力资源管理战略如何帮助满足企业的需要进行评估，同时，与企业的特点保持一致；第三，为了让员工作出最大的贡献来获得战略目标，有必要辨别员工所必须拥有的工作能力和行为；第四，对现存的人力资源管理实践活动的有效性和变化的需要进行评估；第五，分析把不同实践活动连接在一起的范围，以便使这些活动之间相互加强、互相一致；第六，制定计划发展这些活动，特别要注意它们之间的联系。总之，人力资源管理功能整合的目的就是要获得一致，这意味着要采纳一种整体的方法，创新不能割裂与其他方面的关系；必须寻求机会，找到每个实践都能相互支持的方法，达到协同效果；通过多项人力资源实践的首创来确定共

---

① 布莱恩·贝克、马克·休斯理德、迪夫·乌里奇，《人力资源计分卡》，机械工业出版社，2003年，第19页。

同的需求,如果他们是有目的地被联系在一起的①。

3.4 人力资源技术审计

人力资源技术审计的目标在于确定各种不同的人力资源管理技术的优缺点以及确定特定技术的适用性。在本节中,我们主要探讨人力资源管理四大核心领域的管理技术审计,即招聘甄选技术审计、绩效评价技术审计、薪酬管理技术审计以及培训开发技术审计。毫无疑问,这是列举式的,因为人力资源技术并不仅限于这四种技术。

3.4.1 招聘甄选技术审计

招聘甄选技术审计包括两个方面,即招聘技术审计和甄选技术审计。招聘技术审计主要关注招聘渠道选择的优缺点以及确定招聘渠道与招聘职位的最佳切合性的问题。招聘技术审计的一个典型领域是如何确定招聘广告媒介的优缺点及适用范围。在这个方面,德斯勒的著作提供了一个详细的标准(参见表3-8)。

表3-8 不同广告媒介的优缺点比较(节选)

媒体类型	优 点	缺 点	何时使用合适
报纸	标题短小精练;广告大小可灵活选择;发行集中于某一特定的地域;各种栏目分类安排,便于积极的求职者查找	容易被未来可能的求职者所忽视;集中的招募广告容易导致招募竞争的出现;发行对象无特定性,企业不得不为大量无用读者付费;广告的印刷质量一般也较差	当你想将招募限定于某一地区时;当可能的求职者大量集中于某一地区时;当有大量的求职者在翻看报纸,并且希望被雇佣时
杂志	专业杂志会到达特定的职业群体手中;广告大小富有灵活性;广告的印刷质量较高;有较好的编辑声誉;时限较长,求职者可能会将杂志保存起来再次翻看	发行的地域太广,故在希望将招聘限定于某一特定区域时通常不能使用;广告的预约期较长	当所招聘的工作承担者较为专业时;当时间和地区限制不是最重要的时候;当与正在进行的其他招募计划有关联时
广播电视	不容易被观众忽略;能够比报纸和杂志更好地让那些不是很积极的求职者了解到招募信息;可以将求职者来源限定在某一特定地域;极富灵活性;比印刷广告更能有效地渲染雇佣气氛;极少因广告集中而引起招募竞争	只能传递简短的、不是很复杂的信息;缺乏持久性;求职者不能回头再了解(需要不断地重复播出才能给人留下印象);商业设计和制作(尤其是电视)不仅耗时而且成本很高;缺乏特定的兴趣选择;为无用的广告接受者付费	当处于竞争的情况下,没有足够的求职者看你的印刷广告时;当职位空缺有许多种,而在某一特定地区又有足够求职者的时候;当需要迅速扩大影响的时候;当在两周或更短的时间内足以对某一地区展开"闪电式轰炸"的时候;当用于引起求职者对印刷广告注意的时候

资料来源:加里·德斯勒,《人力资源管理》,中国人民大学出版社,1999年,第127页。

---

① 迈克尔·阿姆斯特朗,《战略化人力资源基础》,华夏出版社,2004年,第39–40页。

与招聘技术审计相类似,甄选技术审计的关键在于明晰各类不同技术的特征,特别重要的方面包括信度、效度、普遍适用性、效用及合法性等。基于这些特征的比较,我们可以根据特定的职位来选择合适的甄选技术;同样,也可以运用这样的基本标准来确定甄选实践中甄选技术选择的合适性。最完整地对这些特征进行比较并因此确定了甄选技术审计标准的是诺伊等人的研究成果(参见表3-9)。

表3-9 人员甄选方法的简要评价表(节选)

方法	信度	效度	普遍适用性	效用	合法性
面试	当面试为非结构性时或当所评价的是不可观察的特征时,信度较低	如果面试为非结构性的、非行为性的,则效度较低	低	低,主要是因为成本高昂	低,因为面试者的主观性与潜在偏见;较低的效度使其与工作的相关度也较低
履历性信息	再测信度高,尤其当信息证据确凿时	效标关联效度较高;但内容效度较低	通常针对特定工作,但已成功地为多种工作设计出搜集方法	高,是一种可以较为廉价地获取大量相关信息的途径	可能会产生负面影响,因而常常需要依性别或种族而确定不同的分类标准
身体能力测试	高	效标关联效度中等水平;对某些工作的内容效度较高	低,仅适用于有体力要求的工作	对有些体力工作的效用中等;可以避免代价高昂的工伤和残疾	常常会对妇女和残疾人产生负面影响;需要说明同工作的相关性
人格测试	高	对于大多数人格特征来说,效标关联效度较低;不适用于内容效度	较低,只有少数特征适于对多种工作进行预测	低,虽然对于某些同特定人格特征相关的工作来说成本不高	低,因为在大多数人格特征上,文化与性别造成的差异较大,而且总的工作相关度较低
工作样本测试	高	效标关联效度和内容效度都很高	通常是适用于特定工作的,但已成功地为多种工作设计出搜集方法	高,尽管开发的成本相对较高	高,因为所产生的负面影响少,与工作的相关度则较高

资料来源:R·A·诺伊、J·R·霍伦拜克、B·格哈特、P·M·莱特,《人力资源管理:赢得竞争优势》,中国人民大学出版社,2000年,第250—251页。作者进行了编辑处理。

3.4.2 绩效评价技术审计

绩效评价技术审计有三个任务:第一项任务是对各类绩效评价技术进行一般性审计,以确定这些技术之间的优缺点;第二项任务则更进一步,即按照特定的标准来审计这些不同的技术;第三项任务则是在前两项任务的基础之上,根据这些技术的优缺点来确定在何种情况下选择合适的绩效审计技术,或者对绩效评价实践中所使用的绩效评价技术的合适性进行审计。

对绩效评价技术进行一般性审计是更进一步的审计以及管理实践运用的基础。

德斯勒的总结是绩效评价技术一般性审计的典型代表(参见表3-10)。这种审计的主要功能在于在选择绩效评价技术时以及在评估绩效评价结果时要考虑所使用的评价技术的特点。

表3-10 各种绩效评价技术的优点和缺点

	优　点	缺　点
图尺度评价法	使用起来较为简便;能为每一位雇员提供一种定量化的绩效评估结果	绩效评价标准可能不够清楚;晕轮效应、居中趋势、偏松倾向和评价者偏见等问题都有可能发生
交替排列法	便于使用(但可能不如图尺度评价法简单),能够避免居中趋势以及图法所存在的其他一些问题	可能会引起雇员的不同意见,而且当所有雇员的绩效事实上都较为优异的时候,会造成不公平
强制分布法	在每一绩效等级中都会有预定数量的人数	评价结果取决于最初确定的分布比例
关键事件法	有助于确认雇员的何种绩效为"正确"、何种绩效为"错误"。确保主管人员是对雇员的当前绩效进行评价	难以对雇员之间的相对绩效进行评价或排列
行为锚定评价法	能够为评价者提供一种"行为锚"。评价结果非常精确	设计较为困难
目标管理法	有利于评价者与被评价者对工作绩效目标的认同	耗费时间

资料来源:加里·德斯勒,《人力资源管理》,中国人民大学出版社,1999年,第352页。

但是,这种一般性审计的问题是它仅就技术本身来分析技术,而绩效评价一定是与某种特定的组织需要联系在一起的,因此,基于不同组织目的的标准,我们可以加深对绩效评价技术适用性的理解。多伦、舒尔乐的研究为我们提供了理解的基础。他们认为对绩效评价技术的审计至少要考虑以下7个标准:第一,开发的——激励下属努力工作,提供信息反馈,帮助下属进行职业生涯设计,帮助组织进行人力资源规划;第二,评估的——通过下属成员之间以及各部门成员间能力的比较,来作出人员晋升、临时解雇、解雇、工资报酬以及工作转换决策;第三,经济的——制定、实施以及应用的成本;第四,避免误差的——减少晕轮误差、宽容误差以及趋中误差的影响,做到评估的有效性和可靠性;第五,人际关系的——上级能做到搜集一些有用的及有效的评估资料,减少评估面谈的难度;第六,实际的——制定和实施起来都比较容易;第七,可接受的——使用的人认为这一形式是可靠的、有效的,而且具有实用性。基于这些标准,我们才有可能在绩效评价技术审计实践中得出更为科学也更为合理的结论(参见表3-11)。

表3-11 基于不同标准对绩效评价技术的审计

绩效评估形式	评价标准						
	发展的	评估的	经济的	无误差的	人际关系的	实际的	可接受的
参照法或综合对比评价法							
简单排列法	P	E	E	P	P	G	P
序列选择法	P	E	E	G	P	G	P
配对比较法	P	E	E	P	P	G	P
强制分布法	P	G	E	E	G	G	P
行为描述式评价法							
常规等级评估法	P	G	E	P	P	P	P
关键事件法	G	P	G	G	G	G	P
强制选择表	P	G	P	E	P	G	P
行为决定性等级量表	G	G	P	G	E	G	E
产出评价法							
目标管理法	E	E	P	G	G	G	G
绩效标准法	G	E	P	G	G	E	G
直接指标法	P	E	E	G	G	E	G
成绩记录法	E	E	P	G	G	G	E

注释：P＝差；G＝较好；E＝特别好

资料来源：西蒙·多伦、兰多·舒尔乐，《人力资源管理：加拿大发展的动力源》，中国劳动社会保障出版社，2000年，第225页。

相对于德斯勒的绩效评价技术的一般性审计，多伦和舒尔乐的基于特定标准的技术审计则具有更强的管理实用性。我们可以找到一个总体上最好的绩效评价技术，例如，直接指标法和成绩记录法仅在一项标准上较差，其他都是并列最优的。此外，我们还可以针对不同的管理实践来选择最好的绩效评价技术。例如，为了更好地通过下属成员之间以及各部门成员间能力的比较，来作出人员晋升、临时解雇、解雇、工资报酬以及工作转换决策，我们需要在"评估的"标准上选择评价技术。我们发现有7种技术都达到了"特别好"的水平，由此再参照其他需求就可以选择最优的评价技术了。

3.4.3 薪酬管理技术审计

薪酬管理技术审计首先要解决的问题是各种不同的薪酬手段在运转方式、实施效果、成功条件以及面临的风险等方面有哪些共性和不同之处；其次，薪酬管理技术审计要解决的是不同的薪酬方案的各自特征；最后，还需要关注人力资源管理实践中所使用的薪酬手段和薪酬方案是否合适。

陈清泰、吴敬琏主编的《公司薪酬制度概论》对12种不同的薪酬手段的特点进行了迄今为止最完整的归纳(虽然这些薪酬手段并不是严格按照统一的标准进行区分的),它不仅使我们对薪酬手段的优缺点有了非常清晰的理解,而且也随之确定了对薪酬手段进行审计的技术标准(参见表3-12)。

表3-12 主要薪酬手段及其特点(节选)

薪酬手段	运转方式	实施背景	成功的条件	面临的风险
团队激励	• 对达到质量、生产量或其他标准的团队进行奖励 • 根据事先规定的标准分摊利润	• 需要提高质量与产量 • 利润正在缩减 • 强调信息分享与团队工作精神	• 员工信任管理者 • 充足的市场需求,员工之间互相依赖 • 管理者对员工的工作能够及时认可	• 最高管理者缺乏责任感 • 员工参与度不高 • 员工报酬与其努力可能脱钩
目标性个人奖励	• 一年一次 • 建立一个以公司业绩为基础的基金向个人发放 • 需要达到一定的标准才能享受奖励 • 着重于财政措施 • 奖励的分配与公司的绩效目标相联系	• 重视业绩 • 重视公司的偿付能力 • 重视经营目标与措施	• 员工为风险爱好者 • 企业文化已形成 • 切实可行的经营目标 • 员工个人对公司业绩有一定影响	• 团队意识弱 • 员工可能对风险收入有抵触 • 没有有效的决策机制 • 公司不能准确地评定个人业绩
计件工资	• 按件计算工资 • 根据不同产量水平规定不同工资率 • 建立业绩与薪酬之间的联系	• 在不强调技能的情况下调动员工的积极性	• 简单的重复性的生产流程 • 工作业绩比较容易衡量 • 互相依赖性小 • 相互配合必要性小	• 员工抵触整个工资体系 • 维持该薪酬体系的成本较高
计时工资	• 固定工资(假设产品达到预定的质量标准) • 是一种有保障的收入 • 短期内不发生变化	• 在不适用计件工资的情况下调动员工的积极性	• 管理者与员工的高度责任感 • 有效的工作绩效衡量标准 • 合理的工资结构	• 员工们的创造力可能会冲击该标准 • 员工压力减轻 • 劳动力成本升高
长期薪酬计划	• 以员工三年到五年的表现为基础提供薪酬 • 采用股票期权,给予员工在一段时间内以某一固定价格购买公司股票的权利	• 有必要吸引并保留公司内部的高素质人才 • 需要建立一种同舟共济的氛围 • 需要与公司股东加强联系	• 必须建立正确的实施计划 • 员工愿意接受风险 • 管理者与员工相互信任	• 员工的参与积极性可能不高 • 有时会产生酬劳不均现象 • 竞争氛围较差

续表

薪酬手段	运转方式	实施背景	成功的条件	面临的风险
非货币薪酬	• 对表现突出者的奖励 • 在员工中树立典型,建立竞争意识 • 可以针对个人,也可以给予团队,奖励包括商品、休假、表扬或公费旅游等非货币形式	• 作为货币薪酬的一种补充 • 对大多数员工都适用 • 适用于经营目标经常转换的企业	• 必须对员工的成绩及时予以承认 • 必须对已进行的薪酬加以说明 • 公开透明的沟通体制	• 使用过于频繁,进而取代了货币薪酬 • 有时可能会产生薪酬分配不公的现象

资料来源:陈清泰、吴敬琏,《公司薪酬制度概论》,中国财政经济出版社,2001年,第28—31页。

薪酬方案是对各种薪酬手段的综合运用。乔治·T·米尔科维奇和杰里·M·纽曼从重视的内容、价值的量化、转化为报酬的机制、薪酬结构、薪酬提升、经理关心的问题、员工关心的问题、程序、优点、局限性等10个方面分析了职位薪酬方案、技能薪酬方案、能力薪酬方案等三种代表性薪酬方案的特点,为薪酬管理实践提供了基准(参见表3-13)。

表3-13 薪酬方案比较

	职位薪酬方案	技能薪酬方案	能力薪酬方案
重视的内容	薪酬要素	技能模块	能力
价值的量化	要素的权重	技能水平	能力水平
转化为报酬的机制	分配反映标准薪酬结构的点数	外部市场中技能的鉴定与定价	外部市场中能力的鉴定与定价
薪酬结构	基于从事的工作/市场	基于所鉴定的技能或市场	基于所培养的能力或市场
薪酬提升	晋升	技能的掌握	能力的培养
经理关心的问题	把员工与工作联系在一起;晋升与安置;通过职位薪酬和增加预算对成本进行控制	有效地使用技能;提供培训;通过培训、鉴定和工作任务实现对成本的控制	具有真实的能力与价值;提供培养能力的机会;通过鉴定与工作任务对成本进行控制
员工关心的问题	寻求获得更多薪酬的机会	寻找技能	寻找能力
程序	工作分析;职位评价	技能分析;技能鉴定	能力分析;能力鉴定
优点	期望明确;有进取精神;所依据的薪酬;开展工作的价值	不断学习;灵活性;劳动力数量的减少	不断学习;灵活性;易横向调动
局限性	潜在的繁文缛节;潜在的刚性	潜在的繁文缛节;需要成本控制	潜在的繁文缛节;需要成本控制

资料来源:乔治·T·米尔科维奇、杰里·M·纽曼,《薪酬管理》,中国人民大学出版社,2002年,第160页。

职位薪酬方案、技能薪酬方案、能力薪酬方案是整个薪酬管理实践中的"元素级"方案,它们都可以单独使用。但更经常的情形是,两个或三个方案组合使用。通过这10项标准,便于我们在设计具体的薪酬方案时考虑适用条件,扬长避短。例如,薪酬提升是企业所有人都关注的重要问题之一,但是不同的薪酬方案中薪酬提升的条件是不同的。

3.4.4 培训开发技术审计

与其他人力资源管理技术审计一样,培训开发技术审计关心的问题是在一般意义上各类不同的培训开发技术有何优缺点,但是更为重要的是,我们需要基于一般性的技术审计,结合组织战略和培训开发的具体内容来判断人力资源管理实践中所采用的特定的培训开发技术的合适性。在这里,多伦和舒尔乐为我们提供了一个一般性培训开发技术审计的范例,而且它也仅限于培训方面(参见表3-14)。

表3-14 现场培训与非现场培训优缺点

	优 点	缺 点
现场培训		
工作指导培训	有利于学习转化过程,不需要单独的培训设施	影响工作绩效,可能会损坏设备
学徒式培训	对工作绩效无影响,提供范围较广的培训	时间较长,开销大,可能与工作联系不紧密
工作轮换	可以了解很多工作,有真正的学习过程	没有真正的工作责任感,在每种工作岗位上停留时间过短
教练/辅导	有利于员工进步,在工作现场有经常的反馈	很大程度上依赖于教练员的类型,很不正规
非现场培训		
讲座/正规授课	花费不大,可以了解有关组织的各个方面	需要良好的口头表达能力,不一定与工作相关联,反馈很有限
会议/座谈	花费不大,可激发兴趣	谈论材料往往没有严密的组织、准备
案例分析	能激发讨论与练习的兴趣,可进行反馈	获得的经验很有限
模拟训练	促进学习转换,创造仿真的工作条件	不能总是模仿工作过程

资料来源:西蒙·多伦、兰多·舒尔乐,《人力资源管理:加拿大发展的动力源》,中国劳动社会保障出版社,2000年,第269—270页。

3.5 人力资源绩效审计

战略人力资源绩效审计通常是指对整个人力资源管理绩效的审计,而对每一个人力资源管理项目绩效的审计则归入人力资源项目审计之中,以区分绩效在组织内部的宏观与微观差异,并确保人力资源项目审计的逻辑结构完整性。

为了保证工作效率和顾客或用户的满意度,对人力资源功能的结果进行评估是十分必要的。运用人力资源审计,人力资源功能的结果可以从某些人力资源政策(外部指标)、人力资源政策的结果、人力资源政策本身三个角度进行评价。近年来,人力资源审计得到了很快的发展,它已不再仅仅是一种控制工具,而是一种根据公司的全球目标在人事等问题上进行决策的工具。这一发展的结果使人力资源审计的所有职能和权利都扩大了,而且在人力资源审计的构成要素和不同类型的人力资源审计之间产生了差异。按照这一观点,沃克(1998)区分了两种人力资源审计方法:以职能内部为中心和以职能外部为中心。从内部观点来看,在所有人事功能中都表现出一个趋势——通过评价人事活动的结果和人事活动的成本来评价人事功能活动。在这种趋势下,部门的能力就可以用其以最低的成本向组织提供某种服务的能力来评价。在这种方法下,人力资源审计经常使用的操作指标是:数量、质量、可信度、成本或开支,因此这种方法主要关注人事活动、成本或生产率。从外部观点来看,如果认识到对人力资源功能活动最终结果的评价是以他们对公司经营结果的影响为基础的,那么评价指标就应该包括在人事功能外部取得的结果之中①。

格罗斯曼(Grossman)提出了一种把人力资源功能指标分为三种类型的分类方法。按照这一模型,首先应该有帮助确定资源使用方式的效率指标,这一类指标有:流动率、离职率、辞退率、各职位雇员的平均任期、缺勤率、雇员生产率和人力资本。效率指标计算完成后,必须把他们与以前年度的结果进行比较,但是仅有这一点也还是不够的,把他们与同行业中其他企业的效率指标进行比较也十分关键。当低效率问题被揭示出来的时候,在削减费用之前必须先对该问题进行仔细分析。其次,这些效率指标仅仅说明了效率方面,但是价值创造这一方面同样也需要说明。因此,建立一套与公司使命和战略直接联系的战略指标就十分关键②。由于战略指标在很大程度上取决于所讨论的具体公司,因此这类指标的建立和挑选就更加困难。费茨恩泽(Fitz-enz)提出了一套战略指标,它主要包括质量、效率和服务。他建议使用一个由五个因素构造而成的比率,这个比率可以用于可能选择的所有测量物,这五个因素分别是:成本、完成时间、数量、质量和人员反应③。

对战略人力资源绩效审计的最新发展是建立在人力资源计分卡基础之上的,而人力资源计分卡的创新又基于布莱恩·贝克和马克·休斯理德自20世纪90年代以来对美国上市公司的人力资源管理系统所进行的每年两次调查。此项调查中的每一家上市交易公司的销售额都高于5 000万美元,员工都在100人以上(到现在它已经

---

① J. W. Walker, Are We Using the Right Human Resource Measures?, *Human Resource Planning*, 1998, 21(2), pp. 7-8.
② R. J. Grossman, Measuring Up, *HR Magazine*, 2000, 45(1), pp. 28-35.
③ M. F. Olalla and M. S. Castillo, Human Resources Audit, *International Advances in Economic Research*, 2002, 8(1), pp. 58-64.

包含了 2 800 多家公司）。布莱恩·贝克和马克·休斯理德根据每项调查构建一个高绩效工作系统指标，用以评估任何一家公司的人力资源系统与其高绩效人力资源战略的一致性程度。表 3-15 对 1998 年选取高绩效人力资源管理排名在前和在后的公司样本进行了比较。根据高绩效工作系统指标，计算样本中每家公司的百分点排名，然后把在几个指标位于前 10% 和后 10% 的公司进行比较。

表 3-15　高—低人力资源管理质量之比较（节选）

	最低的 10% 人力资源指标（42 家公司）	最高的 10% 人力资源指标（43 家公司）
人力资源实践		
• 每一职位上合格员工的数量	8.24	36.55
• 基于有效选拔考试所招聘的员工百分比	4.26	29.67
• 由内部充实职位的百分比	34.90	61.46
• 制定包括招聘、开发和接班人选拔在内的规范人力资源计划的百分比	4.79	46.72
• 新进员工的培训小时数（不超过一年）	35.02	116.87
• 资深员工的培训小时数	13.40	72.00
• 接受定期绩效评估的员工百分比	41.31	95.17
• 奖励工资或激励工资与绩效挂钩的员工百分比	23.36	87.27
• 从多种渠道接受绩效反馈的员工百分比	3.90	51.67
• 总薪酬的目标百分位（市场比率 = 50%）	43.07	58.67
人力资源结果		
• 一般员工理解自己的工作对公司成功的贡献的程度	2.80	4.00
• 高级管理视员工为价值创造的源泉而非成本最小化对象的程度	3.31	4.21
• 管理团队有远见的程度	3.02	4.33
• 公司努力提供工作安全感的程度（即使财务业绩下降）	2.71	4.11
• 公司决策风格与参与管理的程度	3.02	3.81
• 公司的人力资源专业人员被普遍视为优秀员工的程度	3.69	4.40
• 公司的人力资源专业人员被一般地视为变革推动力的程度	3.31	4.12
• 公司的人力资源专业人员被一般地视为商业伙伴的程度	3.19	4.30
公司绩效		
• 员工流失率	34.09	20.87
• 每位员工的销售额（美元）	158 101	617 576
• 市场价值与账面价值之比	3.64	11.06

注：每一项"人力资源结果"的数值范围从 1—6，其中数值 1 表示"完全没有"，数值 6 表示"程度最高"。

资料来源：布莱恩·贝克、马克·休斯理德、迪夫·乌里奇，《人力资源计分卡》，机械工业出版社，2003 年，第 16—18 页。

布莱恩·贝克、马克·休斯理德的调查结果显示,拥有最佳绩效的人力资源管理系统的公司非常明显地展示出较高的绩效:员工流失率减少到原来的一半,而每位员工的营业额增加到四倍,公司的市场价值和资产的账面价值的比例在高绩效公司中提高了三倍多。而公司的市场价值和资产的账面价值之比是衡量管理质量的一个关键指标,因为它表明了管理所能带来的股东原始投资的增长幅度①。基于对组织高绩效人力资源管理系统的研究,布莱恩·贝克、马克·休斯理德、迪夫·乌里奇共同开发出人力资源计分卡。为便于更好地了解人力资源计分卡在组织中的使用,我们直接引用英特尔公司的人力资源计分卡系统(参见表3-16)。

作为一家世界知名的高技术含量企业,英特尔公司不仅在技术领域,同时在管理领域一直都走在同类企业的前列。为了更好地促进人力资源管理工作的发展、确保其成为企业竞争优势的来源,英特尔公司从2002年开始实施人力资源计分卡项目②。

首先,英特尔公司结合企业整体经营战略,明确了人力资源管理的愿景是"人力资源通过世界范围内的整合服务为企业创造价值";人力资源管理的使命是"成为企业竞争优势来源:雇佣、开发和挽留最优秀的人才,为企业的经营成功提供强有力的组织支持";人力资源战略目标是实现组织能力的最大化、把组织变成"伟大的工作场所"、提供卓越的服务。

其次,通过明确人力资源驱动要素,英特尔公司在企业战略地图和人力资源平衡计分卡测量指标之间建立了直接联系。

表3-16　HR驱动要素与平衡计分卡测量指标

	财务	客户	内部流程	学习和创新
雇佣员工	每名新员工所耗成本	雇佣比率的高低	接受一名新员工所耗时间	雇佣高知女性和URM比率
开发员工	Intel大学每名学生所耗成本	"实现优秀经营绩效"和"新员工/管理整合"的参与率	e-learning课程参与率、Intel大学DPM	一线管理人员参与率、高知女性和URM晋升比率
保留员工	C&BT市场定价水平	总流动水平(全球)	全球每千名员工起诉和"开门"比率	10+员工保留率、核心技能保留状况
塑造HR部门	HR成本/总运营成本、HR成本/个人	HR合作者年度调查(满意度状况)	HR操作自动化比率	HR管理者培训比率、10+教育、管理者管理幅度和水平
塑造Intel公司	公司运营成本/个人、服务成本/客户	全球员工调查(满意度)	核心服务提供:与客户有关的DPM	公司管理的幅度和水平

---

① 布莱恩·贝克、马克·休斯理德、迪夫·乌里奇,《人力资源计分卡》,机械工业出版社,2003年,第19页。
② Gary Iverson, Eric Rowlee, Designing a Balanced Scorecard for Human Resources, *HR Research — Intel Corporation*, April 17th, 2003.

最后,在人力资源平衡计分卡的整个设计和实施过程中,英特尔公司总结出四点关键因素:要由管理高层负责这一项目;全体员工要明白该项目能够带来的进步和益处;要保证良好的支持体系;项目团队要能够均衡反映各方面的博弈力量。只有这几点都得到了保证,整个人力资源平衡计分卡项目才能够得以顺利进行并切实发挥作用。

本 章 小 结

1. 组织战略与人力资源管理之间的关系可以从价值链上得到最突出的体现。在波特的价值链中,人力资源管理被赋予了重要的地位。人力资源管理包括涉及所有类型人员的招聘、雇佣、培训、开发和报酬等各种活动。人力资源管理不仅对单个主体活动和支持活动起到支持作用,而且支撑着整个价值链。人力资源管理的各种活动发生在企业当中的不同部分,正如其他各种支持活动一样,这些活动的分散可能导致政策的相互抵触。

2. 要进行人力资源战略审计,首先要解决的问题是搞清楚公司战略(组织战略)与人力资源战略之间的逻辑关系,然后在此基础上进行人力资源审计分析,最后才能明确人力资源战略是否与组织战略一致、偏差的程度以及调整的方向。这需要审计人力资源战略与公司战略的一致性、人力资源战略与公司竞争战略的一致性、人力资源战略与公司职能战略的一致性、人力资源战略与生命周期的一致性等。

3. 人力资源系统审计关注人力资源各功能模块与人力资源战略之间的整合性以及各模块之间的整合性。对人力资源系统整合性的一个比较清晰但并非完整的归纳来自迈克尔·阿姆斯特朗。他区分了不同的人力资源战略,如强化业绩管理、延伸员工技能基础、为员工能力和职业发展服务、强化就业质量、增强员工责任感以及增加激励效果等,并根据这些不同的战略来确定人力资源来源、人力资源发展以及奖励等具体的职能战略应该具备的要求。

4. 人力资源技术审计的目标在于确定各种不同的人力资源管理技术的优缺点以及确定特定管理技术的实用性。人力资源管理四大核心领域的管理技术审计包括招聘甄选技术审计、绩效评价技术审计、薪酬管理技术审计以及培训开发技术审计等。

5. 招聘甄选技术审计包括两个方面,即招聘技术审计和甄选技术审计。招聘技术审计主要关注招聘渠道选择的优缺点以及确定招聘渠道与招聘职位的最佳切合性的问题。甄选技术审计的关键在于明晰各类不同技术的特征,特别重要的方面包括信度、效度、普遍适用性、效用及合法性等。基于这些特征的比较,我们可以根据特定的职位来选择合适的甄选技术;同样,也可以运用这样的基本标准来确定甄选实践中甄选技术选择的合适性。

6. 绩效评价技术审计有三个任务:第一项任务是对各类绩效评价技术进行一般性审计,以确定这些技术之间的优缺点;第二项任务则更进一步,即按照特定的标准来审计这些不同的技术;第三项任务则是在前两项任务的基础之上,根据这些技术的优缺点来确定在何种情况下来选择合适的绩效审计技术,或者对绩效评价实践中所使用的绩效评价技术的合适性进行审计。

7. 薪酬管理技术审计首先要解决的问题是各种不同的薪酬手段在运转方式、实施效果、成功条件以及面临的风险等方面有哪些共性和不同之处;其次,薪酬管理技术审计要解决的是不同的薪酬方案的各自特征;最后,还需要关注人力资源管理实践中所使用的薪酬手段和薪酬方案是否合适。

8. 培训开发技术审计关心的问题是在一般意义上各类不同的培训开发技术有何优缺点,但是更为重要的是,我们需要基于一般性的技术审计,结合组织战略和培训开发的具体内容来判断人力资源管理实践中所采用的特定的培训开发技术的合适性。

9. 人力资源绩效审计通常是指对整个人力资源管理绩效的审计,而对每一个人力资源管理项目绩效的审计则归入人力资源项目审计之中,以区分绩效在组织内部的宏观与微观差异,并确保人力资源项目审计的逻辑结构完整性。对战略人力资源绩效审计的最新发展是建立在人力资源计分卡基础之上的,而人力资源计分卡又基于平衡计分卡,它关注组织的客户维度、内部业务维度、学习/创新维度、财务维度等四个方面。

复习思考题

1. 如何理解组织战略与人力资源战略之间的逻辑关系?举例说明。
2. 人力资源战略审计包含哪些内容?人力资源系统审计如何进行?
3. 如何区分人力资源战略审计和人力资源系统审计?
4. 招聘甄选技术审计的主要任务是什么?
5. 绩效评价技术审计的内容是什么?
6. 薪酬方案总共有几种?它们各自的特点是什么?

7. 如何进行培训开发技术审计？
8. 试通过案例分析的方式应用人力资源计分卡进行人力资源绩效审计。

案例1　人力资源战略审计：国华电力公司的人力资源战略

1999—2009年，国华电力从无到有迅速壮大，十年间便以超常规的发展速度和规范高效的现代企业管理模式屹立于业界，成为国内独立电力生产商中不容小视的"新锐力量"。

一流企业的诞生和发展源于一流人才创造性的思维和劳动，国华电力的成长与发展就是这一规律的具体体现。发展中的国华电力直面国有企业人力资源管理所面临的诸如机制滞后、灵活性差、人力资本浪费等困惑和瓶颈，通过一系列的人力资源管理探索与实践，在继承中突破，在突破中创新，在创新中发展，最大限度地提高了组织的效率和效能，激发了员工的工作热情和创造力，逐步构筑起"企业与员工共同发展"的双赢平台。

人才资源的"第一桶金"

国华电力成立之初，总部只有四十几个人，管理着四家发电公司和一家新建项目公司。当时，国华电力缺少的不是资金，不是设备，也不是机遇，而是高素质的人才。如何构筑起满足公司发展所需的人才资源高地，确保公司平稳起步、健康发展，成为摆在国华电力面前最为现实而紧迫的课题。

起初，国华电力新建项目公司所需的关键岗位员工主要通过国华北京热电分公司、盘山发电公司和绥中发电公司三个老厂进行配置，同时也在行业内外招聘人才。但由于国华电力刚刚成立，在企业规模、综合实力、社会影响力等方面都不具备明显优势。因此，很难吸引外部人才。

2000年前后，受产业结构调整影响，全社会用电需求的增长幅度呈下降趋势，加之缺电时期开工建设的大批电源项目陆续建成投产，电力生产能力不断增长，电力供过于求，并间接导致了电力科学研究院、设计院、施工企业、设备厂家业务量下降，出现人才资源冗余现象。国华电力抓住这一难得时机，依靠机制新、体制活的优势，通过行业公开招聘、专家推荐等方式从中挑选到部分急需的高端管理和技术人才，淘到了国华电力人才资源的"第一桶金"。正是这批优秀人才的加盟，为日后国华电力事业稳步快速发展奠定了坚实的人才基础。

在企业最为关注的问题上，什么都可以缺，人才不能缺；什么都可以少，人才不能少；什么都可以不争，人才不能不争，这一点国华电力决不含糊。

人才管理的"四个机制"

国华电力成立以来,始终把机制建设作为人力资源管理工作的重中之重,努力建设人才的培养开发、选拔任用、考核评价、激励约束机制。

1. 以个人能力为核心的人才培养开发机制。国华电力确立"能力本位"核心价值理念,人才培养以能力建设为核心,围绕提高员工的学习能力、实践能力、创新能力这一核心,通过国华管理学院学习、挂职锻炼、交叉任职、轮岗交流、课题研究、知名院校深造、专项培训、入职教育、师徒合同、技能培训、轮训等多种方式并举,坚持学习与实践相结合、培养与使用相结合,促进各类人才在实践中提升能力。

2. 以竞争择优为原则的人才选拔任用机制。国华电力注重人才的品德、知识、能力、业绩"四大要素",人才选拔以竞争择优为导向,通过建立一二级后备人才选拔机制、首席专家及专业技术带头人评审机制和技能鉴定、专业调考、内部岗位评估及技能大赛为基本形式的技能评价机制,促进优秀人才脱颖而出。

3. 以绩效为标准的人才考核评价机制。国华电力以能力、业绩为导向,建立了由品德、知识、能力等要素构成的人才评价体系;强化绩效评价在人才选拔、人才培训与职业生涯规划、薪酬分配等方面的作用;持续完善人才考核评价机制,开发应用现代人才测评技术,提高评价的科学度。

4. 以价值取向为主导的人才激励约束机制。国华电力尊重员工价值创造和对合理利益的追求,人才激励以价值创造为标准,制定并实施对关键岗位和突出贡献员工的中长期激励计划,在职业发展、薪酬分配、带薪培训、健康保健、一次性年金等方面进行有益的尝试,建立体现人才核心价值、以物质激励和精神激励相结合的多元激励约束机制,为给企业创造价值的员工提供最佳的回报。

"大国华"的人力资源配置

"大国华人力资源观"是国华电力根据自身发展战略实际,在人力资源管理方面提出的一个全新概念。所谓"大国华人力资源观",强调的是以战略性、系统性、全局性的观点来管理人力资源,主要通过控制人员总量、盘活人员存量、用好人员增量、调整人员结构等手段,实施全口径人员管理,构筑起支持公司长远发展的人力资源战略性力量。

由于国华电力处于企业的成长期,发展速度较快,人才资源储备相对不足。为此,国华电力主要通过外部招聘高素质人才与内部优化配置人力资源两种方式来解决人才储备问题。在开放的社会竞争条件下,国华电力对社会人才的招聘,不唯学历,不唯资历,而是更注重人才的品格、素质、能力、潜质,不拘一格选人才;对于应届毕业生的招聘,更看重激情,因为经验可以通过时间获得,而拥有激情才能保持长久的动力。10年来,国华电力累计从社会上招聘各类人才1 538名,招收高校毕业生2 147名,为经验丰富的各类专业人才和刚走出校园的大学生以及内部员工提供了各种富有挑战性的机会。

在国华电力的快速发展过程中,大批新建电源项目开工建设,新建项目公司对人力资源的需求缺口较大,面对新厂缺员、老厂超员这一形势,国华电力对人力资源存量和需求进行认真、客观的分析,提出了按定员组织生产、以内部调剂为主、员工与企业双向选择相结合的原则,制定了人性化的人力资源优化配置配套政策,并通过选择性特定人员配置、成建制人员配置、项目承包和劳务输出等方式优化配置人力资源。10年来,国华北京热电、盘山、绥中、徐州、神木等发电公司的1 152名员工先后调入国华台山、宁海、锦界、定州、沧东、准嘎尔、呼伦贝尔等新建发电公司,既满足了新厂对生产准备人员的需求,又相对缓解了老厂的人员冗余压力,为老厂人员结构的优化创造了条件。与此同时,国华电力的老厂开始承担起为新厂人员进行岗前培训的艰巨任务,为新建项目公司培养了一批批合格的生产准备人员。

HR的"服务器"

国华电力成立之初提出了建设"数字化电站"的信息化目标。旨在通过信息平台达到降低成本(节能降耗、提高效率)、优化经营(电力市场、组合效益)、实现管理规范化、创新和效率平衡、提升企业价值的管理目标。

2002年,国华电力以信息整合为重点,在公司系统内推广实施企业资源计划系统(ERP),重点解决各专业信息系统的接口问题,以逐步消灭信息孤岛,实现各系统的数据实时、集成和共享。同时,通过理顺人力资源管理职能之间的业务流程,构建了"准确、及时、标准、高效、安全"的全功能、多层次、科学化的人力资源管理信息系统(ERP-HRMIS),建立了从需求预测、招聘整合、考核管理、能力培训、薪酬福利到职业生涯的相互紧密衔接的战略体系,并运用绩效考核功能模块将考核结果直接与薪酬挂钩,推进企业人力资源的优化和管理进步。

国华电力HRMIS集成了组织人员管理、薪酬管理、招聘管理、培训管理、员工自助、智能分析等六大功能模块,强化了信息资源的深层加工和有效利用,使系统具有广泛的扩充空间,体现了人力资源管理的系统化、信息化;人力资源管理信息实现安全共享和数据流传输功能多样化;信息资源开发体现利用的充分性、监控的实时性、分析的有效性、预测的前瞻性、信息传递的高效性、数据连接的无缝性、技术处理的开放性。

作为跨地域的独立电力生产商,国华电力实施HRMIS考虑的一个重要问题是能够满足各个地域、各类型单位的统一使用和各自管理创新的要求。例如,绩效管理模块在实施之初,在对系统内大部分单位个性化的绩效管理模式调研和分析的基础上，对 ERP 产品从流程方面进行了改造，但在实际应用中发现考核周期、考核标准、人员归类、审核流程等仍然出现顾此失彼的现象，很难达到同一平台的效果。后来采用了架构设计的思想，提炼归类划分出共性问题和个性问题，对于个性问题，在架构设计时考虑其灵活性和可变性。经过一段时间实施后进行的系统评估，证明架构设计是国华电力实施 HRMIS 系统的关键。

员工与企业共同成长

国华电力认为，一个企业的财富不仅仅是厂房、设备，更重要的财富是拥有一支高素质的员工队伍。对于这支高素质的员工队伍，只有加倍地珍惜，用心地管理，高效地使用，慷慨地回报，使其与企业共同成长，才能创造价值，成就员工与企业的共同梦想。

国华电力将构筑"员工和企业共同发展的平台"作为职能战略规划的重点，从文化、制度、人三个层面建立科学的人力资源管理长效体制和机制，形成以"人"为核心的管理文化与制度体系，使企业和员工的利益有机结合，形成了员工实现自身价值、企业得到持续发展的良性循环。

在人力资源管理实践中，国华电力提出员工与企业共同成长的"三要素"和"三个不等式"。"三要素"即个人有强烈的工作愿望、有创新的工作能力、企业为员工提供成长和发展的平台。这三个要素从直观上阐明了员工成长的三个必需条件，也从另一个层面诠释了"员工与企业共同成长"的核心内涵。"三个不等式"即能力大于职位、责任大于权利、贡献大于收入。这三个不等式似乎与企业管理常规的"能力匹配"、"一分耕耘、一分收获"、"责权对等"等管理原则相违背，但这就是国华电力实实在在的"价值文化内涵"。

与工业时代所特有的"冰冷感"不同，国华电力在企业文化中倡导一种人和人之间的情感关怀。"在国华电力就像生活在一个大家庭一样，让人感觉温暖。"许多员工这样说。而正是这种浓厚的人情味，让很多人对国华电力不忍割舍，放弃了许多高报酬的"另谋高就"机会。

案例来源：张振香、杨伟国，《发电企业人力资源管理理论与实践》，中国劳动社会保障出版社，2009 年。作者精简编辑整理。

案例讨论

1. 请简要归纳案例公司人力资源战略发展脉络和内涵。
2. 结合案例公司的人力资源战略，将"HR 服务器"扩展为案例公司的人力资源信息化战略。

案例2 人力资源战略审计：某金融机构营销战略与考核激励制度（节选）

为了调动各级营销部经理的积极性，提高工作业绩，强化规范化管理，按照公平、公正、效率原则，特制定本制度。

第一条 本制度适用范围

本制度适用于一级、二级营销部总经理。

第二条 营销部经理的报酬结构

一级、二级营销部总经理的报酬由两部分组成：第一部分是工资；第二部分是按一定费率提取的业务费用。

第三条 工资标准

一级营销部总经理套用营销总部销售部经理起点工资等级标准，二级营销部总经理套用营销总部销售部经理助理起点工资等级标准。年末考核合格，公司决定继续聘用的营销部经理，第二年工资可以提升一级。有特别重大贡献者，经营销总监建议、分管营销的公司副总裁同意，报公司总裁办公会裁决，工资可以跨级跃升。

第四条 业务考核与业务费用

业务考核的指标为资金任务（业务量）完成指标。考核及激励办法为按资金任务完成情况，费用提取基本费率上下浮动。基本费率由公司决定，可一年一变。

完成资金任务不足50%时，酌情采取调离原工作岗位、下岗培训等方式。完成资金任务不足80%，不得调升职务，工资不得晋级。

以上考核以营销部整体为对象。即先按营销部全体人员的业务总量提取总的业务费用，然后再进行分配和使用。

第五条 业务费用的分配和使用

1. 本条款只适用于二级营销部。

2. 营销部全部业务费用（含总经理本人业务费用）中，70%归业务人员（含总经理本人）使用和分配，30%归营销部总经理统筹安排使用。使用方向是：

（1）接待费用、差旅费用及有关公关费用。

（2）所属员工的业务学习和培训。

（3）三级营销部经理的岗位津贴及员工奖励。

（4）应负担的三级营销部设置费用差额部分。

(5) 其他费用及自主支配。

3. 营销部总经理本人可开展业务,在归本人使用和分配的业务费用中,20%留在营销总部作为专户资金,专用于其所属客户在总部及属地之外的接待费用。

第六条 团队建设和客户服务质量考核

为培养考核意识,增加管理含量,提升营销网络的整体素质,对营销部经理的考核中包括了团队建设和客户服务质量考核指标。

1. 业务员培养。

重点地区:年度内须在当地培养三名以上3 000万元资金量的业务员,两名1 000万元资金量的业务员。非重点地区:年度内须在当地培养两名以上3 000万元资金量的业务员,一名1 000万元资金量的业务员。

在业务员培训方面,除公司举办的业务培训外,每季度应对所属业务员进行一次培训,并将培训计划和培训内容上报营销总部。

2. 考核服务质量要求。

与签约客户保持良好的合作关系,积极解决客户急需解决的问题,对1 000万元以上的客户每年定期拜访不少于两次,并及时将客户的意见建议反馈给总部。

建立、健全客户档案,主动、及时上报内容详尽、准确、客观的客户档案登记表。

考核方法是:将团队建设和客户服务质量考核指标进行细分,将各子项目评分标准列出。对信托营销部总经理按各子项目进行评分并汇总后,将考评结果与本人工资的30%(称为考核工资)挂钩(参见表3-17)。

表3-17 团队建设和客户服务质量考核表

考核内容	评分标准
团队建设 (50分)	1. 本年度培养业务员人数 2. 本年度举办业务培训次数 3. 对下属业务员给予指导、帮助的情况
客户服务质量 (50分)	1. 本年度对1 000万元以上签约客户的定期拜访次数 2. 将客户的意见建议反馈给总部的及时性 3. 上报的及时性客户档案登记表

两项指标考核得分最高为总计100分。得分与考核工资发放系数的对应关系是:

考核得分	95分以上	90—95分	80—90分	70—80分	70分以下
发放系数	1.3	1.2	1	0.8	0.7

营销部经理实得考核工资为:标准等级工资×0.3×发放系数。

第七条　优秀营销部经理评选

公司每年根据考核结果评选优秀营销部经理。凡业务任务完成100%以上，团队建设和客户服务质量两项指标总得分90分以上者均有资格参与评选。优秀经理的比例控制在10%以内。由营销总监提名，分管营销公司副总裁同意，报公司总裁办公会决策。

第八条　重大过错处罚

营销部经理若发生重大过错和失职行为，如泄漏公司经营秘密，采取不诚信手段欺诈客户，由于本人责任发生重大交通、安全事故等，公司视造成的损失和危害轻重，分别给予扣减业务费用及考核工资等标准等级工资降级、调离原工作岗位、下岗培训、辞退、除名等处罚。对于违法行为，追究相应责任。

第九条　考核程序

营销部经理考核分为两个环节：一是经理自评；二是直接主管（营销总监）考评。经理自评包括季度总结和年终述职。季度总结中包括季度业务完成情况、客户开拓和服务情况、内部团队建设和管理情况等内容。年终述职是营销部经理对于全年工作业绩的总结，需对各项考核指标进行自评，并对全年工作中的经验与教训、成绩与不足进行分析。

营销总监进行年终考评时参考的客观依据由信托营销总部有关职能部门提供。其中业务任务完成、客户服务质量等指标数据、资料由客户服务部提供；业务人员培训等资料由营销策划部提供。

案例来源：人力资源咨询项目公司资料，2002年。

案例讨论

1. 该项制度是否有明确的营销战略？
2. 从管理功能兼容的角度出发，请根据该项制度的规定推断出相应的营销战略。
3. 该项制度实现其目标的基本路径是什么？

第4章 战略人力资源规则审计

【学习目标】

学习完本章内容之后,你应该能够:

1. 熟练掌握人力资源规则审计矩阵模型——LRP模型
2. 掌握战略人力资源法律审计的功能与方法
3. 了解战略人力资源制度的价值与特点
4. 掌握战略人力资源制度审计的基本领域与任务
5. 了解业务流程管理与人力资源流程再造审计原理
6. 掌握战略人力资源流程审计方法

引例 可口可乐"派遣工"争议折射劳动合同法漏洞

三天来,可口可乐公司与一群大学生打起的"口水仗"历经两回合,就"派遣工问题",双方各执一词。12月14日晚,由7名大学生组成的社会调查小组发布《可口可乐调查报告》称:"可口可乐系统存在大量的派遣工和其他非正式工,这些工人干着最危险、最苦、最累的工作,工作时间最长,工资却最低,还被拖欠甚至克扣工资。"15日晚,可口可乐(中国)饮料有限公司(以下简称"可口可乐")就大学生调查小组的指责迅速作出书面回应。可口可乐公共事务及传讯总监翟嵋告诉中国青年报记者,学生们的指责并不属实。16日晚,大学生们把驳斥内容以书面形式发给记者。

"派遣工"争议折射劳动合同法漏洞

"我们很高兴看到可口可乐能迅速回应,但他们的表现再一次令我们失望。我们对可口可乐的回应非常不满,一个声名显赫的跨国公司不但不肯承认其错误,反而百般抵赖。"12月16日,大学生们第二轮表态,再次强硬质疑可口可乐劳务派遣用工的合法性。

调查称,有四家装瓶厂派遣工旺季每月加班100个小时以上,而且工资很低。在旺季,杭州中萃的灌浆工、倒瓶工和流水线工人每天工作11—12个小时,工资只有45元,某些岗位还会变相克扣工资。参与调查的大学生指出,把需要大量成本、风险最高、最麻烦的工作岗位转嫁给劳务派遣公司,是可口可乐逃避法律和社会责任的策略。

可口可乐东莞厂曾在15日回应中列举法律条款来证明其合法性。他们提出,今年5月8日向社会征求意见的《劳动合同法实施条例(草案)》,试图对"三性"(临时性、辅助性或者替代性)作出规定,后来被删除。

大学生们表示,即便如此,可口可乐装瓶厂违法的主要依据仍应参照《劳动合同法》第六十六条规定:"劳务派遣一般在临时性、辅助性或者替代性的工作岗位上实施。"大学生们调查认为,可口可乐派遣工岗位都属于非"临时性、辅助性和季节性",而可口可乐坚称公司派遣工符合这"三性"定义。

"《劳动合同法》这条规定,是抽象主义表述方式。"中国法学会社会法学研究会副会长、中国政法大学郑尚元教授说,他主张采用经验主义表述方式,像日本和中国台湾地区,将100多个行业和岗位全列出来,只有在范围内的工种才可以使用派遣工,除此之外使用派遣工都属非法。事实上,正是因为劳动合同法实施条例对

"三性"没有作出明确界定,导致派遣工滥用现象,在法律纠纷中,地方法官和仲裁委员会又很难对公司作出违法判定。《劳动合同法》是一部进步的法律,如果打分,应在 80 分以上,但这部法律也有瑕疵,就是在劳务派遣制度上的漏洞。"郑尚元教授表示。

可口可乐公司回应:有诚意沟通不打口水仗

今晚 7 时,可口可乐发表的第二次回应使得事件进一步升级。翟嵋给记者发来了最新回应说,公司的态度在第一份声明中说得很清楚,可口可乐很有诚意面对问题,希望与学生们进一步交流,沟通有可能出现的误会。

今天,可口可乐再次强调从未向员工和劳务派遣员工收取任何"进厂费"。对于大学生们称有确凿的"中介费"证据,可口可乐表示,可能是派遣工找到中介公司,中介公司收取费用后把他们转到劳务派遣公司。中介公司收取费用和可口可乐及劳务派遣公司没有关系。可口可乐还表示,公司每个月给员工及时发放工资,奖金则是下一个月发放,这并不违规。所谓"拖欠工资"问题也可能存在误会。

"这样的口水仗打下去没完没了,我们希望大家都能冷静下来。现在公司在争取和大学生们建立对话,将他们的证据提供给我们,由公司进一步深入调查。"翟嵋表示,可口可乐也是按照厂家提供的证据进行回应,而且仍在继续追查。

大学生们则提出,请全国总工会及相应的地方工会检查可口可乐瓶装厂。

此间有另一种声音是,在当前就业形势低迷的情况下,工人能保住工作岗位已是头等大事。事实上,比起失业,即使是劳务派遣的工作,求职者大多也会接受。

"虽然滥用劳务派遣工在中国的制造业中是一个普遍现象,但如果可口可乐这样的知名企业在派遣工使用上出现问题,会形成不好的示范效应。"北京大学政府管理学院教授、人力资源开发与管理研究中心主任肖鸣政对本报记者表示,政府相关监管部门亟须规范劳务派遣公司的资质。

案例来源:白雪,"可口可乐'派遣工'争议折射劳动合同法漏洞",《中国青年报》,2008 年 12 月 18 日;人民网,http://acftu.people.com.cn/GB/67561/8538125.html。

本案例是《劳动合同法》颁布以后所产生的诸多事件之一。一个显然的事实是,伴随着我国劳动与就业法律体系的完善,所有的组织都将进入一个人力资源管理的法律约束时代。虽然关于劳动合同法的争论依旧激烈,但是一个切实可行的做法是检查自身的人力资源实践活动是否符合现行法律的要求,如何改进人力资源管理体系能够避免法律案件,甚至最好都避免类似的争论,毕竟一部法律不可能在短期内出现改变,而且违法事件总是一个负面的影响因素。这就是人力资源审计需要解决的问题。不仅如此,一个组织内部的人力资源管理运行也需有章可循,因此,实施人力资源制度与人力资源流程审计能够保障组织有序运转。这些方面都属于人力资源规则审计的范畴。

4.1 人力资源规则审计模型

俗话说"无规矩,不成方圆"。人力资源规则就是人力资源管理的"规矩"——人力资源管理必须遵循的规范与程序。按照人力资源规则的效力范围来划分,人力资源规则可以分为内部规则和外部规则。外部规则指的是一个组织的人力资源管理活动及规范所必须遵守的国家或地区法律和政策,通常情况下适用于一个以上的组织。内部规则是组织内部人力资源管理所必须遵循的原则和要求,显然只会在一个组织内部有效力。按照人力资源规则的性质来划分,人力资源规则又可分为实体性规则和程序性规则。我们将其两两结合可以构成四种人力资源规则:内部实体性规则、内部程序性规则、外部实体性规则、外部程序性规则。作为外部规则的法律,我们从实践便利而又不失其作用的角度出发,可以将实体性规则和程序性规则合二为一,定义为人力资源法律。人力资源内部规则可以被定义为包括两个方面:人力资源制度和人力资源流程。人力资源制度更具原则性,是实体性规则;而人力资源流程则是制度的细化和管理活动的执行程序,由于其相对稳定性和规范性,可以把人力资源流程理解为程序性规则。因此,我们按照效力范围和性质两个维度来构建一个人力资源规则审计矩阵模型——LRP模型(参见表4-1),即人力资源规则审计是指人力资源法律审计(human resource law audit)、人力资源制度审计(human resource regulation audit)和人力资源流程审计(human resource process audit)。

表4-1　人力资源规则审计矩阵模型:LRP模型

效力范围＼性质	实体性规则	程序性规则
内部规则	人力资源制度审计	人力资源流程审计
外部规则	人力资源法律审计	

人力资源规则审计的LRP模型需要进一步分解,才能更好地具有实践意义,因此,我们将人力资源规则审计的所有内容列举出来(参见表4-2)。人力资源法律审计可以从两个层面来考虑:第一是从不同的人力资源功能来看都有哪些法律规定;第二是如何针对一项具体的人力资源实践活动审计其是否合法,以及最为重要的是提出改进的思路。人力资源制度审计需要考虑人力资源制度在组织中发挥作用的过程,因此,人力资源制度是否存在、是否合理、是否被执行,以及执行结果的反馈都是

审计的内容。人力资源流程也涉及两个层面：一个是组织层面的人力资源流程再造审计，它实际上是企业流程再造在人力资源领域里的应用；另一个是具体的人力资源管理流程审计，我们关注流程效率与效果。

表 4-2 人力资源规则审计的内容

人力资源规则审计	人力资源法律审计	基于人力资源功能的法律审计	招聘甄选法律审计
			绩效评价法律审计
			薪酬管理法律审计
		基于人力资源实践的法律审计	实用性法律审计
			前瞻性法律审计
	人力资源制度审计	人力资源制度存在性审计	
		人力资源制度合理性审计	
		人力资源制度执行性审计	
		人力资源制度反馈性审计	
	人力资源流程审计	基于组织的流程审计	人力资源流程再造审计
		基于管理的流程审计	人力资源流程效率审计
			人力资源流程效果审计

这里需要强调的是人力资源法律审计。其因有二：第一，人力资源法律审计在国外已是相当成熟，甚至如果没有特别说明的话，人力资源审计通常就是指人力资源法律审计。在学术研究领域和实践操作领域，也是以人力资源法律审计文献最为充分。第二，我国自 2000 年以来关于劳动就业与人力资源方面的法律不断出台，以 2007 年《劳动合同法》《就业促进法》《劳动调解仲裁法》以及《社会保险法（草案）》等法的颁布或即将颁布最为显著，与此相关的人力资源法律案件也呈井喷之势发展。人力资源法律成为企业运营的一个基本环境。这里还需要指出的是，法律在实践中的定义是相当宽泛的，除了实体法与程序法的区分之外，在很多国家，许多行政性文件对企业人力资源管理也发挥了规制性作用，实际上充当了法律的功能，因此，也需要纳入人力资源法律审计之中。

4.2 人力资源法律审计

人力资源法律审计的概念是以法律观点为基础的。根据内瓦多（Nevado）的观点,作为人力资源审计的一个组成部分,法律审计有三个功能:第一个功能是检查公司是否履行了其所有的社会管理义务和与其员工集体权利有关的义务;第二个功能是以法律法规为基础,审查雇员和公司之间的关系;最后一个功能是证明公司是否履行了其财政义务(如社会安全支出)和教育义务。人们对劳动危险的关注产生了人力资源管理的又一个功能,该功能的目的是通过确认由工作条件产生的劳动危险来改善工作条件并采取必要的预防措施,它可以很好地配合人力资源法律审计。此外,员工要求公司提高工作生活质量的呼声越来越大,而劳动安全和健康的要求正是员工追求工作生活质量的一部分。一个更为具体的、可操作性的解释来自安东纳(Antona,1993)。根据他的观点,法律审计包括"制作一份有关公司社会环境的目录清单,熟悉劳动法律准则,经常证明公司服从了现行法规"。因此,人力资源法律审计的方法主要是:证明公司履行了现行劳动法;证明公司的雇员雇佣、保持、惩罚、合同终止、后雇佣等政策和实践是公平的、合法的。人力资源政策和实践必须为雇员提供公平就业机会以防止歧视,保护求职者不受年龄歧视,实行最低工资,为残疾雇员提供食物和住房补助[①]。

总而言之,战略人力资源法律审计的核心在于确定组织的人力资源管理体系(制度与行动)是否合乎法律的要求。在具体考虑到人力资源法律审计的实践时,我们必须考虑以下因素:人力资源制度与行动的具体内容、国内立法状况、与国外相关立法的比较、中国的立法趋势以及公司在人力资源制度与行动改进方面的方向性建议等。特别需要强调的是,在人力资源法律审计模型中,我们是列举性的,如招聘甄选、绩效评价、薪酬管理等。而实际上,人力资源法律审计涵盖了人力资源管理的所有功能模块[②]。

4.2.1 招聘甄选法律审计

我们从两个视角来研究招聘甄选法律审计:一是法律视角,即有哪些法律规定了招聘甄选行为;二是管理视角,即哪些人力资源管理行为被法律明确约束。从法律视角看,在西方国家,对招聘甄选的法律约束非常成熟而且详细,最为突出的就是各类公平就业机会法律。从下面摘选的美国公平就业机会法律中,我们会对招聘的法律约束有更深刻的理解(参见表4-3)。

[①] M. F. Olalla and M. S. Castillo, Human Resources Audit, *International Advances in Economic Research*, 2002, 8(1), pp. 58–64.

[②] 一个非常有意思的现象是,在我国学者编著的人力资源管理教科书中,几乎很少见到有关人力资源法律的章节,而在西方的教材中则几乎必然有这一章。的确令人深思。

表 4-3　重要的公平就业机会法律一览表

法　案	作　用
《1964 年民权法案·第七章》修正案 行政命令	禁止种族、肤色、宗教、性别、血统歧视,由公平就业机会委员会(EEOC)制定 禁止与联邦签订了 1 万美元以上合同的雇主(及其子承包商)进行雇佣歧视;成立联邦执行管理办公室;要求制定积极的反歧视行动计划
联邦机构准则	说明有关性别、血统及宗教歧视的政策,以及雇员选拔程序,例如,关于测试合法性的要求
最高法院判决: 格利斯诉杜克电力公司案 奥比马尔诉穆迪案	裁定:工作要求必须与取得好的工作成绩相关;要证实的歧视不必是公然的;雇主的举证责任是证明有关资格要求是合法的
《1967 年雇佣年龄歧视法》	禁止在任何雇佣方面歧视 40 岁及 40 岁以上的人
《1973 年职业恢复法案》	要求按积极的反歧视行动计划雇佣和提升合格的残疾人,并禁止歧视残疾人
《1978 年怀孕歧视法案》	禁止在雇佣中歧视怀孕或处在与怀孕有关情况下的妇女
《1974 年越战退伍军人退役重新就业援助法案》	要求将积极的反歧视行动用于越战时期军人退役后的雇佣活动
《1991 年民权法案》	推翻了沃兹科夫案、善华案以及其他案件判决;重新规定雇主的举证责任,并允许受害人索取歧视赔偿和罚金

资料来源:加里·德斯勒,《人力资源管理》,中国人民大学出版社,1999 年,第 45 页。

在过去二十年中,中国在招聘甄选法律方面的进展非常之快。最早于 1994 年颁布的《劳动法》就明确了禁止招聘歧视。《就业促进法》以及相关群体(妇女、残疾人等)的立法则进一步强化了在招聘甄选领域的法律约束。不过,我们也面临非常明显且棘手的问题。这其一是重招聘立法轻甄选立法,尚未见到明确的关于甄选的法律约束;其二是法律规定过于抽象,难以真正应用于人力资源法律审计。

除公平就业机会法律之外,德斯勒还在其《人力资源管理》中进行了更为细致的分析,以确定招聘甄选活动合法与不合法之间的界限,这不仅对于我们的人力资源管理法律审计实践有很大的借鉴价值,而且对我国在人力资源管理领域的立法也有很多启示(参见表 4-4)。这是典型的管理视角下的人力资源法律审计。

表 4-4　招聘甄选的法律约束

招　聘
职位分析:美国残疾人法案(ADA)规定只要公民能够行使某职位所要求的职能,他就有权获得该工作,并由 EEOC 监督该法规的执行。EEOC 根据公司的职位描述来确定法规的执行情况。它要求职位描述必须重视职能目标的实现,而不是具体的实现形式
口头信息:在劳动力都是或大部分是白人,或者全都是一些其他阶层成员,如都是女性、都是讲西班牙语的人等情况下,雇主不能靠口头散布有关工作机会的信息

续表

招　　聘
使人误解的信息：给任何人提供错误的或导致误解的信息，或者没有或拒绝将工作机会以及获得工作机会的程序通知他们，是违法行为
招聘广告：除非性别是广告所宣传的工作的实际职业资格，否则，做"招聘—男性"和"招聘—女性"的分类广告就违反了有关禁止雇佣性别歧视的法律。而且，雇主也不能以任何隐含雇佣年龄歧视意思的方式做广告。例如，雇主不能在广告中表示招聘"年轻的"男人或妇女
甄　　选
对受教育程度的要求：在以下情况下，对受教育程度的要求可能被判定为非法：(1) 在可以证明少数民族不太可能具备那种教育水平（如中学毕业水平）；(2) 这种资格又与工作无关的情况下
测试：不均衡地筛选少数民族或妇女并且与工作无关的测试被法院视为非法。但要记住，采用筛选少数民族或妇女的数量不均衡的测试（或其他选拔标准）这一事实本身，不足以证明该测试就是不正当的歧视。要证明这一点，还必须证明测试（或其他甄别手段）是与工作无关的
身高、体重以及身体特征：除非与工作有关，否则，对某些少数民族或妇女可产生不利影响的身体特征（如身高、体重）要求是非法的。根据《美国残疾人法》，你不能询问有关求职者身体（或精神）残疾的问题
军队背景：向求职者询问其过去所服役的部队番号以及退伍的原因通常都会被视为违法
被捕记录：如果雇主以求职者有被捕记录而拒绝录用，则法院会判定雇主违反《公平就业机会法》第三条之规定。由于这种条件有针对少数民族的意味，因而在大多数情况下不能作为筛选雇员的一条正当理由
遇到紧急情况可通知何人：法律通常允许企业向申请人询问，如果遇到紧急情况应通知何人，这个人的姓名、地址、电话号码等。然而，如果企业问申请人同此人是何种关系，则会被视为企图了解申请人的婚姻状况或血统，因而是违法的。不过，在企业已经决定录用且申请人愿意就职的情况下，雇主可以要求雇员补充回答此类问题
属于何种组织的成员：许多工作申请表要求申请人列举出他们所加入的俱乐部、组织或社团以及在其中任何种职务。然而企业应注意注明，申请人可以不填写有可能暴露其种族、宗教、身体伤残状况、婚姻状况或祖先来源的那类问题。如果不在申请表中注明这一条款的话，企业就会被认为是在间接地打听申请人的种族或宗教等方面的情况，因而被判定为提问非法问题
婚姻状况：一般情况下，企业不能问求职者是单身、已婚、离婚、分居，还是与某人同居，也不能问申请人的配偶或子女的姓名以及年龄。同样，向一位女性申请者询问其丈夫的职业是什么，并因之而拒绝雇佣这位妇女，也会被认为是歧视。比如，因一位妇女的丈夫是军人因而有可能会频繁地调动工作就拒绝录用她，就会被判定为非法
住房状况：问申请人是自己有住房，还是租用或租出住房也是违法的。这种问题有针对少数民族的意味，而且很难提供正当的解释来说明它对工作绩效有何种影响

资料来源：加里·德斯勒，《人力资源管理》，中国人民大学出版社，1999年，第50—52页，第146—147页；关于职位分析的法律约束，来源于：陈清泰、吴敬琏，《公司薪酬制度概论》，中国财政经济出版社，2001年，第46页。

4.2.2 绩效评价法律审计

绩效评价法律审计就是确定一个组织的绩效评价制度与行动是否与法律相冲突。绩效评价法律审计通常关注的主要领域是绩效标准的存在性、绩效标准的依据（职位分析）、绩效标准的沟通、绩效标准与工作的相关性、绩效标准的客观性以及管理与计分的标准化、绩效标准的书面化等。关于绩效评价法律审计，我们可以从德斯勒总结的美国法院判例中得到很大的启发（参见表4-5）。

表4-5　绩效评价：法院判决案例总结和主要裁决意见(节选)

案　件	年份	审理法院	胜方	主　要　裁　决
格利斯诉杜克电力公司	1971	高等法院	雇员	违反了公平就业机会法；要作出对雇员不利的决定时，必须能够证明工作绩效评价的内容与工作相关；雇主故意对雇员进行歧视
若伍诉通用汽车公司	1972	上诉法院，第5巡回法院	雇员	缺乏必要的工作绩效评价培训；缺乏明确的工作绩效评价标准；没有与雇员就工作绩效评价标准进行沟通
布雷托诉兹亚公司	1973	上诉法院，第10巡回法院	雇员	工作绩效评价是"雇佣测试"；作出对雇员不利的决定时，必须能够证明工作绩效评价体系的有效性；主观的绩效评价标准必须辅之以客观的绩效评价标准；要求对工作绩效评价的管理和计分都必须标准化
奥比马尔纸业公司诉穆迪	1975	高等法院	雇员	作为工作绩效评价标准的东西必须是与工作相关的；违反了公平就业机会法关于绩效标准建立的规定
帕特森诉美国烟草公司	1978	上诉法院，第4巡回法院	雇员	必须进行工作分析；要求必须有客观的工作绩效评价标准
拉密兹诉霍菲兹公司	1980	上诉法院，第5巡回法院	雇主	能够提供客观的工作绩效标准；雇主过去的记录是十分重要的
钱伯伦诉比赛尔有限公司	1982	地区法院	雇员	在工作绩效评价中没有能够对绩效的下降提出警告
卡蓬特诉斯蒂芬·F·奥斯汀州立大学	1983	上诉法院，第5巡回法院	雇员	必须进行适应当前需要的工作分析；必须能够证明工作绩效评价标准与工作是相关的；要求进行绩效评价主持人员培训
格兰特诉太平洋电话公司	1984	华盛顿特区地区法院	雇主	原告的工作记录不仅被直接上级人事管理人员看过，而且还曾经不断地得到警告；如果他的工作再不加以改进，他就会被解雇
约翰·温斯诺诉联邦能源管理委员会	1987	地区法院	雇员	雇主缺乏书面文件证据，这削弱了雇主的可信度
罗梅诉壳牌石油公司	1991	纽约高等法院	雇员	雇主放进工作绩效评价体系中的内容增加了雇主受到起诉的可能性

资料来源：加里·德斯勒，《人力资源管理》，中国人民大学出版社，1999年，第353页。

西蒙·多伦和兰多·舒尔乐引用的一份材料非常细致地将加拿大关于法律上对于绩效评价的规定进行了归纳(参见表4-6)，从而使我们非常清晰地看到国外法律对组织绩效评价的基本约束并因此提供了绩效评价法律审计的基准。在我国的绩效评价实践中，我们实际上既达不到法律上的要求，也可能不符合基本的管理原理。例如，在表4-6中有这样的法律要求："评价者应有足够的机会来观察下级被评价者的表现。"在我国的很多企业中流行着直接上司的上司来对下属的下属直接进行绩效评价。而实际上，上司的上司根本观察不到下属的表现，而且不符合法律的要求。

表4-6 加拿大关于法律上对于绩效评价的规定

- 人力资源决策过程不应由于种族、性别、肤色、国籍、婚姻状况、信仰或年龄的差异而有所不同。
- 不论何时,都应该采用客观的、非偏离的一些数据资料。
- 对于评价结果不服时,应有一种正式的申诉和重新评价体系。
- 在评价中要有一个以上的独立评价者。
- 在人力资源决策中,应使用正式的标准体系。
- 评价者应有足够的机会来观察下级被评价者的表现。
- 有关个人品质特征方面的等级划分,如对于依赖性、魄力、性格、态度等的分级应有所避免。
- 评价的数据资料应该具有经验的有效性。
- 特定的绩效评价标准应该向全体员工公布。
- 评价者应就绩效评价过程予以书面说明。
- 应对于员工特定的工作范围给予评价,而不是对其方方面面进行评价。
- 对一些特定的评价还需要一些行为描述记录(如重要事件)。
- 在进行评价前需要对评价人员进行培训。
- 绩效评价的主要内容应依据工作分析。
- 应给员工提供机会反思其被评价的结果。
- 人力资源决策的制定者应该熟悉了解法律方面对歧视问题的规定,并受到专门训练

资料来源:西蒙·多伦、兰多·舒尔乐,《人力资源管理:加拿大发展的动力源》,中国劳动社会保障出版社,2000年,第204—205页。

与招聘甄选相比,我国在绩效评价的法律约束方面几乎是一片空白,而其结果是员工的权益得不到有效的保护。但是,一个明显的趋势是我国正在将越来越多的注意力关注在这个方面。因此,对组织而言,他们必须预见到的一个事实是:应该更多地考虑绩效管理中哪些做法在将来可能是不合法的,从而做到未雨绸缪。

4.2.3 薪酬管理法律审计

不仅组织的招聘甄选和绩效评价受到法律的限制,而且在国外,组织的薪酬管理同样也要受到法律的制约。这种制约主要体现在最低工资立法、男女同工同酬、工资水平与工资支付立法以及加班工资立法等方面。薪酬管理法律审计的核心就在于组织的薪酬管理是否与现行立法不相一致以及应该调整的方向。德斯勒的总结依然是最好的例子(参见表4-7)。

表4-7 薪酬管理的法律约束

法　案	内　容
1931年《戴维斯-佩根法案》(Davis-Bacon Act)	该法规定,为联邦政府工作的承包商必须按通行的工资率给工人支付报酬。该法的修正案规定要付给雇员福利,并要求承包商或转包商支付必要的现金
1936年《沃尔什-希利公共合同法案》(Walsh-Healey Public Contract Act)	该法为那些从事任何总额超过10 000美元的政府合同工作的雇员规定了基本的劳动标准,该法包括最低工资、最低工时以及完全和健康等条款。它要求如果工人每天工作超过8小时或每周超过40小时,超过时间的工资要按正常标准的1.5倍支付

续表

法　案	内　　容
1938年《公平劳动标准法案》 （Fair Labor Standard Act）	该法最初于1938年通过，以后作了多次修改，包括最低工资、最低工时、加班工资、公平支付、档案管理和童工等条款。它适用于大多数美国工人——尤其是从事州际贸易和商品生产及对外贸易的工人。此外，该法还适用于农业工人和受雇于较大规模的零售和劳务公司的工人
1963年《公平工资法案》 （Equal Pay Act）	该法案是《公平劳动标准法》的一个修正案。它规定如果女性（或男性）所从事的工作同男性（或女性）所从事的工作大致相同，那么所支付的工资也应相等。具体地说，如果工作要求的技术、努力程度和责任是相同的，工作条件也大致相似，那么男女雇员应得到同等报酬。除非工资差异是由于资历、绩效、产品数量或质量或"其他非性别因素"造成的，否则男性和女性工人应得到同等报酬
1964年《民权法案·第七章》 （Civil Rights Act）	该法禁止在报酬活动中的种族、血统、宗教或性别歧视。在晋升、解雇及纪律惩戒行动方面，确定一个人何时得到晋升、解雇或惩戒的标准也应是对所有雇员一视同仁的。所以，任何有关工资、晋升、解雇、惩戒、福利的活动，如果有下列情况之一的：（1）对不同阶层的人区别对待；（2）对受保护阶层成员有不利影响；（3）不能被证明是BFOQ或经营必须所要求的，都可能被判决为非法歧视

资料来源：加里·德斯勒，《人力资源管理》，中国人民大学出版社，1999年，第411—412页。经作者编辑整理。

2003年，美国劳工部出版的《就业法指南》全面总结了美国最新的关于工资方面的法律规定。它的主要内容是：第一，从1997年9月1日起，雇主必须向被涵盖的雇员支付每小时不少于5.15美元的最低工资。雇主要以计件工资为基础向雇员支付报酬，并且在一定的条件下，可以把小费（tip）作为工资的一部分包含在内。第二，对20岁以下的青年人，在其就业的最初连续的90天内雇主必须向其支付每小时不少于4.25美元的最低工资。在青年人的最低工资水平下雇主不能解雇任何一个雇员而雇佣其他人。第三，虽然法案并没有对至少16岁的雇员的总工作时间作出限制，它确实要求向被涵盖在内的雇员——除非被豁免——对其超过每周40小时的工作时间支付1~1.5倍于正常工资率的工资[①]。

4.2.4 战略人力资源法律审计的运用

战略人力资源法律审计的关键就在于以相关法律为基准以确定组织的人力资源管理制度与行动的合法性以及矫正方向。但众所周知，法律也是动态变化的，特别是关于人的权利的法律保护越来越严；而在中国，由于人力资源法律领域的不完善，从而不确定性更大，但一个基本的理解是国外的现行法律实践可以作为参照。从实践角度看，我们可以将战略人力资源法律审计分成两类：一类是实用性审计，即仅关注现行人力资源管理制度与行动是否合法的问题；另一类是前瞻性审计，它在关注实用

---

① U.S Department of Labor, *Employment Law Guide*, Apr. 2003, pp.1-2.

性审计的基础上,更多地考虑人力资源管理法律发展的可能方向或以发达国家的现行法律作为参照系来思考现行人力资源管理体系的"未来合法性",强调未雨绸缪。这对于中国的企业来说极为重要,因为中国的法律体系的变化非常快,组织需要前瞻性眼光。

1. 实用性人力资源法律审计

实用性人力资源法律审计本质上就是我们所熟悉的人力资源合规审计,强调的是当下的人力资源管理实践与现行的人力资源法律之间的合规程度。广义上说,人力资源法律审计与人力资源合规审计是不同的。一方面,人力资源法律审计不仅包括微观层面的人力资源合规审计,以及宏观层面的人力资源法律规制总体状况审计,还包括对人力资源法律科学性及其影响的审计;另一方面,即便在微观层面,人力资源法律审计还强调前瞻性审计,而人力资源合规审计更关注当前的人力资源活动是否符合法律要求。

实用性人力资源法律审计根据其作用又可分为两种类型:诊断性审计与处方性审计。诊断性审计意在了解人力资源合规的总体判断,但不清楚具体的"违法"所在;而处方性审计则是根据人力资源管理的具体制度条款或表单来与相应的法律进行比对,旨在了解具体的问题所在,并因此特别关注改进措施。

帕特森在其《人力资源审计》中提供的就是一种诊断性人力资源法律审计。在他的书中所列的人力资源法律审计清单旨在使企业或其他组织能够根据法律条文、案例研究和人事措施研究的新进展来评判自己所采取的雇佣政策和措施。企业应当定期检测其人力资源管理项目的"健康"状况。在填写清单时,如果一家机构对个别问题予以否定回答,这是合情合理的;但当给出大量否定回答时,为避免严重的法律案件,一次全面的(处方性)人力资源审计就显得十分必要了。关键的问题是,帕特森并没有提供明确的答案和法律改进建议。它仅仅起向导的作用——仅有助于推断可能出现问题的范围(见表4-8)。通过审计清单,企业能够大致确定所面临的问题,但仍需要请劳动与雇佣法方面的法律顾问有针对性地提出法律建议[1]。

表4-8 员工招聘法律审计清单(节选)

	是	否
以下问题已经从申请表中删去了吗?		
• 年龄?	□	□
• 是否曾有过违法犯罪行为?	□	□
• 出生地?	□	□

---

[1] Paterson, Lee T., *Human Resource Audit*, third edition, Virginia: LEXIS Law Publishing, 1999.

续表

	是	否
• 国籍(有关国家安全的单位除外)?	☐	☐
• 肤色?	☐	☐
• 入学日期?	☐	☐
• 身高?	☐	☐
• (女性)未婚时的姓名?	☐	☐
• 婚否?	☐	☐
• 身体残疾或疾病?	☐	☐
• 心智健康?	☐	☐
• 是否服过兵役(除非优先考虑退伍军人的职位)?	☐	☐
• 亲人的姓名和地址?	☐	☐
• 曾用名?	☐	☐
• 母语?	☐	☐
• 是否残疾?	☐	☐
• 是否曾经历过事故,是否受伤?	☐	☐
• 先前的工资水平?	☐	☐
• 种族?	☐	☐
• 性别?	☐	☐
• 加入的社会组织或宗教组织?	☐	☐
• 体重?	☐	☐
申请表中是否在下列文字后要求员工签名(当然,在员工同意的前提下)?		
• "我在申请表中所填写的信息均属实。"	☐	☐
• "我十分清楚,捏造事实、回避合理的问题及填写虚假信息将导致不被雇佣,或在雇佣后被解雇。"	☐	☐
• "申请表所列的各用人单位有权获知我前一份工作的任何信息。"	☐	☐
• "我已经了解到,在应聘过程中,我可能会被要求接受生理和心理检测,包括检测我是否吸毒与酗酒。"	☐	☐
• "我知道,公司有权搜查任何被带进公司的物品,包括办公桌、上锁的橱柜、手提包、公文包及汽车。"	☐	☐
• "在被雇佣之后,我必须遵守公司的各项规章制度。"	☐	☐
• "我知道,公司有权随时单方面变更、修改、废止或新增公司的福利项目及规章制度,无须提前通知。"	☐	☐

处方性人力资源法律审计会更加复杂细致,这需要逐条逐项地进行制度条款或其他活动与现行法律规定之间的比对。处方性人力资源法律审计的基本流程是:首先,对组织人力资源管理体系(制度与行动)的内容进行详细客观的描述。其次,根据这些内容来寻找相关的法律条款。这在中国可能更为复杂一些:一是因为法律体系

有中央和地方的区别;二是因为中国的"法律体系"还有立法与政策的区别。再次,我们需要将管理实践与法律规定进行比较审计分析,以确定其合法性;或是无相关规定、不清楚等。最后,组织需要根据法律要求与组织自身实际来选择改进方向。前瞻性审计则更进一步,可能需要了解国外相关的法律规定并作出总结评价,分析中国可能的立法趋势及其原因,最后提出前瞻性的法律建议。而为使自己更容易了解自己的处境,在进行人力资源管理法律审计分析时,引用恰当的法院判决案例或劳动争议案例可能会更为直观清晰。

为保证组织的人力资源管理审计具有一致性的结构,在法律审计实践中,我们可以使用《实用性人力资源管理法律审计表:处方性审计》(参见表4-9)。但必须注意的是,这里提供的只是一个框架,而不是一项"法律",需要组织根据自身的特点编制更合适的审计表。

表4-9　实用性人力资源管理法律审计表:处方性审计

人力资源实践（制度/行动）	法律规定	审计分析	案例参照	改进建议

2. 前瞻性人力资源法律审计

前瞻性人力资源法律审计实际上是一种市场基准性审计。它是以更加严格的人力资源法律规定为基准的。通常情况下,我们指的是西方发达国家的人力资源法律。它的特殊性在于双重审计:一是国内人力资源管理实践活动与国外人力资源法律规定的比对;二是国内人力资源法律与国外人力资源法律之间的比对。但是,我们前瞻性审计的根本目的是预测未来人力资源法律可能的变化以及我们的"合规"程度。

与实用性人力资源法律审计一样,我们也可以构建"前瞻性人力资源管理法律审计表"(参见表4-10),这样会非常有助于我们开展法律审计实践。需要提醒的是,这种前瞻性审计更多地适用于以下情形:一是大型公司因为备受国家与社会公众的关注而需要提前做好法律调整准备;二是准备"走出去"的企业必须高度关注前瞻性审计。我国企业走出国门遇到的问题实际上并不是市场与市场的问题,恰恰是劳动与雇佣法律问题。从这个视角看,这种情形下的人力资源法律审计已经是"准实用性审计"了。

表4-10　人力资源管理法律审计表:前瞻性审计

人力资源实践	国内法律规定	国外法律规定	审计分析	国外案例参照	中国立法趋势	改进建议

4.3 人力资源制度审计

人力资源制度不仅是人力资源管理规则的核心,而且也是人力资源管理的核心。"无规矩,不成方圆",人力资源制度确定了组织人力资源管理秩序,是组织的"法律"。人力资源制度审计的目的就是防止组织"法律"的缺失,为改进制度合理性、强化制度执行性、增进制度反馈性奠定基础。

4.3.1 人力资源制度属性与制度审计

人力资源制度是指组织为特定目的而确定的人力资源管理原则、规范、条件、权利义务关系的综合,通常体现为组织的人力资源管理制度、规定、办法等。人力资源制度作为规则,是与人力资源行动是相对应的,但两者都从属于组织战略。人力资源制度的核心在于管理秩序,而人力资源行动的核心在于管理结果;制度针对事(或只针对抽象的人、职位等),而行动则针对人,即谁做的、谁是责任人;制度是相对稳定的,而行动始终是动态的;行动必须遵循制度规范,而制度规范时刻在行动中得到体现。人力资源管理的核心在于有制度的行动,只有行动,才能检验制度并改进制度。

人力资源制度不可或缺,却不存在最优的制度数量规定。一个经验原则是制度应该完备且简约。完备原则是指制度的覆盖面应该是完整的,从而所有的人力资源行动都能够有明确的规范可以遵循而不至于流于随意性;简约原则是指制度的数量应该是精简的,"制度至上主义"(即制定大量的规章制度)不仅容易产生制度之间的相互关系的复杂化,而且在执行中也容易造成不知所从。制度本来为秩序而存在,最终却是制度造成了秩序混乱。

人力资源制度的制定也须遵循循序渐进的原则——临时原则与粗放原则。这是指在尚不能确定制度的合理性或制度没有得到人力资源行动检验的时候尽可能保持制度的临时性和粗放性特点,以便于制度的完善与调整。其原因在于组织正式的制度规范具有一定的刚性,不仅调整本身具有成本,更重要的是人力资源制度的调整或意味着员工利益关系的变化,或意味着会产生执行制度者的学习成本,从而可能会导致来自各个层面的反对。

此外,人力资源制度的制定模式一般遵循以下四种:事件法、借鉴法、演绎法和博弈法。(1)事件法是一种制度制定的经验方法,它是指在经历一个特定事件的过程中,对处理该事件的方法上升为一般规定,作为处理类似事件的规范,可以理解为组织制度领域中的"判例法"。它的出现通常是由于这类事件是第一次发生,并没有成形的制度可以适用但问题本身需要解决,因此需要一个专门针对该事件的解决办法。(2)借鉴法是人力资源制度制定的常见方法,其基本做法就是参考其他组织如何制定某项制度,然后采取复制并加入组织特性的方法来制定组织自己的相应制度。借鉴法有时也被称为"最佳实践法"或"基准法"。(3)演绎法的核心是理论推演,即在人力资源管理理论的指导下确定某项制度的基本内容与逻辑结构,然后考虑组织的自身特性,最终确定相应的人力资源制度。(4)博弈法常见于有相应的雇主和员工组织的公司或其他机构,由于人力资源制度在很大程度上关系到员工的切身利益,而同时又对公司的投入有很大影响,因此在制订这一类制度时,劳资双方必定要进行讨价还价以期获得对自己最优的规定,最终的制度是这种相互博弈的结果,并大体实现了双方利益的均衡。

由于人力资源制度对于组织的价值,因此,对组织的人力资源制度进行审计以符合组织的要求就自然而然了。人力资源制度审计主要包括三类审计:人力资源制度合理性审计、人力资源制度执行性审计与人力资源制度反馈性审计。人力资源制度合理性审计关心的是制度是否切合组织的需要;人力资源制度执行性审计关心的是制度是否得以执行、执行的程度如何以及产生偏差的原因与后果是什么;人力资源制度反馈性审计关心的是员工对人力资源制度的兴趣、态度、评价与建议等。

4.3.2 人力资源制度合理性审计

对于人力资源制度合理性的理解可以有以下三个标准。第一,从人力资源管理的理论来说,需要检查特定的人力资源制度在逻辑上是否成立、是否具有理论一致性,因为理论作为"一般规律"原则上是适用于判断所有制度的。第二,从人力资源管理的实践来说,需要了解其他组织特别是具有相同或相似性质和特点的组织是如何制定其人力资源制度的。这里面的一个隐含假定是具有相同或相似性质或特点的组织应该具有相同或相似的人力资源制度。如果将这个假定推到极致,就是两个完全相同的组织应该具有完全相同的人力资源制度。从制度最优性角度说,这个假定是可以接受的,因此在一定程度上,同类实践可以作为判断制度合理性的标准。第三,从人力资源管理的组织特征来说,人力资源制度必须切合组织的实际需要与环境(如组织战略要求、组织内部环境等)。显然,就一个特定组织的人力资源制度来说,组织内部要求是确定制度合理性的最重要的标准。但是,如何满足这种切合性显然既有赖于人力资源管理理论的支持,又有赖于人力资源管理实践的证实。因此,这三个标准应该是相互支持、相互依存的。

制度合理性的标准确定之后,人力资源制度合理性审计的主要任务就是依据这些标准去对特定的人力资源制度进行审计分析,寻找"缺口"(如与理论的差距、与同类实践的不一致性、与组织需求的差距等)。但更重要的是,我们要确定这个"缺口"到底是真正的"制度缺陷",还是组织的"制度创新"。虽然存在着判断的难度,但是必须明确的是,任何制度创新在逻辑上一定是可以解释的。制度合理性审计还有一项任务就是要明晰制度改进的速度,也就是说,通过制度合理性审计,我们所能发现的制度缺陷应该越来越少,即人力资源制度规范日趋合理——这也是人力资源审计始终关心的问题。制度合理性审计的最后一项任务实际上需要通过制度执行性审计才能得以完成,即只有最终的结果才能证明制度是否合理,因为不管我们采用何种标准来作判断,它们在本质上都是一种理论上的推演。当然,造成特定结果的并非完全是制度本身,所以在运用这个结果作为判断制度合理性标准的时候,必须剔除执行性因素。

4.3.3 人力资源制度执行性审计

人力资源制度执行性审计要解决下列问题:(1)制度是否得以执行;(2)制度执行是否存在偏差(以制度本身作为目标来衡量);(3)制度执行偏差的原因何在;(4)制度执行偏差的可能后果如何;(5)制度执行校正措施的方向是什么。很多组织并非没有人力资源制度,也并非制度不合理,但制度很少得以执行,或者随时非程序化地变更调整制度,或者不完全执行,从而导致制度是为制度本身而存在的,而不是为执行而存在的怪象。最终的结果是组织的人力资源管理秩序遭到破坏,人力资源制度信誉丧失殆尽。

人力资源制度是否得到执行以及是否存在偏差在组织人力资源管理过程中非常容易确定,人力资源制度执行的偏差程度也可以以制度本身作为目标来进行有效测量。人力资源制度执行性审计的主要困难在于确定制度执行偏差的原因,这也是人力资源制度执行性审计最重要的任务。造成组织人力资源制度执行偏差的具体原因可能非常复杂,但可以总体归结为"四不"。

(1)动机不纯。有些组织的人力资源制度根本就不是用来执行的,只不过是吸引与激励人才的招牌,是员工单向履行工作义务的不对称制度。当员工有效履约之后,组织则以各种理由为自己的义务开脱,或干脆在组织该兑现承诺之前将有关的员工解雇,从而直接免除履约之责。随着市场机制的完善与信息流的畅通,这类组织的生存空间越来越小,但它们会永远存在,而且它们的危害也非常严重。

(2)能力不足。最典型的例子是组织领导人常常在各类场合为公司员工的发展描绘了美妙的前景,但或由于人力资源制度内涵太大,难以在领导人宣称的时间内兑现,引起员工对制度的怀疑;或由于缺乏有效的管理技术与工具,难以将制度切实地转化为管理行动,影响了企业制度的信誉,这其中的核心问题在于人力资源制度与制度实施之间的专业能力缺口太大。这种情形在国有企业中是很常见的,企业老总总是希望给员工带来新的激励而不断提出新的制度设想,员工则因此备受鼓舞,但人力资源部则由于"制度理解力与实施力"有限而穷于应付,最终人力资源制度的信誉危机难以避免。

(3) 组织的经营不善。这里主要是指企业,IT业可能是最恰当的代表。IT行业一贯被大众视为知识经济的代表和典范,更应推崇以人为本的经营理念。而如何对待劳动用工和处理裁员的善后问题,则直接反映着一个行业成熟与规范的程度,特别是对于IT业这类知识密集型的高科技行业,对人才的态度将决定它的将来。但不幸的是,不管人力资源制度采取何种形式实施,最后都是要靠现金来支持,IT业的不景气导致现金流的枯竭使得大多数IT公司的许多人力资源制度成为空头支票。不过,与动机不纯的根源极为不同的是,很多IT公司是"心有余而力不足"。

(4) 政策不许。这也更多地与国有企业有关。国有企业员工持股的暂停、期股期权的缓行等诸如此类的国家政策限制或类似的政策制度多变既影响了国有企业制定人力资源制度的空间,也影响了企业已经对员工所作的制度承诺,国有企业竞争力不足或多或少与此也有些关联。令人高兴的是,这几年国家在政策层面上越来越开明,这就要看各企业的身手了。

人力资源制度执行性审计的又一个任务是确定制度执行偏差有可能带来的后果。简而言之,因制度执行偏差而导致的人力资源制度的信誉危机轻则影响员工士气,重则导致组织衰亡。从企业角度解释,这种逻辑会更为清晰。企业只不过是整合资源生产剩余价值的一种装置而已,这其中所有的资源都要经过人力资源的转换功能才能实现剩余价值产出,因此,制定人力资源制度,对企业经营过程中企业与员工之间的权利与义务关系作出制度性安排,激活人力资源的转换能量,就成为企业经营管理的重中之重。特别是传统的工业经济结构正在向全球知识经济时代转变,企业战略扩张越来越多地取决于人力资本驱动,从而,提升人力资源制度水平、珍爱人力资源制度信誉至关重要。

一旦人力资源制度不能得以有效实施而失信于员工乃至社会,企业的命运将受制于"五害"的威胁。(1) 五害之一是降温效应。人力资源制度失信于员工而对企业造成的直接损害是当事人工作热情与业绩下降导致对企业业绩贡献的减少。公司的制度承诺没有兑现势必会损伤当事员工的积极性,引起员工的不满情绪以及对公司人力资源制度信誉的怀疑,这种不满情绪与怀疑使得员工降低工作努力程度与实际贡献,至多能做到"安分守己",无法再企求员工的创造性。(2) 一旦员工的不满所带来的牢骚与抱怨影响了部门乃至全公司员工的士气时,这便出现了五害之二——传染效应,即一人的怀疑转变成对公司人力资源制度的怀疑,且会弥漫到整个公司。(3) 而当对人力资源制度的怀疑转移到财务会计、市场营销等其他制度领域时,我们认为会出现五害之三——扩散效应。以上"三害"发生时，企业已处于内部的经营管理危机之中。（4）更为严重的是，员工可能会因为公司人力资源制度的信誉问题而诉诸仲裁或法院、诉诸新闻媒体，有损于公司的社会形象，使社会对公司产生不信任感，不利于公司的长远发展，从而发生溢出效应，也即五害之四。（5）最为严重的是伤元效应——五害之五。当事员工投奔公司的竞争对手，带走客户，更有甚者，窃走公司商业机密，故意毁坏公司形象，使公司元气大伤。

人力资源制度执行性审计最后一项任务是确定制度执行校正措施的方向（具体的措施却不是由人力资源制度所能完成的）。根本之策是避免偏差的发生，其中之关键在于提高组织人力资源制度水平。在制度结构上，保证国家法定的权利义务，企业层面的制度措施尽可能与组织状况挂钩，力求实现"同甘共苦"的分享分担模式；在制度实施上，组织领导人确需慎言，不能"随意"扩展人力资源制度的范围，人力资源专业人士要强化专业学习，提升制度实施能力，防止技术性的因素对制度信誉产生实质性的不良影响。对于因经营不善或政策变化等不可抗力引发的制度承诺无法兑现，组织应尽快向相关员工作出解释，并提供相应的补救措施；而若是起因于专业能力缺口，则企业需要谋求专业咨询研究机构来解决。不管如何解决，企业在事后都应全面审计人力资源制度，确保制度内涵与实施能力相匹配。

4.3.4 人力资源制度反馈性审计

就人力资源制度而言，尽管制度内容非常重要，但更重要的是员工的感受如何。因为这种感受会改变员工的工作动机，影响其工作行为，从而会使得人力资源管理系统失灵，无法有效支撑组织战略目标的实现。而解决这个问题既需要员工适度参与人力资源制度的形成过程，更需要组织在制度制定及执行过程中强化对员工的宣传以及与员工的有效沟通，还需要通过反馈性手段来了解员工对人力资源制度的兴趣、态度、评价与建议等——这也就是人力资源制度反馈性审计的主要任务①。

就一项特定的人力资源制度来说，人力资源制度反馈性审计主要关心以下六个方面的问题。第一，员工是否知道有没有某项人力资源制度。在很多组织中，员工根本就不知道有哪些人力资源制度的存在，而人力资源制度的最大特色恰恰又在于它与组织中每一个员工的利益密切相关。一个典型的例子是绩效考核。在一些组织中，员工根本就不知道有这项制度（及其配套措施与规定）的存在，而年关一到，人力资源部门就拿出考核表进行员工绩效年度考核，其结果不外乎两种：要么走走过场，应付了事；要么激起员工的反感和抗议，因为这明显有年关算账的意味。如果员工连

---

① 人力资源制度反馈性审计有时会部分地纳入人力资本倾向审计之中。

制度是否存在都不清楚，何谈制度管理，更何谈制度效果。第二，员工是否想知道有没有这项制度。这其中的原因主要在于员工参与性的感受，即整个人力资源制度的制定、执行以及结果基本上与员工的态度和意见没有多大关系，员工只需要服从即可，这样的话，热情参与只会吃力不讨好。但如果是相反的情形，员工必然愿意参与制度的制订与改进过程。第三，员工是否知道这项制度的基本内容。这是大多数组织的常态：员工大体知道有这样一项制度，但不知道它说些什么，因此，制度的执行结果也就可想而知了。第四，员工是否觉得组织切实执行了这项制度。员工如果认为组织并没有执行某项人力资源制度比没有这项制度更糟糕，这就涉及制度信誉危机问题。第五，员工对这项人力资源制度的基本评价。员工有没有对这项制度发表评价以及如何评价是组织应该关心的问题。实际上，员工的任何评价对组织都是有价值的，能够反映出员工对组织人力资源管理的一些倾向，最危险的情形是"鸦雀无声"。第六，员工对这项人力资源制度建设与完善的建议。只要员工能够提出意见，这就是组织的希望所在。

任何一个组织，如果想获得持续性的发展，都需要定期地通过深度访谈或问卷调查的方式进行人力资源制度审计，以获取员工对人力资源制度的反馈性信息，以利于组织在人力资源管理上的持续改进。毕竟，人力资源是所有资源中唯一具有能动性的资源，它对组织战略目标的贡献不仅取决于人力资本存量，而且取决于人力资本增量，更取决于人力资源的态度与动机，这使得人力资源贡献存在一个巨大的震荡区间。人力资本存量与增量大，如果态度正向，则人力资源将发挥巨大的积极作用；而一旦态度转为负向，则人力资源对组织的影响可能是致命的。

4.4 人力资源流程审计

人力资源流程作为内部规则是人力资源制度的细化和管理活动的执行程序，与制度的实体性相对应，流程是程序性规则。战略人力资源流程审计的前提是要了解业务流程管理与人力资源流程再造的基本原理，并在此基础上对人力资源流程实施效率审计与效果审计。

4.4.1 业务流程管理原理

阐释人力资源流程审计的基本前提是了解流程与流程管理。流程可以被定义为不断发展的日常增值活动，流程以连续重复的方式对现有的系统、资产和能力进行利用，其目的是利用这些活动来生产产品或提供服务，实现共同的业务目标，生产出客户愿意也能够付费购买的产品或服务①。流程管理指的是运用知识、技能、工具、技术和系统来定义、评估、改进和管理价值链流程，从而满足客户需求并获得收益的过程②。

迄今为止，业务流程管理大体可以归纳为三类：全面质量管理、业务流程再造与流程优化。虽然这三种类型在时间上有先后次序，但在管理实践中并不能以此作为判断优劣的标准。经济学家情报社、安达信咨询公司、IBM 咨询公司在《未来的组织设计》中总结了这三种类型在改进程度、重点、频率、范围、参与者、风险与收益、类型、IT 角色以及管理的角色等方面的特点（参见表 4-11）。

表 4-11 不同类型的业务流程管理比较

	全面质量管理	业务流程重组	流程优化
改进程度	渐进性的、逐步增长	革命性、跳跃性的增长	持续性变革
重点	改进现行过程	重估/更新过程	价值创造
频率	持续的	阶段性	持续性
范围	通常在部门内	跨部门	整个企业
参与者	自上而下	自上而下	自下而上/自上而下/全企业
风险与收益	低到中等	高	高
类型	工作设计	结构、文化、技能	整个企业
IT 角色	偶尔起作用	主要推动者	主要推动者
管理的角色	注重参与	领导	指导和流程管理

资料来源：经济学家情报社、安达信咨询公司、IBM 咨询公司，《未来组织设计》，新华出版社，2000 年，第 129 页。

德斯勒总结了全面质量管理的 13 项指导方针：（1）认识到改善质量的必要性并找到推行全面质量管理计划的适当理由；（2）设计一个组织结构来管理质量改善"行程"；（3）明确阐述公司的质量管理政策，并向企业中的每一个人表明企业对这一政策的态度是坚定不移的；（4）开发搜集顾客反馈信息的多种途径；（5）审查雇员的态度，尤其是对全面质量管理的态度，找出质量"差距"，开发缩小这种差距的方法；（6）运用质量改善小组来发现和解决质量问题；（7）使质量改善成为企业总体计划过程中的一个重要组成部分；（8）确保企业的每一位管理人员都真正为其下属雇员改善质量以及满足公司顾客需要的努力提供必要的支持和帮助；（9）让所有的质量改善小组都采取计划→行动→检查→再行动这种循环工作过程；（10）全面质量管理要求对所有的员工进行综合性的培训和再培训；（11）自始至终将管理人员包括

---

① 流程的定义是非常多的，我们整合了以下两位作者的定义，也基本上能反映出流程的本质。参见：杰弗里·K·宾图，《项目管理》（第 2 版），机械工业出版社，2010 年，第 4 页；马文·M·沃泽尔，《什么是业务流程管理》，电子工业出版社，2014 年，第 31 页。

② 马文·M·沃泽尔，《什么是业务流程管理》，电子工业出版社，2014 年，第 90 页。在沃泽尔的著作中，他把流程分为三种类型：价值链流程、支持流程和管理流程（详见第 31 页）。在本书中，他的定义实际上是可以完全适用于人力资源流程的，尽管在他看来，人力资源流程主要属于支持流程。

进质量改善过程之中,以确保质量改善计划获得他们的认同;(12)对已经取得的成功进行庆祝,并选出在质量改善过程中涌现出来的模范人物;(13)取得企业的卖方对全面质量管理过程的认同①。

企业流程再造理论的基本思想是,组织必须明确自己的关键生产过程,并使之尽量简洁有效;即从根本上对企业经营流程进行重新思考和彻底的重新设计,以求成本、质量、服务和速度等重要的经营绩效的衡量指标获得显著的改善。克雷纳对企业流程再造理论的评估集中在三个方面:(1)在一张白纸上重新构建企业流程的方法忽略了企业几年甚至几十年来左右组织行为方式的文化演进。人们难以抛弃这种先入之见及一些情有可原的习惯。(2)企业流程再造显得不人道。事实证明,在企业再造中,人成了最大的障碍。对于纯粹的再造主义者来说,人不过是执行流程的物体,通过抛弃人的个性可以实现高效率。(3)企业并不是自然而然地进行革命,他们甚至不愿意这样做。他们往往只对最容易进行的过程进行再造,其余的环节保持原样,而不是进行广泛的再造②。

流程优化是一项策略,通过不断发展完善优秀的业务流程保持企业的竞争优势。致力于卓越流程的企业的竞争哲学不仅基于优质的产品,而且基于卓越的流程。流程优化对竞争优势的强化表现在:取消不必要的活动从而提高效率;激励创新;着重进行具有高附加值的改进;通过持续的反馈与重新设计加强灵活性;设置更大的进入障碍抑制竞争;改善绩效评估体系;从注重内部、注重职能、注重部门的观点转向注重外部、注重整体性、客户导向的观点等。流程优化是以全面质量管理(TQM)和业务流程重组(BRP)为基础的。全面质量管理代表渐进的流程改进,而业务流程重组则更激进。流程优化结合了业务流程重组的突变和全面质量管理的渐变③。

流程优化的特点可以概括为以下七个方面。(1)战略性。流程优化是公司整体经营战略中的一个重要组成部分。(2)普遍性。流程优化成为影响组织各个方面的核心价值观——从组织结构到管理,再到文化(推动流程创新)。(3)整体性。流程优化承认流程间的相互依赖,强调整体绩效的最大化;而且它还强调达到企业目标过程中战略、人、流程和技术之间的相互依赖。(4)强调价值创造。流程优化考虑改进是否能在资金方面为这些人带来更高的收益,以及在经营方面带来更高的效率。(5)强调流程管理。高级管理人员被赋予双重角色:一是管理核心流程;二是管理核心部门。(6)技术推动。技术是流程优化有力的推动者。(7)强调人的因素。高级管理层的支持以及全公司范围内的沟通,对于建立能够改变人们工作方式的新流

---

① 加里·德斯勒,《人力资源管理》,中国人民大学出版社,1999年,第309—310页。
② 斯图尔特·克雷纳,《管理百年:20世纪管理思想与实践的批判性回顾》,海南出版社,2003年,第189—191页。
③ 经济学家情报社、安达信咨询公司、IBM咨询公司,《未来组织设计》,新华出版社,2000年,第127—129页。

程所必需的基础是非常重要的。流程优化明确了人是各个层次流程改进之间最重要的纽带①。

4.4.2 人力资源流程再造审计

业务流程管理原理可以被用来对人力资源管理的职能和流程进行审查,也可以被用来对某些特殊的人力资源管理实践进行审查。人力资源管理流程再造包括四个步骤:确认需要再造的流程、理解流程、重新设计流程、执行新的流程(参见图4-1)。

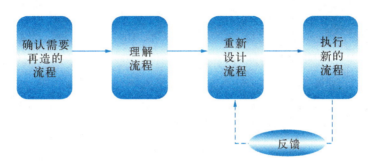

图 4-1　流程再造的程序

人力资源管理流程再造的第一步是确认需要再造的流程。首先应当把"流程拥有者"找出来,然后要求他们成为人力资源流程再造工作小组的成员。该小组成员还应当包括处于该流程之中的雇员、处于该流程外部的雇员以及那些能够见到该流程结果的内外部顾客。第二步需要理解流程。在评价一个流程时需要考虑:各种工作是否可以被合并?是否可以赋予雇员们更大自主权?是否可以通过简化决策和控制活动而将其内置到流程之中?流程中每一个步骤是否都是必需的?在流程中是否存在过多的数据以及不必要的检查和控制?什么是理想的结果?流程的价值是什么?第三步是重新设计流程。在重新设计流程阶段,流程再造小组需要建立流程模型并对其进行测试,然后再决定如何将这种模型整合到组织之中去。最后一步是执行新的流程。在将新的流程推广到整个企业之前,应当在一个有限的、可以控制的范围内对其进行测试②。

戴维·沃尔里奇引用亚瑟·扬的材料提供了一个更具操作性的人力资源管理流程再造六步程序,并根据每一步骤确定人力资源流程的行为、工具、责任及最后产出。这六部曲包括:确定要改善的流程;制定"现在"的模型;对潜在的假设提出质疑;制

---

① 经济学家情报社、安达信咨询公司、IBM咨询公司,《未来组织设计》,新华出版社,2000年,第129—130页。
② R·A·诺伊、J·R·霍伦拜克、B·格哈特、P·M·莱特,《人力资源管理:赢得竞争优势》,中国人民大学出版社,2000年,第737—739页。

定"理想"的模型；实施并展开宣传；衡量对业务结果的影响[①]。诺伊等人与沃尔里奇的贡献奠定了人力资源流程审计的理论基础和实践标准。

4.4.3 人力资源流程效率审计与效果审计

与人力资源流程再造不同，人力资源流程审计的目的在于寻找流程再造的前提——即现行的流程是否出现了问题、出现了什么问题以及问题的严重程度如何。人力资源流程审计的结果并不必然带来人力资源流程再造，但它使我们非常清楚人力资源流程的"健康状况"。实际上，在管理实践中，对流程的"保健"即流程微调应该是流程管理的主要活动，这有助于组织在稳定性中保持灵活性。当然，当流程审计发现的确需要"手术"时，我们便可以依据组织的需要而进行人力资源流程再造或优化。

战略人力资源流程审计可以分为两类：效率审计与效果审计。效率审计关心的问题是整个人力资源流程从起点到终点的发展过程是否是合理的、最优的。效率审计的基本逻辑是：是否是合适的人根据合适的职责和权限按照合适的程序在合适的预算和时间约束下实现预期的结果。因此，它首要的关键点在于流程的责任人，既包括最后责任人、主办人，也包括与此流程相关的协助人，这里的责任人是与特定的机构或部门联系在一起的。其次，整个流程中不同责任人的职责和权限应该非常明确，因为这里往往是"流程纠纷"中最为头疼的事，也是导致无效流程的主要原因之一。第三，流程的效率与流程投入的预算与时间关系密切，这也是流程审计中最可量化的指标。第四，整个流程的终点即结果不仅对于流程效率而且对于流程效果都至关重要。效率审计的核心就在于更为有效地实现流程效果。第五，流程效率审计最重要的任务就是确定以上四个关键点是否有效地结合并且合乎逻辑地发展，唯有如此，我们才能判断人力资源流程是不是有效率的。最后，也是最容易被忽视的并因此常常成为无效流程的主要因素，这就是流程文献。我们对人力资源流程进行效率审计时必须关注流程的每一个环节是否有相应的文献。

与人力资源流程效率审计相比，流程效果审计难度更大。流程效果关注流程的预期结果是否实现以及实现的成本，因此，通常也会将流程效率的指标用以衡量流程效果。一个相对成熟的流程效果审计的指标分为以下几种：费用、反应时间、产品质量、服务质量、用户满意度等。就费用来说，送货的费用是多少？过去通常把产值和基本目标或预算进行比较，而现在，费用应当被理解为"质量的费用"。重点应当是无效或质量低效所造成的潜在费用。在反应时间方面，组织反应是否迅速？这包括经

[①] 转引自：戴维·沃尔里奇，《人力资源教程》，新华出版社，2000年，第98—100页。

营上(如对用户定货或质询)的反应,或是决策上(如变更要求)的反应。在产品质量上,用户是如何评价我们的产品的?我们的服务与用户的评价一致吗?产品的性质能够反映流程,这包括它的整体绩效、可靠性、与标准的兼容性、实用性和美观程序,以及外观质量。就服务质量而言,如何对用户的维修和退换要求进行服务?绩效衡量标准有及时性、礼貌程度,甚至用户服务机构工作人员的工作表情。在用户满意度方面,服务是否让用户感到物有所值?要达到这一要求需要遵循上述所有的要求,此外更要考虑用户的需求和愿望①。

本 章 小 结

1. 按照人力资源规则的效力范围来划分,人力资源规则可以分为内部规则和外部规则。外部规则指的是一个组织的人力资源管理活动及规范所必须遵守的国家或地区法律和政策。内部规则是组织内部人力资源管理所必须遵循的原则和要求。按照人力资源规则的性质来划分,人力资源规则又可分为实体性规则和程序性规则。我们将其两两结合可以构成四种人力资源规则:内部实体性规则、内部程序性规则、外部实体性规则、外部程序性规则。作为外部规则的法律,我们从实践便利而又不失其作用的角度出发,可以将实体性规则和程序性规则合二为一,定义为人力资源法律。人力资源内部规则可以被定义为包括两个方面:人力资源制度和人力资源流程。我们按照效力范围和性质两个维度来构建一个人力资源规则审计矩阵模型——LRP模型,即人力资源规则审计是指人力资源法律审计、人力资源制度审计、人力资源流程审计。

2. 人力资源法律审计的核心在于确定组织的人力资源管理体系(制度与行动)是否合乎法律的要求。从实践角度看,我们可以将战略人力资源法律审计分成两类:一类是实用性审计,即仅关注现行人力资源管理制度与行动是否合法的问题;另一类是前瞻性审计,它在关注实用性审计的基础上,更多地考虑人力资源管理法律发展的可能方向或以发达国家的现行法律作为参照系来思考现行人力资源管理体系的"未来合法性",强调未雨绸缪。这对于中国的企业来说极为重要,因为中国的法律体系的变化非常快,组织需要前瞻性眼光。

3. 人力资源制度是指组织为特定目的而确定的人力资源管理原则、规范、条件、权利义务关系的综合,通常体现为组织的人力资源管理制度、规定、办法等。人

---

① 经济学家情报社、安达信咨询公司、IBM咨询公司,《未来组织设计》,新华出版社,2000年,第161页。

力资源制度作为规则,是与人力资源行动相对应的,但两者都从属于组织战略。人力资源制度的核心在于管理秩序,而人力资源行动的核心在于管理结果;制度针对事(或只针对抽象的人、职位等),而行动则针对人,即谁做的、谁是责任人;制度是相对稳定的,而行动始终是动态的;行动必须遵循制度规范,而制度规范时刻在行动中得到体现。人力资源管理的核心在于有制度的行动,只有行动,才能检验制度并改进制度。

4. 人力资源制度确定了组织人力资源管理秩序,是组织的"法律"。人力资源制度审计的目的就是防止组织"法律"的缺失,为改进制度合理性,强化制度执行性,增进制度反馈性奠定基础。人力资源制度审计主要包括三类审计:人力资源制度合理性审计、人力资源制度执行性审计与人力资源制度反馈性审计。人力资源制度合理性审计关心的是制度是否切合组织的需要;人力资源制度执行性审计关心的是制度是否得以执行、执行的程度如何以及产生偏差的原因与后果是什么;人力资源制度反馈性审计关心的是员工对人力资源制度的兴趣、态度、评价与建议等。

5. 业务流程管理大体可以归纳为三类:全面质量管理、业务流程再造与流程优化。业务流程管理原理可以被用来对人力资源管理的职能和流程进行审查,也可以被用来对某些特殊的人力资源管理实践进行审查。人力资源管理流程再造包括四个步骤:确认需要再造的流程、理解流程、重新设计流程、执行新的流程。

6. 人力资源流程审计可以分为两类:效率审计与效果审计。效率审计关心的问题是整个人力资源流程从起点到终点的发展过程是否是合理的、最优的。效率审计的基本逻辑是:是否是合适的人根据合适的职责和权限,按照合适的程序在合适的预算和时间约束下实现预期的结果。流程效果关注流程的预期结果是否实现以及实现的成本,因此,通常也会将流程效率的指标用以衡量流程效果。一个相对成熟的流程效果审计的指标分为以下几种:费用、反应时间、产品质量、服务质量、用户满意度等。

复习思考题

1. 战略人力资源规则的基本内容是什么?
2. 如何对某一特定的人力资源管理领域进行法律审计?
3. 人力资源制度审计主要包含哪些内容?
4. 如何进行人力资源制度合理性与执行性审计?

5. 全面质量管理、业务流程再造与流程优化有什么异同之处？
6. 人力资源流程再造的基本程序是怎样的？
7. 如何进行战略人力资源流程审计？

案例1　人力资源法律审计：内地在港上市Z公司管理层产权分享制度（节选）

第一部分　总　则

第一条　实施本计划的宗旨是：强化管理层与公司的战略认同和产权认同，将管理层的利益目标与股东价值有机地结合起来，实现共同发展。

第二条　本方案所指的产权分享计划是指公司根据管理层业绩确定管理层享有公司的所有者权益。本计划中的所有者权益特指股票期权、股票增值权、业绩股票与股票赠予。

第三条　本方案遵循战略目标与股东价值导向原则以及公平、公正、公开原则。

第五部分　股票期权计划

第十五条　本办法所指的股票期权是董事会授予管理层在一定期限内以事先确定的价格和条件认购公司股票的一种权利。持有股票期权的管理层（简称股票期权持有人）可以行使该种权利，也可以放弃该种权利。

第十六条　股东大会授权董事会在有效期内行使授予期权及确定行权价格等权利。

第二十七条　期权以现金方式行权。

第二十八条　股票期权持有人自动离职并与公司办理完辞职手续的，其持有的可行权但尚未行权的股票期权，在离职后的最近一个行权窗口期加速行权。过期未行权及已授予而不能行权的部分，终止行权。股票期权持有人自动离职不与公司办理辞职手续的，其持有的可行权但尚未行权和已授予而不能行权的部分，终止行权。

第二十九条　股票期权持有人被公司辞退或不再续聘出现时，其持有的股票期权可在离职后的最近一个行权窗口期加速行权，过期未行权的，终止行权。股票期权持有人因严重失职或者被判定任何刑事责任而被辞退、解雇的，其持有的股票期权从被辞退、解雇之日起终止行权。

第三十条　股票期权持有人因退休（包括病退）、工（公）伤事故丧失劳动能力而离职的，其持有的股票期权可选择以加速方式在其离职之日起的最近一个行权窗口期内全部行权,或者在规定行权期内行权。股票期权持有人非因工(公)伤事故丧失劳动能力而离职的,该持有人的行权计划是否改变,由公司决定。

第三十一条 股票期权持有人任职期间部分或者全部丧失行为能力的,其监护人应将其持有的股票期权在最近一个行权窗口期内加速行权,过期未行权的,终止行权。

第三十二条 股票期权持有人如在任职期限内死亡的,该股票期权持有人尚未行权的股票期权由其指定的继承人继承。该继承人应该在最近一个行权窗口期加速行权,过期未行权的,终止行权。

第三十三条 终止直接或间接控股权的公司之股票期权持有人,自控制权转移之协议生效日起,以加速方式在最近一个行权窗口期全部行权,过期未行权,终止行权。

第三十四条 根据本办法第二十八条的规定,因享受股票期权资格延长所获得的股票期权,其行权时间由公司董事会或者经其授权的公司股票期权管理委员会根据实际情况在准予股票期权时具体规定。

第三十六条 股票期权持有人在行权期间,如果发生可能影响其行权能力的事项时,公司董事会或者经其授权的公司股票期权管理委员会可以作出决定,对其尚未行权部分的股票期权中止行权,对其进行调查。社会公共机构调查活动的期限由社会公共机构自行决定,公司自己的调查活动应在六个月内结束。调查工作结束后,如果股票期权持有人的行为确实构成影响其行权能力的事项时,公司董事会或者经其授权的公司股票期权管理委员会有权根据公司有关规定对其作出加速行权或者终止行权的决定。如果股票期权持有人的行为不构成影响其行权能力的事项时,股票期权行权期继续计算,中止期间计入行权期间。

第三十七条 股票期权持有人应与公司签署保密协议,承担和履行保密义务。股票期权持有人违反保密协议的规定,其持有的可行权但尚未行权和已授予而不能行权的部分,终止行权。

第三十八条 行权缴纳资金是公司法定资本的组成部分。股票期权持有人行权后所形成的股份列入公司总股本,按照行权价格所交纳超出面值部分计入公司的资本公积金,由公司按照《公司法》的规定使用。

第三十九条 股票期权持有人行权时应根据国家税务法律的有关规定依法纳税。

第四十条 股票期权计划不影响公司根据发展需要做出资本调整、合并、分立、发行可转换债券、企业解散或破产、资产出售或购买、业务转让或吸收以及公司其他合法行为。

第四十四条 股票期权计划实施期间,由于不可抗力导致无法按约定实施本管理办法或完全丧失激励价值,公司董事会中止计划,并提请股东大会重新审议同期生效的股票期权计划,必要时经特别决议,重新确定行权价格。

第六部分 股票增值权计划

第四十五条 本计划中的股票增值权是指:公司管理层可以获得规定时间内规定数量股票股价上升所带来的收益,但不拥有这些股票的所有权。

第四十六条 除不直接拥有股票之外,股票增值权计划的管理办法与股票期权计划的管理办法完全一致。

第四十七条 为保证股票期权的激励效果,同时符合国家与香港特区现有法律政策,股票期权与股票增值权为一体化设计,为管理层行权后直接兑换现金或拥有股票(含获得股票后再出售)提供选择。

第七部分 业绩股票计划

第四十八条 本计划中的业绩股票是指:管理层在业绩合同期间实现了业绩合同所确定的业绩指标后,公司根据合同规定授予特定数额的股票。

第四十九条 如果业绩股票计划因为法律等因素而无法实施,该计划将直接转换为业绩单位计划。业绩单位是管理层在业绩合同期间实现了业绩合同所确定的业绩指标后,公司根据合同规定授予特定数额的现金。

第五十条 业绩单位所确定的现金额等于业绩股票授予日的股票价格与授予数量的乘积,或事先确定转换方法。

第八部分 股票赠予计划

第五十一条 本计划中的股票赠予是指:公司根据管理层的职位而确定特定数量的股票赠予。

第五十二条 根据本计划所赠予的股票为限制性股票,在限制期内,管理层辞职或被辞退或因其他原因离开公司将丧失获得这些股票的权利。

第五十三条 限制期满,管理层可以自由处置所赠予的股票。在限制期内,拥有限制性股票赠予的管理层和其他股东一样可获得股息,可行使表决权。

第九部分 附则

第五十四条 本方案由董事会负责解释。

第五十五条 本方案将于2002年6月1日起实施。

案例来源:案例公司内部资料。

案例讨论

1. 仅就本项制度所提供的信息,分析该公司如何实施其产权分享计划?
2. 实施本项制度是否存在法律上的约束或障碍?

案例2　人力资源制度审计：G公司员工招聘管理办法（节选）

第一条　为加强员工招聘管理，规范招聘程序，提高招聘效用，特结合公司实际，制定本管理办法。

第二条　本管理办法适用于公司本部，各子公司、各有关单位可参照执行。

第三条　员工招聘的总原则是：公开招聘，竞争上岗。即面向社会公开信息，自愿报名，公平竞争，竞聘考试与工作考核相结合，择优录用。

第四条　根据公司人力资源配置管理办法的规定，严格按照董事会批准的编制及定员招聘和配置员工，合理使用，精干高效。

第五条　员工招聘工作必须符合公司内部人力资源发展计划，适应公司战略发展的要求，同时尊重员工本人的职业生涯规划要求。

第六条　由人力资源部负责按已批准的聘用程序组织所有员工的招聘工作，申请用人部门须根据董事会批准的编制定员及职位提前一个月向人力资源部提出人员需求计划。

第七条　申请用人部门应参与和配合对应聘人员的考核和面试工作，以确保聘用到满足岗位要求的人选。

第八条　员工招聘的程序：
1. 用人部门向人力资源部提交用人需求计划表，说明需求岗位数量及应聘条件；
2. 人力资源部与用人部门协商确定招聘方式以及对应聘人选的考核和面试内容；
3. 人力资源部发布招聘广告，提供规范的应聘登记表；
4. 人力资源部处理应聘材料按照1∶5的比例，与用人部门协商确定面试人选；
5. 人力资源部组织对应聘人选的考核及面试，用人部门参与；
6. 在充分尊重用人部门考核意见的基础上，由人力资源部确定拟聘用的人选，并作进一步的资格审查和相关信息确认；
7. 人力资源部向总经理办公会提交员工聘用报告，由总经理办公会审批；
8. 人力资源部办理聘用手续。

第九条　招聘员工的途径及方式：
1. 优先在公司内部公开招聘；
2. 对外发布广告，公开招聘；
3. 专业机构推荐或个人自荐；
4. 从大专院校接收应届毕业生。

第十条 公司的一般管理、运行、维修人员,原则上应在中国内地聘用;所有外籍员工的聘用须经董事会人事薪酬委员会审批。

第十一条 招聘过程中甄别人选的基本条件:

1. 无违法或犯罪前科等不良记录,年满十八周岁,身体健康状况符合职位要求;

2. 具备相应职位所要求的学历、工作经验、资格等条件,通过了人力资源部门组织的考核审查程序;

3. 聘用工程管理和专业技术人员时,需考虑应聘人员是否具有同类型同规模机组工作经验;

4. 外籍应聘人选必须持有中国居留及工作的法律许可证明文件。

第十二条 所有受聘候选人都须通过一定的身体检查,以确保胜任职位所需体格要求。对符合职位要求条件及能履行职责的残疾人士,经公司指定的医院证明其伤残程度不影响本人或他人安全或健康的,可作为聘用的候选人。

第十三条 公司员工的亲属均按照招聘政策及程序办理,员工亲属在符合职位要求,并与其他候选人比较时,具同等条件下可以适当优先录用。这类员工不能委派在其亲属直接领导下的单位或部门工作,同时禁止员工子女在本单位就业。

第十四条 曾离职的原公司员工如再申请回公司工作,也需按照公司招聘政策及程序办理,并视为初聘员工。

第十五条 聘用新员工时,公司须确认其不会与第三方发生劳动合同纠纷,然后与其本人签订劳动合同,所有受聘员工必须严格遵守公司规章制度及劳动合同条款。

第十六条 所有初聘人选都必须在劳动法框架内实行试用期考核,以降低招聘风险。在公司工作半年以上的内部员工应聘不设试用期。

第十七条 承担员工招聘职责的工作人员必须诚信、公平,严禁营私舞弊,并实行亲属回避制度。即应聘人选是招聘工作人员三代以内的直系和旁系血亲时,该工作人员回避员工招聘工作,接受内部审计师的监察。

第十八条 员工招聘的原始资料、相关记录由人力资源部至少留存五年,以备查验。其中如有国家档案法规定必须归档的资料应及时交档案部门保管。

第十九条 本办法由人力资源部负责解释。

第二十条 本办法自颁布之日起执行。

案例来源:作者人力资源咨询项目公司文件,2003年。

案例讨论

1. 哪些人是本项制度的利益相关者?他们会受到本制度的何种影响?

2. 从制度合理性角度分析,本项制度是否存在缺陷?

第5章

战略人力资源行动审计

【学习目标】

学习完本章内容之后,你应该能够:

1. 掌握人力资源行动审计 PPA 模型及其内容
2. 了解人力资源管理计划的基本内容
3. 熟悉人力资源管理计划审计的基本任务
4. 熟悉项目管理过程及其人力资源视角
5. 掌握项目审计与人力资源项目审计的基本方法
6. 掌握人力资源项目绩效审计的基本框架
7. 掌握人力资源事务的分类及其审计方法

引例　NOSA 成就绿色电站

作为整日与煤打交道的火力发电企业，能够拒绝粉尘、高温、噪声等各种有害因素，其难度可想而知。然而，国华电力以实际行动证实了"近墨者"不必"黑"。

精细化职业卫生管理是国华电力 NOSA 管理触角的进一步延伸，各子公司在职业卫生管理上竞相争艳，国华北京热电于 2006 年获得了国内首批"国家职业卫生示范企业"这一殊荣，她的职业卫生管理实战经历，也正是国华电力践行 NOSA 的一个缩影。

2006 年的一天，由美联社、路透社等 14 家国际知名媒体组成的采访团来到国华北京热电。参观期间，境外记者纷纷表示，中国电力企业在环保方面取得的巨大成就令人惊叹。一位记者这样描述自己的感受："我感觉这里不像工厂，倒像是公园。"

那么，国华北京热电是如何做到"近墨"而不"黑"的呢？

完善的职业卫生管控体系

国华北京热电将有效的管控体系视为职业卫生管理的抓手，遵循 NOSA 的管理理念，依据《职业病防治法》，建立健全职业健康管理组织机构，并适时对其进行调整和完善；制定相关管理标准，作为工作依据：

- 《职业卫生管理标准》对职业健康体检、职业病危害因素检测、职业病事故报告、个人防护用品配备、听力保护等工作标准进行了详细规定。
- 《个人防护用品管理标准》规定了不同岗位员工的防护用品种类、使用要求、发放周期等相关事项。
- 《放射源管理标准》对风险评估及个人特殊防护作出明确规定，确保放射源使用安全。

消除来自自身的危险源

国华北京热电把对现场防护设施的管理作为职业健康工作的重要环节，并布置提示标志，告诉人们远离危险部位。而对比之下，对个人防护用品的管理难度最大。

在治理个人防护用品管理初期的一次专题会上，职业健康主管播放了生产现场职业健康检查录像。

情景一：各噪声现场入口张贴"请戴耳塞"提示。

情景二：进入噪声现场，耳塞挂在安全帽上，而不是耳朵上！

情景三：大部分中层管理人员进入噪声现场也未戴耳塞！

当多数人尚未意识到防护用品的重要性时，对以上现象司空见惯。公司决定以"耳塞现象"为切入点，大做文章，彻底消除"意识淡漠"这一重要的危险源。

于是开展了轰轰烈烈的"耳塞总动员"活动，包括"要不要耳塞"主题辩论赛、"体验无声世界一小时"、"耳塞现象大讨论"、"耳塞案例搜集与共享"等一系列"耳塞行动"，要求全员参与。

与此同时，立即制定并执行相关制度，对不按规定使用防护用品者重罚。

"耳塞现象"消失了，后来，在人们眼里，"不戴耳塞"便成了"另类"。

培训必不可少

国华北京热电每年都把员工职业卫生知识培训列为年度重点培训项目，并将学习成绩与个人年度绩效挂钩。列为必修课程之首的是《职业病防治法》，目的在于引导员工增强法律意识，也提醒管理者关爱员工，加强管理，依法守护员工健康。

为了避免事故的发生或最大限度地减少因事故带来的损失，安健环部负责编制各类《紧急事件应急预案》装订成册，并将预案作为培训的重点内容，培训的方式主要是演习。同时，个人防护用品使用、高毒物品管理以及急救知识的培训也是必不可少的。

监测危害因素

除每年定期委托专业机构进行职业病危害因素检测外，公司环保监测站还设专人负责日常职业病危害因素监测，了解作业现场情况，掌握职业病危害源的实际数据资料。自2002年起，国华北京热电根据行业特点和作业现场员工接触危害因素的实际情况，先后设立了监测点188处，其中噪声测点40处，高温测点12处，粉尘测点136处。监测结果以警示标志的形式张贴于工作现场入口，并根据监测结果有针对性地加以治理。

职业健康早知道

公司与接触职业病危害源的员工签订《职业病危害告知书》，进行职业危害提示，并明确规定企业和员工的责任和义务，强化员工的自我保护意识。

确保"三类体检"——岗前体检、岗间体检、离岗体检的体检率达到100%。建立职业卫生档案，将每年的职业病测试报告和体检结果录入档案。为使体检档案能够长期保存，采用书面和电子版两种形式存档。每位员工的详细体检信息全部录入职业健康信息库，员工输入自己的工号，可随时查阅历年的体检结果。

案例来源：张振香、杨伟国，《发电企业人力资源管理理论与实践》，中国劳动社会保障出版社，2009年，第70—372页。作者进行了编辑整理。

本案例涉及的是国华北京热电公司的安全健康环境项目：NOSA。NOSA 项目试图通过几个关键措施和安排来解决公司的职业健康管理，是人力资源行动的重要组成部分。人力资源行动是通过具体的人力资源计划、人力资源项目与人力资源事务而将组织的人力资源管理战略分解为日常管理实践，通过明确、具体的管理行动而实现管理目标。本章将探讨如何制定人力资源行动审计的内容、标准与方法。

5.1 人力资源行动审计模型

人力资源行动在人力资源管理中既是最好理解的，同时其内部结构又是最为模糊的。说最好理解，是因为所有的人力资源管理最终都需要依靠人力资源行动而得以实现。首先，人力资源需要做的重要事情一般都要以人力资源计划的形式明确地安排下来；其次，这些重要的事情通常又都是以人力资源项目的形式来执行的；最后，人力资源项目的完成必须依靠一项一项具体的人力资源事务。这些完成的事务整合起来才能意味着人力资源项目的完成，而所有人力资源项目的完成意味着人力资源计划的圆满完成，从而人力资源管理得以持续运转，产生支持组织战略的价值。但是，这不代表人力资源计划与项目就是人力资源管理行动的全部。

说到最为模糊，既有同一概念在管理实践中有着多种应用的原因，也可能有纯粹的语言上的原因。

（1）我们先来看第一项模糊的领域——人力资源计划。人力资源计划有两种不同的理解或不同应用。第一种是人力资源规划与计划的区分与混用。实际上，人力资源规划可以理解为人力资源战略的一个必然组成部分（参见第 3 章的有关内容），也可以理解为一个跨多年的人力资源计划，因为人力资源计划通常指的是年度计划。第二种是对人力资源计划狭义和广义上的理解。在狭义上它指的是关于人力资源需求供给计划，而现在更多的是强调一个广义上的人力资源管理计划，它包含对整个人力资源管理工作在一年之内的安排。在本章，我们将人力资源计划定义为一个人力资源管理的年度计划。

（2）人力资源管理计划通常由若干人力资源项目构成，这些项目是该年度的重点工作内容。正因为如此，我们必须厘清第二项模糊的领域——人力资源事务。通俗地说，人力资源事务就是人力资源管理的日常工作。但这个日常工作既可能是"真正的"日常工作，如制造企业每天的考勤、在夏季发放防暑降温用品、逢年过节时发放福利品等；也可能是"人力资源项目"中的日常工作，如网络招聘项目中的每天查收求职邮件并及时处理、绩效管理项目中的填写各类考核表格等。从而，所有的人力资源事务构成了人力资源行动，而不可以说所有的人力资源项目构成了人力资源行动，也不能说所有的人力资源计划构成了人力资源行动。因为总有例外的临时的人力资源工作存在。不过，必须明确人力资源计划与项目是十分重要的人力资源行动。但也决不能因此而忽视人力资源事务的重要性，这既是因为细节可能决定成败——千里江堤，溃于蚁穴；又是因为如果具体简单的事情都不能做好，何谈复杂重要的项目呢——一屋不扫，何以扫天下。根据这些分析，我们来构建一个人力资源行动审计模型——PPA 模型，它包含人力资源计划审计（human resource plan audit）和人力资源项目审计（human resource project audit）、人力资源事务审计（human resource affair audit）。这个模型要反映人力资源行动内部结构的层次以及相互关系（参见图5-1）。

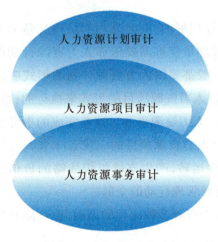

图 5-1　人力资源行动审计模型：PPA 模型

从人力资源审计实践角度看，我们需要进一步关注人力资源计划审计、人力资源项目审计以及人力资源事务审计所包含的具体内容。遵循本书的体例，我们编制一个人力资源行动审计的清单（参见表5-1）。在人力资源计划审计部分，出于组织规模或管理精细化程度或两者兼而有之的考虑，实践中经常出现以下两种情形：综合的人力资源计划审计与独立的人力资源各功能模块计划审计，如薪酬计划审计等。

在人力资源项目审计中，如果按照项目实施流程来看，又有人力资源项目计划审计、项目过程审计以及项目绩效审计（即人力资源项目审计的 PPP 模型）。在实践中，可能并没有太多这样精细的人力资源项目审计，但是对于一个大的机构或一个大的项目，那必然会按照这个模式进行审计的。

关于人力资源事务审计，正如我们前面分析的，对于人力资源项目中的事务就直接纳入人力资源项目审计中去。我们主要关心真正的人力资源日常工作事务。虽然人力资源管理早期的工作主要都是事务性的，但随着工业化的不断发展、信息技术的迅速进步以及市场化的持续深入，人力资源事务的性质发生了很大的变化。伴随着信息技术的发展，一些人力资源事务已经由外部机构办理了，例如，大多数机构不再需要每月给员工发工资了，这基本上由银行代劳了。而伴随着市场化的渗透，又有许多人力资源事务被外包了，例如，人事档案管理事务。不过，这又产生了新的人力资源事务，人力资源人员需要更多地与这些机构打交道了。此外，由于政府劳动力市场管制的变化，企业还需要与政府部门打交道，如到社会保障机构缴纳社会保险费等。这实际上是企业与政府共同完成的人力资源事务。当然，还有很多事务仍然在组织内部被处理。这让我们可以将人力资源事务划分为：内部型事务、外部型事务与混合型事务。不同类型的事务需要侧重点不同的审计方法。

表 5-1 人力资源行动审计的内容

人力资源行动审计	人力资源计划审计	综合性审计	人力资源管理计划审计
		专项性审计	招聘甄选计划审计
			薪酬福利计划审计
			培训开发计划审计
			绩效管理计划审计
			职业发展计划审计
	人力资源项目审计	人力资源项目计划审计	
		人力资源项目过程审计	
		人力资源项目绩效审计	
	人力资源事务审计	人力资源内部型事务审计	
		人力资源外部型事务审计	
		人力资源混合型事务审计	

5.2 人力资源计划审计

我们将人力资源计划界定为一个组织的人力资源管理的年度计划，以与人力资源战略规划相区别，也与通常狭义上的人力资源计划相区别。在这里，狭义的人力资源计划是整个人力资源管理计划中的一个组成部分。人力资源管理计划审计就是对人力资源管理计划进行分析，以确定其是否与组织的年度总体计划相一致，是否与人力资源战略相一致，是否与其他业务或职能计划相兼容，计划中的各个子功能计划（通常体现为具体的人力资源项目）是否相一致，以及计划的时间、责任人、预算、项目安排以及计划评价等方面是否合理。

人力资源计划的最终目的是为了实现员工和组织的利益，最有效地利用稀缺人才。人力资源计划目标是随着组织所处的环境、企业战略与战术计划、组织目前的工作与雇员的工作行为的变化而不断变化的（参见表5-2）

显然，上述人力资源计划模型更强调狭义的人力资源计划，考虑人力资源的供给与需求预测以及满足人力资源需求的基本做法。一个相对完整的人力资源管理计划可能至少需要包括人力资源计划、招聘甄选计划等(参见表5-3)。当然,考虑到组织规模,有的组织只有一个总的人力资源管理计划,而另一个组织则有可能是将人力资源管理计划纳入组织的行政管理或企业管理计划之中,而没有一个独立的人力资源管理计划。实际上,最重要的是功能不可缺失,而不是形式完美。

表5-2 人力资源计划模型

Ⅰ. 搜集信息

A. 外部环境信息
  1. 宏观经济形势和行业经济形势
  2. 技术
  3. 竞争
  4. 劳动力市场
  5. 人口与社会发展趋势
  6. 政府管制情况
B. 企业内部信息
  1. 战略
  2. 业务计划
  3. 人力资源现状
  4. 辞职率和员工的流动性

Ⅱ. 人力资源需求预测
A. 短期预测和长期预测 B. 总量预测和各个岗位需求预测
Ⅲ. 人力资源供给预测
A. 内部供给预测 B. 外部供给预测
Ⅳ. 所需要的项目计划与实施
A. 增加或减少劳动力规模 B. 改变技术组合 C. 开展管理职位的接续计划 D. 实施员工职业生涯计划
Ⅴ. 人力资源计划过程的反馈
A. 计划是否精确? B. 实施的项目是否达到要求?

资料来源:C. D. Fisher, L. F. Schoenfeldt, and J. B. Shaw, *Human Resources Management*, 3rd edition, Houghton Mifflin Company, p. 91, 转引自:张一弛,《人力资源管理教程》,北京大学出版社,1999年,第64—65页。

表5-3 人力资源管理计划的主要内容

计划项目	主要内容
人力资源计划	中长期内不同职位、部门或工作类型的人员的分布状况与需求
退休解聘计划	因各种原因离职的人员情况及其所在职位情况
招聘甄选计划	需要补充人员的职位、补充人员数量及对人选的要求
配置调整计划	晋升政策、晋升时间,职位轮换人员与时间,其他职位与人员调整

续表

计划项目	主　要　内　容
培训开发计划	培训对象、目的、内容、时间、地点、教员等
职业发展计划	职业发展路径、技能与能力开发
绩效薪酬计划	个人与部门的绩效标准、衡量方法,薪酬结构、工资总额、福利项目以及绩效与薪酬的对应关系
劳动关系计划	减少和预防劳动争议,改进劳动关系的目标与措施

资料来源:张德,《人力资源开发与管理》(第2版),清华大学出版社,2001年,第88页。作者进行了编辑调整。

不管人力资源管理计划的形式,依据我们的界定,人力资源管理计划审计首先要解决的问题是它是否与组织的年度总体计划相一致,而组织年度总体计划又取决于组织战略。年度总体计划目标必须与组织战略的长期目标之间存在着内在的传递与分解的关系。年度总体计划目标将长期目标按各职能部门需要分解为更具体的年度短期目标和任务,使之便于操作和落实。

年度总体计划目标和组织战略规划目标的区别在于:(1)战略规划目标一般要考虑未来五年或五年以上的情况,而年度计划目标通常只考虑一年的情况;(2)战略规划目标着重确定企业在未来竞争环境中的地位,而年度计划目标则着重考虑企业职能部门或其他下属单位下一年度具体要完成的任务;(3)战略规划目标内容广泛,年度计划目标内容比较具体;(4)战略规划目标一般用相对数量,年度计划目标多用绝对数量[1]。因此,从管理计划制定的流程来看,人力资源管理计划是组织战略分解为组织年度计划之后再分解的自然结果。人力资源管理计划审计就是要防止在这个分解过程中人力资源管理功能的"流失"以及分解逻辑过程的"缺失"。

人力资源管理计划审计的第二项任务是确定该管理计划与人力资源战略的一致性。这种一致性的要求在人力资源管理实践中更为突出,因为人力资源管理年度计划总是直接衍生于人力资源战略规划,而间接受到企业总体规划的影响。一个组织的绩效导向战略必定要在年度的绩效管理计划中得以体现,并且与薪酬计划密切相关;同样,组织战略领域的扩展必然导致人力资源战略应以吸引新领域人才为重心,从而,组织的招聘甄选计划必须明确年度的招聘甄选目标、渠道、方法与技术的选择等。

人力资源管理计划审计的第三项任务是分析人力资源计划其他业务或职能年度计划的一致性。在很多情形下,组织年度总体计划中各组成部分(生产、市场、人力资源、财务、研发等)是完全兼容的,但当这个计划再分解为独立的各业务或职能计划

---

[1] 徐二明,《企业战略管理》,中国经济出版社,2002年,第15页。

时,兼容性会受到不利影响。在实践中,各业务或职能部门在确定年度计划和目标时,往往忽视组织的总体计划目标和其他部门的目标,而只注重本部门的利益,可能导致各职能部门在年度目标上各行其是,缺乏内在联系,造成内耗,从而损害企业整体利益,影响整体的效益。为了避免这种情况发生,保持组织内各部门年度计划目标间的一致性,首先每一个年度目标都要明确说明它所要完成的工作内容、时间和衡量工作效果的手段。然后在分别考虑各个年度目标效益的基础上,由企业综合考虑它们对整个企业长期目标的贡献。最后针对各个部门的经营重点,既有分工又有统一地加以实施。为此,企业管理人员在考虑年度目标时,还要注意其可衡量性和轻重缓急的程度①。

人力资源管理计划审计的第四项任务是解决人力资源各子功能计划之间的一致性问题。最为明显的要求是,绩效管理计划应该与薪酬计划是相互关联的,同时又与培训开发计划关系密切,还是晋升计划的前提等。这些子功能计划有时是以具体项目的形式体现的。这种一致性本质就是系统观,即各个子功能在管理上是专业分工的,但决不能是"专业分块的",而这一点则基本上是我们人力资源管理的现实。人力资源管理计划审计的目的就是在确保专业分工效率的基础上防止"条块分割"。

人力资源管理计划审计的最后一项任务更多的是技术性的,它关注计划在结构上的一致性。人力资源管理计划上承组织的人力资源战略,下接人力资源管理项目,所以人力资源项目是整个人力资源管理计划的核心内容。此外,计划的时间、责任人、预算、评价标准与方法、计划调整及其条件等都是计划必需的组成部分。

5.3 人力资源项目审计

进行战略人力资源项目审计的前提是我们首先要了解项目管理过程,因为它提供了赖以审计的基本标准;其次我们还需要了解项目审计的基本方法,毕竟人力资源项目也只是项目的一种,它必然遵循基本的项目审计原则;最后,对于人力资源项目审计,我们除了了解一般原则之外,更关心人力资源项目的绩效审计,因为所有的项目都是为其绩效而存在的。

5.3.1 项目管理过程

理解项目及项目管理过程是开展项目审计进而开展人力资源项目审计的基本前

---

① 徐二明,《企业战略管理》,中国经济出版社,2002年,第15—16页。

提和知识准备。项目是为创造独特的产品、服务或成果而进行的临时性工作①。在克利兰(D. I. Cleland,2002)看来,项目是组织生存和发展的关键。一个组织项目管理的失败会削弱组织以一种有效的和高效率的方式完成任务的能力。项目是为客户创造价值的直接方法,不论是对于市场上还是工厂内的客户来说,他们协同工作为市场上的最终用户创造价值(参见图5-2)②。

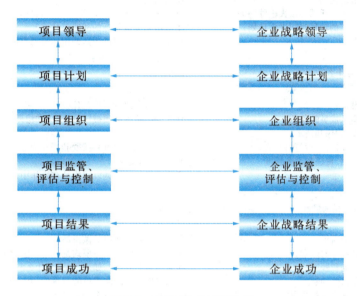

图5-2 项目/企业战略协作

资料来源:戴维·I·克利兰,《项目管理:战略设计与实施》,机械工业出版社,2002年,第102页。

项目是一次性的、多任务的工作,具有明确规定的开始和结束日期、特定的工作范围、预算和要达到的特定性能水平。每个项目都具备的四个主要目标是:达到预期的绩效(P)、在费用(成本)和预算约束范围内(C)、按时(T)与符合指定的工作范围大小(S)③。项目管理就是将知识、技能、工具和技术应用于项目活动,以满足项目的要求④。项目管理也是一种专业性地分析一项工作的方法,任何项目,无论其内容、大小和复杂性,都应遵循这种分析过程⑤。这种分析过程从项目管理职能角度看可以分为计划、组织、激励、领导、控制等五个方面(参见表5-4)。有效的项目管理还要求在每个职能下有更多的活动或"工作包"。这个项目管理过程也同样完全适用于人力资源项目管理,团队管理即是其中一例。

---

① 美国项目管理协会,《项目管理知识体系指南(PMBOK ®指南)》(第4版),电子工业出版社,2009年,第5页。
② 戴维·I·克利兰,《项目管理:战略设计与实施》,机械工业出版社,2002年,第96页。
③ 詹姆斯·P·刘易斯,《项目经理案头手册》,机械工业出版社,2001年,第4页、第8页。
④ 美国项目管理协会,《项目管理知识体系指南(PMBOK ®指南)》(第4版),电子工业出版社,2009年,第37页。
⑤ 詹姆斯·P·刘易斯,《项目经理案头手册》,机械工业出版社,2001年,第25页。

表 5-4 项目管理职能/过程

项目管理职能/过程	举例：团队管理职能决策
计划：我们的目标是什么？为什么？	团队计划
制定项目目标、具体目标和战略； 制定项目工作分解结构图； 制定程序图以建立项目活动和重大事件的关系； 制定基于时间程序图的项目时间进度计划； 项目资源支持计划	团队的任务或业务是什么？ 团队的主要目标是什么？ 为了达到团队目标，有哪些具体目标要完成？ 团队用来完成目标的战略是什么？ 在完成任务中可供团队使用的资源有哪些？
组织：包括什么，为什么？	团队组织
建立团队的组织设计； 识别和分配项目团队成员的角色； 定义项目管理政策、程序和技术； 准备项目管理图和其他授权章程； 建立项目团队的权利、责任和义务标准	团队的基本组织设计是什么？ 什么是团队中必须被区分、定义和协调的个人角色和集体角色？ 团队成员是否理解并接受指派给他们的个人或集体的权利、责任和义务？ 团队成员如何协调以使成员在合作中而不是对抗中工作？
激励：什么能使人们做到最好？	团队激励
确定项目团队成员的需求； 评估激励成员做到最好的因素； 提供所需的合适咨询和顾问； 为团队成员建立项目奖励制度； 对生产力激励的影响进行初步研究	是什么激励团队成员做得最好？ 团队经理提供的领导模式是否为团队成员所接受？ 团队是否有效率？如果不是，为什么？ 什么可以提高团队成员的满意度和生产效率？ 团队会议是否以这种方式进行，即鼓励参与的人员，或是不鼓励？
领导：谁来决策？	团队决策
确定为项目资源的使用进行分配决策的权力范围； 制定领导模式； 加强人际沟通技能； 在管理项目团队中，准备提高参与管理技术的计划； 为项目团队制定一致的决策技术	团队领导者在领导团队时是否合格？ 团队领导者的方式是否被成员所接纳？ 团队个人成员是否认为领导方法是他们所预期的？ 团队领导者是否在做一些事情以增加团队成员的满意度？ 团队领导者是否在团队成员间鼓励自信、信任、忠诚和责任？
控制：谁检验结果以及使用什么标准？	团队控制
建立项目的成本、进度计划和技术性能标准； 准备评价项目进展的方法计划； 建立项目的项目管理信息系统； 准备项目评价战略； 评估项目进展	团队的业绩标准是否已经建立？ 任命团队的经理对团队的业绩有什么反馈？ 团队每隔多久聚集在一起正式地分析进展情况？ 团队是否以有效的方式实现目标？ 团队成员是否理解团队运作中控制的本意？

资料来源：戴维·I·克利兰，《项目管理：战略设计与实施》，机械工业出版社，2002年，第48—50页。经作者编辑整理。

毫无疑问，项目管理还可以从人力资源角度来分析，即项目是由哪些人来执行的，这些项目人员分别承担哪些职责以及最终的绩效如何评价等(参见表5-5)。实际上,无论从项目管理职能还是从人力资源角度来考虑,最终的结果都是一致的,因为他们只是从不同的角度看同一件事而已:项目管理职能关注的是"事",而人力资源视角关注的是"谁做的事"。

表5-5 项目的人力资源视角

项目经理
- 组织协调,成功地提交项目
- 推动高级管理层、客户和项目组之间的相互沟通
- 协调有效的参与
- 制定项目计划,包括估算、工作分解结构和进度计划
- 制定制度和程序,对项目进度、预算和质量进行监控和跟踪
- 制定对项目组进行管理的基础结构

高级管理者
- 决定项目的命运(进行或是停止)
- 分配支持项目运行所需要的资源,包括资金和人力
- 确认满意的或偏好的项目
- 在整个项目生命周期保持持续参与
- 提出战略方针和方向

项目组
- 支持项目经理工作
- 提供必需的技能和创造力
- 在工作中团结一致
- 与客户一起工作,以获取客户的要求、意见反馈和认可

资料来源:R·L·克利姆、I·S·卢丁,《项目中的人力资源管理》,机械工业出版社,2002年,第5—7页。

5.3.2 项目审计与人力资源项目审计

狭义上,项目评估与项目审计是同义的。广义上,项目评估可以说只是项目审计的一个部分。审计涉及更多技术方法的应用,也更看重基于基准的评估。项目评估是一个以选择未来待实施的有限方案为目的、确定所有已实施或实施中的各项活动优劣的系统化过程。项目评估有过程评估与结果评估之分。过程评估需要对项目的具体细节诸如内容、沟通以及实施等方面进行评估,而结果评估的重点是项目所获得的结果[①]。

项目审计是对于项目管理有效性的正式的、独立的评估。一个典型的审计要评估所使用的项目管理系统的适当性、项目计划和实施的有效性,以及项目指导方针、政策与程序的适当性。它的目的是对项目管理的方法和通过使用项目资源可能达到的结果作出客观的和公正的评估。审计的参与者应当确保将充分的文件提

---

① 杰克·爱德华兹、约翰·斯科特、纳姆贝里·拉加,《人力资源项目评估手册》,中央编译出版社,2007年,第4页、第8页。

供给了审计团队,确保给了团队适当的介绍以使团队熟悉项目的状况,参与到审计团队成员的会谈中,和审计团队协作制定补救计划以全面利用审计团队的建议(参见表5-6)①。

表5-6 项目审计部分问题清单

项目计划
1. 原先的目标和具体目标是现实的吗?
2. 项目资源可得性的计划充分吗?
3. 原来的项目时间和预算是现实的吗?
4. 项目资源组织的计划充分吗?
5. 有充分的项目控制系统吗?
6. 项目有信息系统吗?
7. 重要的项目干系人被考虑到项目计划中了吗?
8. 设施的计划充分吗?
9. 计划在项目开始前完成了吗?
10. 可能的用户早期参与到计划过程中了吗?
11. 对于管理工具,如项目控制网络(CPM/PERT)、项目或研究选择技术、信息系统等的使用有充分的计划吗?

项目组织
1. 现在的组织结构对于实现项目目标的有效性如何?
2. 项目经理有充分的权力吗?
3. 项目办公室人员的组织合适吗?
4. 在矩阵组织中的交界面被充分地定义了吗?
5. 重要的项目干系人了解项目办公室的组织吗?
6. 在项目中定义了重要的角色吗?

项目管理过程
1. 项目经理适当地控制了项目资金吗?
2. 通过促进管理的改善,项目团队的人事管理是创新的并具有创造力的吗?
3. 项目经理保持了对项目团队的充分管理吗?
4. 项目团队成员有没有定期聚会讨论事情的进展情况如何?
5. 项目办公室是否有有效的办法处理工程变化的要求?
6. 项目成员在共同关心的问题上征求干系人的建议了吗?
7. 项目审查会议有用吗?

项目完成情况
1. 原来的项目在多大程度上达到了具体目标?
2. 技术成就的价值有多大?
3. 组织和/或管理的成就有多大用处?
4. 项目的结果对于完成组织的目标有用吗?
5. 结果正在实施吗?
6. 用户得到适当的通知了吗?
7. 客户对到期的项目结果满意吗?

资料来源:戴维·I·克利兰,《项目管理:战略设计与实施》,机械工业出版社,2002年,第323—325页。

---

① 戴维·I·克利兰,《项目管理:战略设计与实施》,机械工业出版社,2002年,第323—325页。

显然,所有项目审计的方法与技术都可以直接应用于人力资源项目,因为,作为项目,人力资源项目并没有什么特别之处,唯一的区别在于项目的内容。为更清楚地了解人力资源项目审计的过程,我们引用卡罗琳·尼尔森所提供的培训审计的例子。她强调评估培训项目必须关注培训为公司带来的整体收益——它的盈利性、提供的质量服务和产品以及它在当地社区和更大商业领域中的可行性。为此,她总结了培训项目审计的16项标准(参见表5-7)。

表5-7 培训项目审计的16项标准

1. 有定义合适培训项目的标准
2. 有操作指导
3. 标准反映了实际项目
4. 操作指导包括了当前的计划
5. 企业的会计实践反映了培训发挥作用的方式
6. 培训设施和设备信息是当前通用的
7. 培训文件是最新的
8. 广告和晋升资料已经分类而且是可获得的
9. 培训成本数据是可获得的
10. 培训项目的目标是现实的
11. 你的培训组织图和工作描述是最新的
12. 在已计划的评估活动中必须有关键的联络人
13. 评估者和雇员在评估过程中扮演的角色是清晰的
14. 你对沟通的频率、时间、形式的预期和对报告的预期是清晰的
15. 评估者在公司中的资格和接受程度已经通过各个层级可能的反对者证明了
16. 评估时限是现实的

资料来源:Carolyn Nilson, *How to Manage Training: A Guide to Design and Delivery for High Performance*, 3rd edition, New York: American Management Association, 2003。

5.3.3 人力资源项目绩效审计

克利兰认为未来的组织战略是一组项目的组合①。显然,项目绩效将最终决定组织的战略绩效。项目是因为其绩效而存在的,人力资源项目也不例外,因此,对人力资源项目绩效进行审计、发现不足,实际上是从源头来解决组织的战略绩效问题。审计人力资源项目绩效的第一步是绩效测量,然后再将测量的结果与特定的基准进行比较,这些基准包括组织内部的历史基准、目标基准以及组织外部的行业基准或竞争对手基准等。表5-8提供的是一个衡量人力资源项目绩效的指标框架,包括两个部分:关键指标和客户满意度指标。但是,我们始终要记住的是,指标值本身有时并不重要,关键的是它与某一特定基准的相对值。

---

① 戴维·I·克利兰,《项目管理:战略设计与实施》,机械工业出版社,2002年,第96页。

表 5-8　人力资源项目绩效衡量的基本框架

关　键　指　标	客户满意度指标
人员招募与配置	
• 满足未来人员需求的措施 • 填补职位空缺所需要的平均天数 • 实际接受雇佣人数和企业发出雇佣通知总人数之间的比率 • 少数民族/妇女求职者在当地劳动力市场上所占的比重 • 人均成本 • 在每一工作族中所雇佣的人的平均经验年限/受教育年限 • 每一职位所吸引到的求职者数量 • 收到工作申请表和最终回复之间相隔的平均天数	• 对人事需求的预期 • 将高质量员工提供到直线监督人员面前的时间长短 • 对待求职者的方式 • 处理终止雇佣关系的技巧 • 对劳动力市场条件变化的适应性
报　酬	
• 人均奖金增加 • 提出重新划分工资等级的雇员占雇员总人数的比例 • 加班工时占正常工时的百分比 • 企业平均工资水平与社区平均工资水平之比 • 雇员的平均工资和雇员间的工资差异	• 现有工作评价系统在设计工资登记和工资水平方面的公平性在当地劳动力市场上的竞争力 • 工资和绩效之间的关系如何 • 雇员对工资的满意度
福　利	
• 平均失业补偿金 • 平均工伤补偿金 • 每一美元薪资的福利成本 • 病假工资在总工资中所占的比重	• 处理福利申请的及时性 • 福利申请政策的公平性与连贯性 • 对雇员的福利发放 • 在降低潜在的、不必要的福利申请方面为直线管理者所提供的帮助
雇员评价与发展	
• 绩效评价等级的分布 • 评价表格所具有的恰当心理学特征 • 晋升或职业发展的标准 • 公司人事结果的反馈水平 • 帮助绩效差的雇员改进绩效的程度	• 帮助发现管理潜能 • 由人力资源管理部门主办的组织范围内的开发活动
劳　工　关　系	
• 因工资计划而导致劳资争议涉及人数占雇员总人数的比重 • 停工的频率和持续时间 • 争议得到解决的比例	• 协助直线管理人员处理劳资争议 • 为在工厂中提倡和推动劳资合作精神而付出的努力 • 为监察工厂中的雇员关系气氛而付出的努力

资料来源：R·A·诺伊、J·R·霍伦拜克、B·格哈特、P·M·莱特，《人力资源管理：赢得竞争优势》，中国人民大学出版社，2000年，第726—727页；M. F. Olalla and M. S. Castillo, Human Resources Audit, *International Advances in Economic Research*, 2002, 8(1), pp.58-64. 经作者编辑处理。

为了更清楚地了解如何进行人力资源项目绩效审计,我们这里借用米尔科维奇和布德罗所提供的例子。在这个例子中,我们关心的问题是人力资源信息系统投资项目的绩效。在寻找合适指标的过程中,运用财务指标计算人力资源项目的成本和收益越来越普遍。人们可以在越来越多的文献和记录财务分析模型使用的案例中看到用于人力资源开发项目的财务分析模型①。我们的例子也是采用财务分析模型。首先,我们需要测量投资收益(参见表5-9);但是这个投资收益并不能说明更多问题,至多表明这项投资没有亏损。即便如此,它实际上已经在进行人力资源项目绩效审计——保证项目投资的成本与收益的平衡。但更为常见的情形是,组织会有一个预期的收益(即项目投资的收益目标),这是一个最重要的审计基准。此外,组织内其他项目投资的收益或行业内这类项目的平均收益也有可能成为审计的基准②。

表 5-9 在一家 800 人的公司中人力资源信息系统的投资收益　　　　单位:美元

直接成本	三年
A = 目前主体系统运行成本 B = 新的计算机基础上的视窗系统的运行成本 C = 一次性获取及执行成本	540 000 225 000 175 000
提高生产率后获得的收益	三年
劳动力 三方管理人员 广告费用的减少 编制内部年度收益报表 减少成本(更新主体系统) 生产率收益的价值	69 482 19 732 13 790 11 424 100 000 77 438
D = 提高生产率后获得的总收益	291 866
计算三年的投资收益	
(A − B) − C + D = ROI 540 000 − 225 000 = 315 000 315 000 − 175 000 = 140 000 140 000 + 291 866 = 431 866	

注:数字中包括4%的通货膨胀率。
资料来源:Sandra E. O'Connell, Calculate the Return on Your Investment for Better Budgeting, *HR Magazine*, Oct. 1995, p.40. Reprinted with the permission of *HR Managzine* published by the Society for Human Resource Management, Alexandria, VA. 转引自:乔治·T·米尔科维奇、约翰·W·布德罗,《人力资源管理》(第8版),机械工业出版社,2002 年。

---

① J. G. Parsons, Values As a Vital Supplement to the Use of Financial Analysis in HRD, *Human Resource Development Quarterly*, 1997, 8(1), pp. 5-13.
② 杰克·爱德华兹、约翰·斯科特、纳姆贝里·拉加,《人力资源项目评估手册》,中央编译出版社,2007 年,第 4 页、第 8 页。

5.4 人力资源事务审计

专业的人事工作出现在20世纪早期，那时人事管理工作者第一次从基层管理人员那里接过了雇员的雇佣和解雇工作，掌管工资发放部门以及管理福利计划①。当时人事工作的作用在很大程度上是保证企业遵守日常的管理程序。随着在甄选、面试等一些领域中的新技术开始出现，人事部门的角色开始扩展到雇员甄选、培训和晋升等方面。20世纪30年代工会立法的出现，导致人力资源管理工作新的重点是与工会打交道，处理集体劳资关系事务，并在此过程中保护公司的利益。20世纪60年代以来歧视立法的颁布意味着公司需要进行更加有效的人事工作以应对雇佣保护立法的影响。但是，人事工作的重心依然是如何更好地保护组织，而不是它对组织的有效性如何作出积极的贡献②。随着传统的人事管理向战略性的人力资源管理转变，人力资源事务逐渐被忽视了，而不是消失了。人力资源事务仍然是人力资源管理的基本形式，这种忽视可能会带来意料不到的负面影响，因此，我们关注人力资源事务审计。

5.4.1 人力资源事务的分类

从处理人力资源事务的主体特征与权限来看，我们可以将人力资源事务划分为三大类：内部型事务、外部型事务与混合型事务。但是，这种对事务的划分是静态的，随着各种影响因素的变化，相互之间会出现转换，如内部型的工资发放事务会转变成外部型的银行发放。有些事务可能会消失，像过去很多需要向政府部门申请审批而报送的材料由于公共行政改革而取消；同样也因为这种改革引起了新的事务的出现。有些事务因为信息技术的出现而改变了工作的形式，例如，人力资源信息系统的出现会导致日常考勤电子化并直接将考勤结果转到薪酬计算中。因此，对于人力资源事务审计来说，既需要关注其基本内容的审计，同时也需要根据其特点而有所侧重。

显而易见，人力资源内部型事务是最为传统的事务，百年如一日，是最基本、最日常的人力资源管理活动，如人事档案管理事务、福利发放事务、日常考勤事务等。这里我们以人力资源管理领域最古老的人事档案管理为例，来描述人力资源管理事务的内容与特点，并说明信息技术的变化对人事档案管理的影响。人事档案管理作为

---

① 回顾一下泰勒的《科学管理原理》，我们基本上可以得出结论，他可以被视为人力资源管理的鼻祖。参见：弗雷德里克·泰勒，《科学管理原理》，机械工业出版社，2007年。
② 加里·德斯勒，《人力资源管理》（第九版），中国人民大学出版社，2005年，第15—16页。

人力资源管理人员工作的基本内容之一,其功能主要是管理各类员工(包括在职员工、解聘员工、离退员工及其他类别人员)的人事信息,主要包括人员档案、类别和信息集的设置等。

由于信息技术的发展,内部型的人力资源事务的形式发生了很大的变化,可以说基本上都电子化了。人力资源管理信息系统,就是应用计算机及其网络技术,融合科学的管理方法,辅助人力资源管理从业人员完成信息管理和职能完善的应用系统①。人力资源管理信息系统的发展可以追溯到20世纪60年代末期②。由于当时计算机技术已经进入实用阶段,同时大型企业用手工来计算和发放薪资既费时费力又非常容易出差错,为了解决这个矛盾,早期的人力资源管理系统相继应运而生。这时的人力资源管理软件,着重于对人力资源信息的采集、维护等功能,主要表现在软件中的模块大多是人事信息管理模块、薪资计算模块、考勤模块、福利管理模块等人事事务管理领域。经历了近50年的变迁,人力资源信息管理系统依托互联网和应用系统平台,从HRIS到HRMS再到E-HR,正逐步把人力资源管理向企业战略性伙伴的目标稳步推进③。

人力资源外部型事务就是指过去内部型事务转向由外部机构来开展,人力资源外包是最典型的形式。人力资源外包是指让第三方服务商或服务出售商连续提供人力资源活动管理服务,以便降低企业的管理成本、提高管理效率、集中优势资源提升企业核心竞争力④。人力资源部门作为一个职能部门,需要为企业提供必要的事务性工作,如员工招聘、档案管理、工资福利、培训、绩效考评、劳动关系等,这些人力资源职能工作在操作上具有基础性和重复性、通用性的特点,使得人力资源管理外包成为可能。人力资源外包所带来的收益是显而易见的。(1)它可以降低经营成本,改善经营绩效,增加人力资源的服务品质⑤。人力资源外包减少了分配在行政性、事务性、非经常人力资源活动上的投入,且从专业咨询公司那里获取的有关人力资源方面的信息和高质量的服务,远比企业自身拥有的庞大繁杂的人事管理队伍更能节约成本,从而使得人力资源管理的开支大大降低。(2)人力资源部门从繁重的低层次、重复性事务中"解脱"出来,专注战略性的业务和工作,如企业的人力资源规划、员工职业生涯管理、企业文化构建和传播等。(3)人力资源外包能够大大增进人力资源部门

---

① 高学东、武森、喻斌,《管理信息系统教程》,经济管理出版社,2002年。
② Eddy, E. R., Stone, D. L., & Stone‑Romero, E. The Effects of Information Management Policies to Human Resource Information Systems: An Integration of Privacy and Procedural Justice Perspectives, *Personnel Psychology*, 52(2), 1999, pp.335-358.
③ Viswesvaran, C., Introduction to Special Issue: Role of Technology in Shaping the Future of Staffing and Assessment, *International Journal of Selection and Assessment*, 11(2/3), 2003, pp.107-112.
④ 玛丽·F·库克,《人力资源外包策略》,中国人民大学出版社,2003年。
⑤ Greer, C. R., Youngblood, S. A. and Gray, D. A., Human Resource Management Outsourcing: The Make or Buy Decision, *Academy of Management Executive*, 13, 1999, pp.85-96.

服务的效能,帮助企业建立完善的人力资源管理制度[①]。同时,由于受委托的人或机构对该项特定工作具备相关专业知识,擅长实际操作,会使这些工作完成得更加出色。

显然,随着工业化的不断发展、信息技术的迅速进步以及市场化的持续深入,人力资源事务的性质发生了很大的变化。伴随着信息技术的发展,一些人力资源事务不仅在组织内部发生改变,而且也导致一些事务由外部机构办理了,例如,大多数机构不再需要每月给员工发工资了,这基本上由银行代劳了。而伴随着市场化的渗透,又有许多人力资源事务被外包了,例如,人事档案管理事务。不过,这又产生了新的人力资源事务,人力资源人员需要更多地与这些机构打交道了。这种转变在很大程度上改变了人力资源事务的内容。对于外部型事务,一个组织的人力资源人员已经不再管理这些具体事务,而是与外部机构打交道要求他们按照组织的要求和标准完成这些事务。

人力资源混合型事务主要是由组织和外部机构共同完成的事务。这类事务主要是由政府对劳动力市场的管制产生的。通常的形式是政府通过政策文件或者立法要求组织对其员工或者政府宏观管理承担特定的责任,这种责任的履行构成混合型事务。人力资源混合型事务的基本特征是:外部机构提出一项人力资源事务的基本要求与标准,然后企业根据这个要求和标准完成专项工作并提交给外部机构审核或备案,得到政府认可或批准后之后,此项事务完成;或者重新按照这个流程修改完善。这类事务主要有两类:一类是组织对员工承担的法律规定的责任,例如,核算缴纳社会保险费等(参见表5-10);另一类是组织对政府承担的责任,例如,企业需要向政府统计部门提交员工统计数据信息。在这一类事务中,企业人力资源人员不仅要处理好人力资源事务工作,而且要处理好对政府的公共关系。

表5-10 补缴基本养老保险费申报要求

申报要求
申报时间:每年12月15日前

需要提交的资料
一、办理范围:在国家规定劳动年龄内的被保险人,由于用人单位原因应缴而未缴基本养老保险费的人员。
二、办理流程及需报送材料:
  1. 补缴1992年10月至1998年6月期间的基本养老保险费的,需提供如下相关材料:
    (1) 补缴养老保险费核准表一式三份;
    (2) 补缴人档案;
    (3) 补缴期间的工资收入凭证一份;

---

① Per V. Jenster, Deal Maker or Deal Breaker: Human Resource Issues in Successful Outsourcing Project, *Strategic Change*, 8, 1999, pp.263-268.

续表

（4）补缴期间劳动合同或有效劳动关系证明一份； （5）补缴人户口本原件及复印件一份； （6）营业执照副本复印件一份。 2. 补缴1998年7月以后的基本养老保险费的，需提供如下相关材料： （1）补缴养老保险费核准表一式三份； （2）补缴期间的工资收入凭证一份； （3）补缴期间劳动合同或有效劳动关系证明一份。 3. 材料要求： （1）所有复印件上应注明"与原件一致"字样并压盖公章； （2）以上所提供的材料一律使用A4纸张； （3）补缴养老保险费核准表在管委会610室、2号服务大厅领取或在开发区管委会官方网站（www.bda.gov.cn）上查询下载，具体查询路径：bda主页→管委机构→人事劳动和社会保障局→办事指南
模板下载 补缴养老保险费核准表
审批时限 提交材料齐全无误后，5个工作日完成

资料来源：北京市经济开发区管委会网站，www.bda.gov.cn。

5.4.2 人力资源事务的审计方法

由于三类人力资源事务的特点不同，因此在进行人力资源审计的时候，除了关注人力资源工作的基本要求之外，还需要特别关注其特殊方面。我们传统上对内部型的人力资源事务都比较熟悉，因此，这里提供一个案例就能很清楚地解决这个问题。在国华电力人力资源风险管理项目中，试图通过对人力资源各项业务活动效果与目标值显现出的各种差异做全面、系统的盘点分析。就是说，无论做哪项业务，先要明白"做什么""做到什么程度""会出现哪些问题"，等等（参见表5-11）。在人力资源内部型事务的审计实践中，我们需要关注的是"业务内容"部分。除了表5-11中提到的项目之外，这项事务执行的时间、地点、执行人、相关的文本文件、其他利益相关人、事务执行的结果、可改进的空间等都是非常需要注意的。

表5-11　人力资源业务分析表（节选）

业务元素	目标	业务内容	潜在主要问题	问题具体表现
人力资源规划	实现企业对人力资源的需求与供给的平衡	总规划、人员编制计划、人员配置、劳动关系、评估与激励、教育培训、职业生涯设计等	与公司战略不协调	• 制约企业的发展 • 富裕度较大，成本增加 • 具体供求平衡调整政策可操作性差

续表

业务元素	目标	业务内容	潜在主要问题	问题具体表现
人力资源配置	将合适的人放在合适的岗位上	员工招聘、录用、调配、借调、离职	• 员工队伍不稳定 • 不满足发展需求	• 招聘失败 • 人员断层、人浮于事 • 结构不合理 • 人员流失率非正常 • 消极怠工
员工绩效管理	持续改善个人绩效	战略地图建立、目标分解与传递、制定绩效计划、绩效考核、结果使用	• 系统失效	• 未有效实现控制、开发、沟通的功能及发挥激励效应 • 未形成绩效为导向的机制
薪酬福利	提供基本生活需求,体现能力、激励,并兼顾公平、合理	岗位评价、薪酬调查、薪酬计划、薪酬结构、薪酬制度的制定、完善,人工成本控制	• 违规操作 • 人工成本超标	• 员工对制度的认可度低 • 未体现绩效导向 • 无长效激励机制 • 总量等失控 • 违反国家政策
劳动合同	在遵守国家法律法规及双方的权利义务的前提下与员工在平等、自愿、协商一致的基础上建立劳动关系	劳动合同期限、工作内容、劳保、薪酬待遇、劳动纪律、劳动争议、合同本身管理等	• 违规操作 • 劳动纠纷	• 未签订或未解除劳动合同,被政府职能部门查办 • 受到员工起诉 • 员工集体罢工

资料来源:张振香、杨伟国,《发电企业人力资源管理理论与实践》,中国劳动社会保障出版社,2009年,第351—352页。经作者编辑整理。

关于外部型事务的审计,主要是与其风险联系在一起的,这些风险正是我们需要审计的。将人力资源的某些事务外包出去并不意味着该项业务不重要,也不是人力资源管理者责任的免除。这其中有很多风险是需要注意和考虑的[1]。安全性是一个大问题,在长期合作中,外包机构或多或少地掌握了企业的信息、机密,可能以此控制企业,使企业不能自由选择外包服务商,或者外包商将其掌握的信息与其他客户分享,泄露企业招聘、薪酬、福利制度等敏感性信息,使企业丧失对某些人力资源管理技能和优势资源的独占性,因此寻找一个忠实可靠的合作伙伴是至关重要的[2]。从而,人力资源外部型事务审计的核心实际上在于选择合适的人力资源外包商。

企业必须事先针对外包商进行深入的调查与核实,确定外包服务商的选择范围、方式和指标体系。该评价指标一方面可以作为企业评选外包服务商的依据,另一方面也可以作为对将来选中的外包服务商提出的要求。外包服务商评价指标体系的确定应当从外包服务提供商本身的素质、服务质量和服务费用三个方面进行评价(参见

---

[1] 郑楠,"企业人力资源外包风险及规避措施探析",《软科学》,2005年第2期,第24—25页。
[2] 何淑明,"论企业人力资源'外包'的优势与风险",《企业研究》,2005年第2期,第97—98页。

表5-12)。外包服务商本身的素质是提供高水平外包服务的基础;服务费用对于希望通过外包服务降低成本的企业也是非常重要的考虑因素。

表5-12 外包服务商的评价指标和评价标准

	评价指标	评 价 标 准
服务商素质	业务范围	能够提供的外包服务范围越宽,其评价值越高
	人员素质	企业员工的学历与职业资格层次越高、从业时间越长,则其评价值越高
	稳定性	企业发展的稳定性越高,其评价值也就越高
	企业规模	企业规模越大,其评价值也就越高
	经营策略	企业经营策略越着眼于长远发展和质量取胜,则评价值也就越高
	管理水平	企业的管理水平越高,则其评价值也就越高
	文化相融性	外包企业文化与本企业文化相融性越强,则其评价值也就越高
服务质量	服务标准	外包企业的服务标准越规范、合理与科学,则其评价值也就越高
	及时性	企业提供外包服务越及时,则其评价值也就越高
	符合性	企业所提供的外包服务与和约的要求越一致,则其评价值也就越高
	以往业绩	外包企业以往外包项目成功率越高、被服务对象档次越高、合约金额越大,则其评价值越高
	信誉	外包企业在业内的信誉越好,则其评价值也就越高
服务费用	服务价格	在同等条件下,服务价格越低,则其评价值也就越高
	价格变动性	在同等条件下,服务价格越稳定,则其评价值也就越高
	支付方式	在同等条件下,支付方式越延后,则其评价值也就越高

资料来源:王养成,"人力资源外包服务商选择组合评价模型",《生产力研究》,2007年10期,第111页。

人力资源混合型事务审计的关注点在于以下三个方面。(1)充分理解事务的内容与要求。(2)按照外部机构的要求建立良好的公共关系。大多数混合型事务的法律性都很强,因此对其内容、标准与要求要予以特别注意,尽可能避免因为理解不到位而不能很好地完成这些工作,轻则无谓地增加了工作时间,重则因为违反法律规定受到处罚并极大地破坏了企业的声誉,犯下典型的"因小失大"的错误。(3)所有企业都是在政府规制下运行的,特别是政府对于劳动与人力资源领域的事务格外重视,因为涉及民生与劳工权利。因此,一个企业需要正视这个环境的特点,不仅要把工作做好,还需要与政府建立起良好的工作关系,强化与政府的沟通,这就对人力资源工作提出了更高的要求。

所有的人力资源事务都可以从专业的角度上去加以改进,这需要我们投入精力去研究审计,然后才能找到更好地解决问题的办法。如果人力资源部不能做到这一点,也认为人力资源事务是一种不需要专业的工作,而且只有那些专业基础很一般的人才会去做人力资源管理,甚至于人力资源管理工作凡是人都能做,那么人力资源部永远会是一个不折不扣的事务性部门,人力资源经理则永远是一个忙于这些附加值极低的事务性工作的高级办事员。找不到人力资源事务与人力资源管理的内在关系,更不可能理解战略人力资源管理的内涵,从而也就无缘成为公司发展的战略伙伴了。

本 章 小 结

1. 人力资源行动审计 PPA 模型,包含人力资源计划审计、人力资源项目审计、人力资源事务审计等三个部分。

2. 我们将人力资源计划界定为一个组织的人力资源管理的年度计划,以与人力资源战略规划相区别,也与通常狭义上的人力资源计划相区别。人力资源管理计划审计就是对人力资源管理计划进行分析,以确定其是否与组织的年度总体计划相一致,是否与人力资源战略相一致,是否与其他业务或职能计划相兼容,计划中的各个子功能计划(通常体现为具体的人力资源项目)是否相一致以及计划的时间、责任人、预算、项目安排以及计划评价等方面是否合理。

3. 项目是一次性的、多任务的工作,具有明确规定的开始和结束日期、特定的工作范围、预算和要达到的特定性能水平。每个项目都具备的四个主要目标是:达到预期的绩效(P)、在费用(成本)和预算约束范围内(C)、按时(T)与符合指定的工作范围大小(S)。项目管理是一种专业性地分析一项工作的方法,任何项目,无论其内容、大小和复杂性,都应遵循这种分析过程。这种分析过程从项目管理职能角度看可以分为计划、组织、激励、领导、控制等五个方面。

4. 一个典型的项目审计要评估所使用的项目管理系统的适当性,项目计划和实施的有效性,以及项目指导方针、政策与程序的适当性。它的目的是对项目管理的方法和通过使用项目资源可能达到的结果作出客观的和公正的评估。审计的参与者应当确保将充分的文件提供给审计团队,确保给予团队适当的介绍以使团队熟悉项目的状况,参与审计团队成员的会谈,和审计团队协作制定补救计划以全面利用审计团队的建议。项目审计方法与框架完全适用于人力资源项目审计。

5. 审计人力资源项目绩效的第一步是绩效测量,然后再将测量的结果与特定的基准进行比较,这些基准包括组织内部的历史基准、目标基准以及组织外部的行业基准或竞争对手基准等。我们始终要记住的是,指标值本身有时并不重要,关键的是它与某一特定基准的相对值。

6. 人力资源事务可以划分为三大类：内部型事务、外部型事务与混合型事务。这种对事务的划分是静态的，随着各种影响因素的变化，相互之间会出现转换。由于三类人力资源事务的特点不同，因此在进行人力资源审计的时候，除了关注人力资源工作的基本要求之外，还需要特别关注其特殊方面。

复习思考题

1. 简述人力资源行动审计 PPA 模型的内容。
2. 人力资源管理计划审计的主要任务是什么？
3. 什么是项目？项目管理职能的主要内容是什么？
4. 如何定义项目审计？如何进行人力资源项目审计？
5. 如何进行人力资源事务审计？

案例 1　人力资源管理计划审计：G 公司 2004 年度人力资源管理计划

一、总体思路

规范基础管理工作，创新人力资源管理机制，切实推行员工绩效考核体系，落实员工培训计划，完善劳动合同管理，全面完成总公司和董事会下达的工作目标，逐步提升人力资源管理水平。

二、主要目标

1. 建立健全人力资源管理制度和标准。
2. 落实员工招聘计划，引进高素质人才。
3. 完善员工薪酬管理系统。
4. 全面推行员工绩效考核体系。
5. 健全员工培训管理体系，每位员工全年培训不少于 48 小时，其中诚信教育不少于 24 小时。
6. 强化劳动合同管理，在册员工 100% 签订劳动合同，借调、聘用员工理顺劳动关系。
7. 理顺员工社会保险管理渠道。

三、主要保证措施

1. 制度和标准体系建设

严格执行《总公司劳动合同制度指南》，并根据《总公司劳动合同制度指南》编制本公司的实施细则。

本公司可完全执行的制度有八个，分别是：《劳动合同管理办法》《劳务协议和短期合同用工管理办法》《人事管理制度》《员工纪律守则》《工资支付办法》《社会保险和福利待遇》《奖惩制度》和《保密规定》。

应该制定实施细则的有四个制度，分别是：《员工劳动纪律管理》《工作时间管理办法》《员工考勤和休假制度》《劳动保护制度》。本公司现已发布了下列四个制度：《员工劳动纪律守则》《员工劳保待遇及发放管理规定》《员工劳动考勤和请假规定》和《雇用员工若干待遇规定》，这些制度基本能够满足公司管理的要求，可不再重复制定上述总公司发布的四个制度的实施细则。

应该新制定的制度有五个，分别是：《员工工资管理制度》《借调和聘用人员管理办法》《员工培训管理办法》《提前进厂人员培训和管理办法》和《员工人事档案管理办法》。新制定的五个制度于9月底完成，其中《员工工资管理制度》需征得总公司人力资源部同意。

2. 员工招聘

（1）根据年度劳动力需求计划，按时间进度要求，招募合格的劳动力。

（2）8月份制订出员工招聘方案和新进员工考核、培训办法。

（3）按规定程序实施员工的招聘工作。

（4）做好应届毕业生的接收安置工作，安排好进入本公司前的培训和见习期的培训计划。

3. 薪酬管理

依据总公司的有关制度，进行岗位劳动测评，并调研系统内其他单位的分配机制，结合绩效管理，对现行薪酬制度进行完善，规范收入分配管理，该项工作于9月底完成。

4. 员工绩效管理

总公司要求本公司今年必须运行绩效考核体系，考虑到兄弟公司已聘请专业咨询机构进行方案设计，本公司可结合自身特点提出一个临时方案，待兄弟公司的方案在系统内推广时，再结合本公司的实际情况制定出一套切实可行的绩效考核方案。临时方案于6月底提出，力争7月份开始运行。

5. 培训工作

（1）强化提高理念培训，增强员工对总公司管理理念的认同感，强化员工对总公司企业文化的理解和认识，使每位员工真正成为总公司企业文化的实践者。

（2）完善年度培训实施计划和诚信教育方案，必须确保每位员工年度培训不低于48小时，诚信教育不低于24小时。

（3）建立健全培训网络，充分发挥培训网的作用。

（4）针对本公司员工主要有在册、借调、外聘、临时雇用等不同来源这一特点，各部门可根据实际情况，挤出时间进行必要的专业技术培训，并作好培训记录。

（5）实施培训效果评估制度，评估办法注重实效且易操作。

6. 劳动合同管理

（1）按照总公司提供的标准样本，6月中旬完成劳动合同的印制工作。

（2）6月底完成全体在册员工劳动合同的签订工作，确保合同签订率和合格率达到100%。

（3）6月底完成岗位合同签订工作，岗位合同签订率达到100%。

（4）做好相关协议的签订工作。

……

8. 其他工作。

（1）总公司人事管理制度执行率达到100%。

（2）劳资统计月报、季报、年报报表及时率和准确率达到100%。

（3）配合公司有关职能部门做好NOSA管理系统推广和ISO9000质量管理体系认证等工作。

四、关于人力资源管理工作的几点建议

（1）建议编制劳动力分年度实施计划。

（2）建议编制定员方案(生产期)。

（3）建议编制员工培训中长期计划。

（4）建议编制提前进厂员工培训实施计划。

（5）根据总公司的总体安排和本公司工程建设进度，建议编制劳动力成本计划。

案例来源：作者人力资源咨询项目公司文件，2003年。

案例讨论

1. 假定该计划源于公司的总体计划，请推断该公司2004年度工作重点。

2. 运用人力资源管理计划审计方法，分析该计划可能存在的问题。

案例2 人力资源事务审计:国华电力人力资源规范化审计大纲(节选)

神华股份国华电力分公司(简称国华电力)是国内最早从事人力资源审计的企业,在这个方面,他们不仅有管理实践,也注重对管理实践的提炼规范,为以后的相应管理准备标准。表5-13是2006年国华电力的人力资源规范化管理审计大纲(节选),内容涉及人力资源配置、领导干部管理、后备人才管理、培训管理、组织和定员管理、工资总额管理、经营管理者年薪、社会保险、住房公积金、企业年金等人力资源管理中的关键领域。

表5-13 2006年国华电力人力资源规范化管理审计大纲(节选)

序号	审计要素	审计要点
1	人力资源配置	(1) 审查人力资源配置管理制度是否健全,是否与国华电力公司配置管理制度、管理标准一致。 (2) 分析其现有人员学历分布情况是否控制在员工配置要求范围内。 (3) 审核员工录用程序是否合规,招聘流程是否执行"三公",是否存在人员违规进入的情况。 (4) 审查子公司办公会关于人员录用的会议纪要
……		
3	后备人才管理	(1) 审查是否建立了后备人才管理制度,是否建立了二级后备人才库。 (2) 审查其后备人才选拔的相关书面存档文件,如民主测评票、考察材料、领导班子审议纪要等。 (3) 抽查两个二级后备人才进行谈话,了解培养情况,是否有计划、措施和责任人
4	培训管理	(1) 审查是否按照全员培训的要求建立了培训制度。 (2) 审查其培训台账,审查培训费用计提标准和审批、支付流程等。 (3) 审查其领导班子成员在职学历、学位培训情况。 (4) 审查生产岗位员工持证上岗情况,查看考核管理制度、抽查部分上岗证的情况
5	组织和定员管理	(1) 审查其机构设置是否通过审批,与实际是否一致。 (2) 审查其岗位设置定员与实际用人是否一致。 (3) 审查其岗位名称使用是否规范
6	工资总额管理	(1) 发放总额、预留是否在控制范围内,工资来源渠道是否合规。 (2) 审查工资预算真实性,是否存在虚报挪用行为。 (3) 检查工资管理、绩效奖金、一次性奖金分配办法,岗级评定与薪酬挂钩办法的建立与执行情况。 (4) 发放审批程序是否规范,报表与对账单是否一致。 (5) 审查各种资料台账是否规范、真实、无误。 (6) 审查是否按照规定缴纳个人所得税
7	经营管理者年薪	(1) 审查领导干部年薪政策以外的其他收入情况(包括各种单项奖以及津贴)。 (2) 交流干部的薪酬、福利、住房、保险执行情况

续表

序号	审计要素	审计要点
8	社会保险	(1) 核实用人情况、工资收入情况、财务报表、统计报表、缴费数据等。 (2) 缴费单位和缴费个人申报的社会保险缴费人数、缴费基数是否符合国家规定？ (3) 缴费单位和缴费个人是否按时足额缴纳社会保险费及欠缴是否及时补缴？
……		
10	企业年金	(1) 列支渠道是否有文件依据？ (2) 账户管理是否规范？ (3) 一次性企业年金的管理是否规范？
……		

案例来源：张振香、杨伟国，《发电企业人力资源管理理论与实践》，中国劳动社会保障出版社，2009年，第362—363页。

案例讨论

1. 请根据本章的内容，将属于人力资源事务的内容摘出，编制《人力资源事务审计大纲》。

2. 请选择其中几项内容尝试撰写一份人力资源事务审计报告。

第6章

战略人力资源基础结构审计

【学习目标】

学习完本章内容之后,你应该能够:
1. 掌握人力资源基础结构审计的 GOPI 模型及其分类
2. 掌握公司治理结构的内涵以及公司治理审计内容与方法
3. 掌握人力资源治理的界定与审计内容
4. 熟悉组织结构审计的技术标准和不同类型的组织结构的特点
5. 掌握组织有效性审计的基本方法
6. 掌握职位技术、工作设计与职位评价审计方法
7. 了解人力资源信息系统审计的内容与方法

引例　人力资源治理何以如此重要

由于人力资源治理是新兴的企业实践，目前还没有广泛接受的定义。美世的定义则指明人力资源治理强调确定有效人力资源治理需要履行的职责及其可能创造出的机遇。简单地说，人力资源治理就是领导人力资源部门并管理相关投资的行为，其目的是：优化企业人力资本资产绩效；履行企业责任及财务职责；减少企业人力资源风险；使人力资源职能的重点与业务重点保持一致；并且支持人力资源行政决策的实现。人力资源治理不是一个战略目标。它是一种系统的管理方法，可以使人力资源职能实现战略及运作目标。

人力资源职能部门治理体系中有五大基本要素：结构与职责、有效的委员会、治理策略与运作原则、核心管理活动、绩效监控。

第一，有效的人力资源委员会结构应兼具规范与灵活的特点——足够规范才能优化信息搜集与决策形成，而足够灵活才能给委员会成员足够的空间来完成领导及管理该职能的实际工作。在许多企业中，人力资源职能决策是由首席人力资源执行官一人完成的。因此，创建明确的人力资源治理结构有助于改善决策形成方法，可以充分发挥企业内最资深的专家丰富的观点与才能，并行之有效地思考、决策与反应。一个高水平的委员会可以在做每一个决策时将优先次序反馈给企业，并权衡其战略与运作需求。委员会的作用是将人力资源与公司业务正式联系在一起。

第二，人力资源最显而易见的组织风险是没有建立一个能够有效进行人力资源治理的正规委员会结构。有效的人力资源治理要求委员会成员互相之间通力合作，并致力于集团目标的实现。而在现实企业中，邀请哪些人加入委员会往往不是因为他们的团队协作能力或他们对人力资源治理问题的兴趣，而是看中了他们在企业中所处的职位。因此，正如有效的委员会要清楚地说明其结构与职责，有效的委员会同时也必须有意识地评估、管理并改善团队行为。

第三，随着企业进入全球市场，业务运作的复杂性也呈几何级数递增。对于许多公司来说，取得成功的一项重要的驱动因素是如何有效地利用资源，知道何时应当灵活而何时应当坚持那些标准的方法。称职的人力资源执行者必须了解企业对风险容忍度的态度、人力资源通用的实践以及将人力资源管理的职能有效地授权到各战略业务单元，才能协调HR职能与业务需求使两者保持一致。

第四，人力资源职能治理是通过一些核心管理活动来实现的，这些活动构成了委员会的大部分工作：战略规划、预算与业务规划、薪酬计划与大规模投资的受信与财务监管、员工发展及 HR 的继任计划。战略与业务规划流程清晰，使得委员会成员能够评估紧急事件、业务融合与拟定提案可能产生的影响。如果这些流程恰当，委员会就能更加灵活地开展工作，随着不同业务需求的产生，将工作重心由一项活动转移到另一项活动上。

第五，人力资源委员会通过绩效指标来传达目标与工作重点，并以此激励人力资源职员与业务领导。要利用绩效指标作为改革的催化剂，就要求这些指标不能一成不变。随着运营指标、客户指标与财务指标根据业务形势定期进行调整，绩效指标最好也要定期进行调整。同样，不存在适用于所有企业的标准人力资源基准指标。但是，在指标选定之后，基准信息对于为设定具体的绩效目标提供比较数据就显得极其有益了。一旦完成指标的选择，人力资源委员会一般就会将这些指标组织到对应绩效管理模型中（如计分卡），而企业可以通过使用这些绩效管理模型，使人力资源与业务领导之间的交流与企业目标保持一致。

总之，随着人力资源持续转型，且在企业整个运营过程中的地位越来越重要，有效的人力资源治理也将变得越来越重要。有效的人力资源治理关系到人力资源职能管理的方方面面。有效的人力资源治理应当具有以下特点：经过有意识地计划和设计；在企业的人力资本需求与运作及受信职责之间取得工作重点的平衡；人力资源部门内外的利益相关人都能够理解并接受这种治理，且能够采取相应的行动；人力资源治理必须要与现有公司模式保持一致；并且，可以度量出治理对人力资源部门及其支持的业务部门所发挥的支持持续成功的作用。

案例来源：David Hilborn，"人力资源治理何以如此重要：强化人力资源职能，赢得最优绩效"，《管理思想与实践》，2007 年第 4 期，第 29—37 页。经作者精简编辑。

本案例涉及人力资源管理领域中的热点问题——人力资源治理。正如案例所说，人力资源治理作为新兴的企业实践，目前还没有广泛接受的定义；但是，毫无疑问作为公司治理的一个组成部分，人力资源治理要像公司治理一样纳入人力资源审计的范畴之内。此外，作为公司治理与人力资源治理的基础结构的还有组织结构与职位结构。而伴随着信息技术的发展，人力资源信息系统作为一种网络结构联结了整个组织的每一个角落。由此，我们可以发现，公司治理与人力资源治理、组织结构、职位结构以及人力资源信息系统的共同特征是作为整个组织运行的基础设施而存在的，我们统称为人力资源基础结构，这是本章所关心的主题。

6.1 人力资源基础结构审计模型

尽管人力资源基础结构是整个组织运行的基础设施,但是在这个基础设施内部,不同的组成部分具有不同的作用。显然,公司治理与人力资源治理处于统领性的地位,它不仅决定着组织运行的战略方向,而且决定着其他基础设施的设计与作用。最直接的就是,人力资源治理决定了组织结构的形态,这既包括组织结构类型的选择也在一定程度上影响组织的有效性。除此之外,组织结构还承担着承上启下的功能,它需要将人力资源治理的信息传递到组织中最基础的设施——职位上。一个组织的所有运行最终都需要落实到职位层面。这种信息传递在现代组织中越来越依赖人力资源信息系统来实现,而且伴随着信息技术的不断升级,这个系统的功能也日益强大,与人力资源治理、组织结构与职位结构有机地整合为一体,成为组织的"神经网络结构"。基于此,我们构建人力资源基础结构审计模型——GOPI 模型(参见图 6-1)。GOPI 模型包括四个密不可分且相互联结的部分:人力资源治理审计

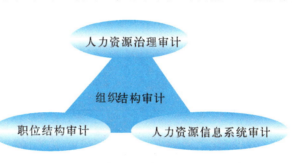

图 6-1 人力资源基础结构审计模型:GOPI 模型

(human resource governance audit)、组织结构审计(organizational structure audit)、职位结构审计(position structure audit)、人力资源信息系统审计(human resource information system audit)。

在人力资源审计实践中,我们可以将人力资源治理审计区分为公司治理审计与人力资源治理审计。公司治理审计更为宏观些,人力资源治理审计则是公司治理中的人力资源方面。公司治理的研究与实践相对人力资源治理来说要成熟得多,因此,在公司治理审计方面,审计技术与工具都比较充分,而人力资源治理审计则是新兴的有待探索的领域。当然,我们对人力资源治理已经有一个基本界定,基于这个界定我们可以将人力资源治理审计细分为结构审计、职责审计、人员审计以及激励审计等,但这不是最终的内容,而是可扩展性的基础。组织结构审计则首先是组织结构类型审计,这既包括一般意义上的不同组织结构类型的优缺点,也包括一个特定组织是否选择了一个最有效的组织结构类型。其次,组织结构审计自然不能缺少组织有效性审计,即如何判断组织结构的实际绩效。职位结构审计的技术性更强,它包括职位分析审计、职位设计审计与职位评价审计等,其核心在于明

确各类职位管理技术的优缺点以及不同的组织如何选择合适的技术问题。人力资源信息系统在这里是广义的,即是指使用计算机和互联网等现代信息通信技术(ICT)来扩展人力资源功能的设施与运行的总和。从人力资源审计的视角来看,人力资源信息系统审计既关注其战略层面又关注其技术层面。表 6-1 列出了一个人力资源基础结构审计的清单。

表 6-1 人力资源基础结构审计清单

人力资源基础结构审计	人力资源治理审计	公司治理审计
		人力资源治理审计
	组织结构审计	组织结构类型审计
		组织结构有效性审计
	职位结构审计	职位分析审计
		职位设计审计
		职位评价审计
	人力资源信息系统审计	人力资源信息系统战略审计
		人力资源信息系统技术审计

需要特别注意的是结构与管理之间的关系。显然,如果能够为组织准备一个最优的人力资源基础结构安排(从公司治理结构、组织结构到职位结构与人力资源信息系统结构),这对于组织有效运行无疑是一个极大的促进,也表明人力资源基础结构是高绩效的。但是,一个最优的基础结构不意味着组织绩效必然也是高绩效的,这还取决于组织内部的管理。一个基础结构的缺陷有可能被高效的管理所矫正,一个最优的基础结构也可能因为管理不善而不能发挥其促进功能。在本章,我们更多的是在技术层面关注人力资源基础结构审计,而不考虑管理以及外部因素对组织绩效以及人力资源基础结构的影响。

6.2 公司治理与人力资源治理审计

所有的组织都存在治理结构审计问题。公司治理结构审计关注两大问题:第一,我们按照什么样的标准来衡量和评价公司的治理结构;第二,在此基础上,我们认为什么样的公司治理结构是好的或可以被利益相关者所接受。从这个意义上说,公司治理结构审计与公司治理评级体系是等同的。但是,公司治理结构审计还关心更深度的问题,如公司治理结构的改进速度、与其他公司的比较以及造成公司治理现状的原因等。人力资源治理是公司治理的核心部分,既包括治理的组织结构,也包括治理的人员、职责与激励等方面。

6.2.1 公司治理结构的内涵

公司治理是现代企业制度的核心。狭义上说,公司治理主要指公司的股东、董事及经理层之间的关系。广义上说,公司治理还包括与利益者(如员工、客户、供应商、债权人和社会公众等)之间的关系,以及有关法律、法规和上市规则等。现代企业的一个显著特征是所有权和经营权的分离,但职业管理者取代业主控制企业的经营又产生了"代理人"问题。为了确保委托人的权益不被侵害或滥用,两者的契约关系需要制度上的相应安排,这就是公司治理结构所要解决的问题。从这个意义上讲,公司治理结构是一组规范与法人财产相关各方的责、权、利的制度安排,其中包括股东、董事会、管理者和员工。这一制度安排或组织结构形态的内在逻辑是通过制衡来实现对管理者的约束与激励,以最大限度地满足股东和相关利益者的权益①。

胡汝银和司徒大年认为,公司治理是董事和高级管理人员为了外部投资者(股东和债权投资人)和其他利益相关者(职员、顾客、供应商及社会)的利益而管理与控制公司的制度或方法。一套良好的公司治理体系应遵循如下四个方面原则:(1)公平(fairness);(2)透明(transparency);(3)问责(accountability);(4)责任(responsibility)。高质量的公司治理,是要通过一整套正式的、非正式的规则,包括被广泛接受的各种有关做法,建立一套涉及关键"行为人"(actors)的激励与约束机制,使他们的利益与投资者相一致。从制度安排角度来看,公司治理制度具体涵盖公司微观和社会宏观两个层面(参见表6-2)②。但是,从公司治理结构审计的角度出发,我们更关心公司治理的微观层面,这是核心所在,而且,从我国的公司治理政策与实践上看,公司治理的微观层面也是重点③。这个微观层面即人力资源治理:结构、职责、人员、激励等。

表6-2 公司治理制度(节选)

公司层面	董事会的运作	董事会结构和构成
		董事会的有效性,如董事会下设委员会

---

① 罗辉,《再造企业制度》,经济科学出版社,2003年,第341—408页。
② 胡汝银、司徒大年,公司治理评级研究,《上海证券交易所研究报告》,2002年4月;另可参见:叶银华、李存修、柯承恩,《公司治理与评级系统》,中国财政经济出版社,2004年,第37—38页。
③ 中国证券监督管理委员会,《上市公司治理准则》,2002年1月7日。

续表

公司层面	董事会的运作	外部董事的独立性和作用
		董事和管理人员的薪酬
		董事会的选举和评价
	股东的权利	公平对待股东,如是否保护中小股东利益不受控股股东侵犯
		股东获得信息的权利
		投票权和股东大会程序
		股东所有权权利
	透明度	及时准确全面披露财务信息
		及时准确全面披露公司治理信息,如所有权结构、环境政策等
		外部审计相对于公司保持独立地位
	其他利益相关者	职员、供应商、银行等参与公司重大决策
	社会意识	公平的劳工、环境保护政策等
社会层面	政治基础	清晰界定政商关系,政府应避免既是"裁判员"又是"运动员"的利益冲突
	法律基础	《公司法》《证券法》及《破产法》等规章制度建设,法律对投资者权利的保护程度
		司法资源、独立性和效率
	监管基础	相对独立有足够权力的证券监管机构
		发挥一线监管职能的自律组织,自律组织与证券监管机构,保持独立性
		监管机构对信息披露的要求
	信息基础	公司财务报告所依据的会计标准
		外部审计及相应的审计机构的独立性和数量
		以清晰、及时的方式公开披露各种有关信息,包括财务报表(分部的和合并的报表、董事和高层管理人员的报酬水平和奖励手段等)和公司治理信息
	市场基础	股票市场的有效运作(上市的容易程度、公司控制权市场的发展)
		银行体系的健全
		机构投资者的"发育"良好
		产品市场的充分竞争
		经理市场的有效运作
		政商分开
		市场诚信和信用基础
	文化基础	股东积极主义和公司治理文化

资料来源:胡汝银、司徒大年,公司治理评级研究,《上海证券交易所研究报告》,2002年4月。

6.2.2 公司治理评价体系

由于公司治理结构对于利益相关者利益的重要性,国际上先后开发出不同的公司治理评级体系,试图为公司治理结构确定一套评价标准,从而为公司治理的相互借鉴和促进奠定基础。国际上代表性的公司治理评级体系有标准-普尔公司的公司治理服务系统、Deminor 公司的公司治理评级系统、里昂证券(亚洲)公司的公司治理评分体系等(参见表6-3)。其中,里昂证券(亚洲)公司的设计可能更多地考虑了亚洲公司的实际情况,我们在这里予以更多的关注。

表6-3 国际上公司治理评价体系一览表

时 间	组织或国家	个人、公司治理评价体系	具 体 内 容
1998 年	标准-普尔	公司治理服务系统	建立公司治理的国家系统性评价和单个公司的个性化评价双重体系;并对俄罗斯、中国香港等国家和地区的公司进行了评价
1999 年	Deminor 公司	公司治理评级系统	针对上市公司建立一套包括股东权利、接管防御、治理披露以及董事会结构等方面的详细评价体系
2000 年	里昂证券(亚洲)	公司治理评分体系	通过公司透明度、股东的股利等方面的57个问题的设计,来评价公司治理的好坏与否;对东南亚国家的公司治理进行了评价
2001 年	DWS Investment	欧洲公司治理排序报告	从公司治理信仰、治理披露、股东的权利、接管措施以及董事会结构等方面对公司治理进行评价

资料来源:吴淑琨、陈峥嵘,中国上市公司治理评价体系(CGESC)研究,《上海证券报》,2002 年 3 月。

里昂证券(亚洲)公司从 2000 年开始推出对新兴市场的公司治理评级体系。它的单个公司评价体系包括 57 个指标,分为以下七个方面:(1)管理层的约束;(2)公司透明度;(3)董事会的独立性;(4)董事会的问责性;(5)董事会的责任;(6)公平性;(7)社会意识。评价结果给予 0—100 的评分,评分越高说明公司治理质量越高。里昂证券评价体系的一个特点是采取广义的公司治理定义,不仅包括公平对待中小股东和其他利益相关者,还包括对管理层的约束和管理层的社会责任,因此公司在问卷中设计了管理层对资本成本的估计、对债务的管理、管理层的社会和环境责任等指标(参见表6-4)[①]。

---

① 胡汝银、司徒大年,公司治理评级研究,《上海证券交易所研究报告》,2002 年 4 月。

表6-4 里昂证券(亚洲)公司治理评级体系(节选)

Ⅰ 约束 (15%)	1. 公开声明强调公司治理的重要性 2. 对管理层提高公司股价的激励 3. 专注核心业务 4. 对股权成本的合理估计 ……
Ⅱ 透明度 (15%)	10. 披露财务目标,如三年或五年的总资产或净资产收益率 11. 及时公布年报 12. 及时公布半年报 ……
Ⅲ 独立性 (15%)	20. 董事会和管理高层公平对待股东 21. 董事长独立于管理层 22. 管理层或管理委员会组成不同于董事会 ……
Ⅳ 问责性 (15%)	28. 董事会发挥监督而不是管理角色 29. 非执行董事明显独立 30. 独立非执行董事占董事会的50%以上 ……
Ⅴ 责任 (15%)	36. 对违规的个人采取有效措施 37. 记录在管理不当情况下采取的措施 38. 保护中小股东的措施 ……
Ⅵ 公平性 (15%)	42. 大股东公平对待中小股东 43. 所有股东都有权召集股东大会 44. 便捷的投票方式 45. 提交给股东大会信息的质量 ……
Ⅶ 社会意识 (10%)	52. 有明确的政策强调严格的道德行为 53. 不雇佣童工 54. 平等的劳工政策 ……

资料来源:胡汝银、司徒大年,公司治理评级研究,《上海证券交易所研究报告》,2002年4月;叶银华、李存修、柯承恩,《公司治理与评级系统》,中国财政经济出版社,2004年,第68—70页。

6.2.3 人力资源治理审计

对公司治理结构的科学评价最终取决于对构成公司治理的具体项目,包括对与人力资源治理相关领域的科学评价,如针对首席执行官、董事会以及董事会的人力资源委员会(或者薪酬委员会)等的评价与审计,这是公司治理结构审计真正的微观基础,而仅靠感觉上的是否判断有可能会产生偏差。这里,我们引用苏珊·F·舒尔茨的两份研究成果来进一步细化对这些项目的评价分析:一份是针对董事会的评价(参见表6-5);另一份是对首席执行官的评价(参见表6-6)。

表6-5 董事会评价表

请给下述与董事会有关的陈述评分。答案从1分(无表现)到5分(表现突出)。	1	2	3	4	5
1. 全年中董事会清楚并理解公司信仰、价值、哲学、使命、战略计划和业务计划,并能始终将对这些问题的理解反映到关键问题上来					
2. 董事会拥有并遵循有效的会议程序					
3. 董事会会议以能够确保开放的沟通、有意义的参与和及时解决问题的方式举行					
4. 董事会成员及时收到准确的会议记录、事先的书面议程、会议通知,以及清楚而简洁的背景材料,以便为即将召开的董事会会议做准备					
5. 董事会成员定期评价董事会业绩					
6. 董事会评论并制定全年里被定期监控的年度资金和经营预算					
7. 董事会监管现金流、收益率、净收入和费用、生产率以及其他财务指标,以确保公司完成既定计划					
8. 董事会通过行业对比数据来监控公司业绩					
9. 跟踪那些影响公司的问题和发展趋势,董事会成员不能仅在年关时用这种信息来评价和指导公司业绩,而要长期地进行					
10. 董事会成员理解并重视董事会制定政策的角色与首席执行官的管理角色之间的差异					
11. 董事会通过制定清晰易懂的政策来协助首席执行官					
12. 应该就董事会的目标、期望及其所关注的问题同首席执行官进行坦诚的沟通					
13. 董事会积极致力于公司行政官员的更替计划					

资料来源:苏珊·F·舒尔茨,《董事会白皮书:使董事会成为公司成功的战略性力量》,中国人民大学出版社,2003年,第267—268页。

表6-6 董事对首席执行官评价表

请提供你对首席执行官在以下各领域表现的书面评价,并依据下述尺度进行评价: 远达不到期望　　达到期望　　高于期望　　有局限的评价 　　1　　　　2　　3　　　4　　5　　　　QR	1	2	3	4	5	QR
1. 制定战略计划:确保长期战略的发展;建立合乎股东、消费者、员工和所有其他公司利益相关者的目标和计划,并确保稳定而及时地实现战略目标;获取并分配和战略目标一致的资源;定期向董事会汇报向战略计划目标迈进的进程						

续表

请提供你对首席执行官在以下各领域表现的书面评价,并依据下述尺度进行评价: 远达不到期望　达到期望　高于期望　有局限的评价 　　1　　　2　　3　　4　　5　　　　QR	1	2	3	4	5	QR
2. 领导能力:制定并交流对公司目标和价值的清楚连贯的看法,并确保这种视野能够被很好地理解、获得广泛的支持以及在公司里有效地加以实施;培养出一种鼓励并承认领导能力的卓越和创新的公司文化;确保一种促进道德实践、个人正直与合作以建立股东价值的文化						
3. 财务成绩:确立并达到合适的年度和长期财务目标;确保发展和维护一套合适的系统,以保护公司的财产,保证对经营的有效控制						
4. 经营管理:确保对公司日常事务的管理是高质量、低成本的;促进公司产品和业务系统质量、价值和竞争力,使之不断改进;鼓励并奖励应对业务和管理挑战的创造性解决方案						
5. 管理发展和人事更替计划:发展、吸引、保持和激励有效而团结的高级管理团队;确保管理发展和人事更替计划的程序拥有所需要的资源和方向,以培养公司未来的领导者						
6. 人力资源:确保发展出有效的招聘、培训、薪酬、保持和激励员工的计划,获取实现公司目标所需要的人才;建立并监控促进工作岗位多样化的计划;恰当地认可个人和集体的成就						
7. 沟通:作为公司的首要代言人,要与股东、潜在投资者、员工、消费者、供应商进行有效的沟通;在行业、政府、财团的关系中有效地代表公司						
8. 董事会关系:同董事亲密合作,以保持董事会对业务状况、公司主要问题、实现经营计划和战略计划重要目标的进展的了解						
总体评价:						
未来一年中的主要挑战:						
想法和所关心的问题:						
你希望董事会的代表在将董事会的评价传递给首席执行官的过程中传达哪些关键信息?						

注:有局限的评价(QR)表示董事们觉得自己没有充分的信息以提供对首席执行官在此方面的全面考虑的评价时,可以在"QR"项画圈以表示他们的评价有局限。

资料来源:苏珊·F·舒尔茨,《董事会白皮书:使董事会成为公司成功的战略性力量》,中国人民大学出版社,2003年,第265—267页。

毫无疑问,人力资源治理审计可以按照美世公司定义的人力资源职能部门治理体系五大基本要素来审计:结构与职责、有效的委员会、治理策略与运作原则、核心管理活动、绩效监控。在这里需要注意以下五个方面。(1)结构与职责概述了指导团队(称为委员会)本身的基本结构及其与利益相关者之间的关系。一般通过一份章程文件来描述该委员会的责任区域(基本战略职责、运行职责与职能职责)。该章程同时也说明该委员会的角色分工、会议结构与协议规程。(2)有效的委员会与结构紧密连接,涉及委员会及其他利益相关者的个体与群体效率,以及团队间的效率。(3)治理策略与运作原则的描述至少包括了该项职能的风险承受度、授权方法以及各业务单元或各区域预期的管理自治水平。(4)核心管理活动包括人力资源战略发展、业务规划、薪酬计划的监督、HR资源分配及HR人员发展/领导力继任计划。通过这些核心管理活动,委员会确定人力资源治理的方向与优先次序,确保有效人力资源治理的实行,并强化内部控制。(5)绩效监控指的是用于评估并度量每日HR工作的运作效能、程序合规以及对业务目标的成功实现所作贡献的基本框架及标准[1]。

在美世公司的定义中,人力资源治理还是狭义的,即主要关注人力资源委员会的结构与价值。在企业的人力资源治理实践中,我们需要将视野放到公司层面,也即公司治理中的人力资源方面。从组织来看,应该包括董事会,特别是其下属的人力资源委员会,或薪酬委员会、提名委员会、薪酬考核委员会等机构;还应包括管理层的人力资源机构,如首席执行官、人力资源副总裁等。从职责来看,人力资源治理审计的重点是人力资源治理结构的职责。从对象来看,人力资源治理审计还需要特别关注人力资源治理人员的选拔、构成以及激励审计等。

6.3 公司组织结构审计

从组织形式上看,组织结构上接公司的"宏观结构"——公司治理结构,下接公司的"微观结构"——职位结构,是公司的枢纽结构。从组织的内在本质看,公司治理、组织结构及职位结构是一体的。因此无论从形式上还是本质上看,组织结构在整个组织中的地位都是举足轻重的。深刻理解组织结构的类型及其实用性以及组织有效性至关重要。组织结构审计就是要明确回答这些问题。组织结构审计首先要确定审计的技术标准;然后,需要对不同类型的组织结构形式的优缺点进行初步的比较;最后,我们再探讨组织有效性审计的基本方法。

6.3.1 组织结构审计的技术标准

进行组织结构的审计有两个基本的技术标准:一是组织决策要素标准;二是组织维度标准,这两个标准是相互关联的。组织结构要素包括专业分工、部门化基础、

---

[1] David Hilborn,"人力资源治理何以如此重要:强化人力资源职能,赢得最优绩效",《管理思想与实践》,2007年第4期,第29—37页。

控制跨度和授权等四个方面；而组织维度则包括规范化、集权化和复杂性等三个方面[①]。

专业分工是指管理者决定如何将一项任务分解成工作单元。管理者将整项任务的活动分成很多相关的小单元活动，运用一些方法将分解的任务组合成群体或部门，各部门或群体有一些专门化的个体从事专门的工作。在组织中的专业分工以以下三种方式进行：(1)工作被分解成不同的个人专业；(2)工作被分解成不同的活动，这是水平专门化；(3)工作可在组织的纵向上进行分解——所有的组织都有权力层次，即从最低层的监管者到最高层的管理者。

部门化基础是指管理者决定将个体工作以小组的形式进行组织，从而导致相对一致的工作或不同工作的群体的形成。部门化通常包括职能性部门化、区域性部门化、产品性部门化、顾客性部门化和矩阵组织等。(1)职能性部门化是指管理者根据组织的功能而将工作组合在一起。功能是所有组织设计的基础，所有的设计最终都要回到功能上去。(2)区域性部门化是指根据地理位置建立群体，这种部门化的逻辑是某一区域的所有活动应该分配给一个管理者。(3)产品性部门化是指与某一项产品或者生产线有关的所有生产和销售工作都由一名管理者负担。(4)顾客性部门化是基于顾客群体的结构安排。(5)还有一种独特的部门化设计是矩阵组织，它综合了职能部门和产品部门的基础。双重权威系统的存在是矩阵组织的明显特征。

控制跨度就是一个管理者能够监督多少名员工，这个问题与一个部门的管理者能够处理的人际关系发生的频率和强度有关。这其中至少有三种因素是重要的：必要的接触、专门化程度以及沟通的能力。组织的低层次的管理者比较高层次的管理者能够监督更多的下属，因为较低层次的工作专门化程度较高、复杂性较少。

授权是指管理者在工作中分配权力。授权是作出决策而不需要更高层管理者批准的权力，以及在所授权范围内其他人的服从。所有工作都包括某种程度的在允许范围内决策的权力，但不是所有的工作都包含其他人服从的权力。这就是管理工作（管理者）与非管理工作（非管理者）的区别所在。管理者决定着应该给每一项工作和每一个工作承担者授予多大的权力。

专业分工、部门化基础、控制跨度、授权导致组织结构的形成，但组织结构还有三个维度来显示其差别，它们分别是规范化、集权度和复杂性。规范化维度是指有关工作的方法和将结果具体化、条文化和强化的期望程度。规范化程度高的组织结构，就是指采用标准化的操作程序、具体指导以及明确的政策条文。虽然规范化是根据规则和程序进行定义的，但我们必须了解员工如何看待规范化。集权度是指在组织层次中决策制

---

① 关于组织结构的技术标准主要参见以下两本著作：詹姆斯·吉布森、约翰·伊凡塞维奇、小詹姆斯·唐纳利，《组织学：行为、结构和过程》（第10版），电子工业出版社，2002年，第221—235页；另可参见：R·L·达夫特，《组织理论与设计精要》，机械工业出版社，1999年。但是，显然，他们之间并不是完全一致的。

定的位置,通常从决策制定和控制的角度来考虑集权度。复杂性是专业分工和部门化形成的直接结果,指的是不同工作、不同职业群体、不同部门、不同单元之间存在差异的数量。组织结构的维度是组织决策要素共同作用的结果(参见表6-7)。

表6-7 组织维度与组织决策要素的关系

组 织 维 度	组 织 决 策 要 素
规范化程度高	1. 专门化程度高 2. 功能化部门 3. 控制跨度宽 4. 授权
集权度高	1. 专门化程度高 2. 功能化部门 3. 控制跨度宽 4. 集权
复杂性高	1. 专门化程度高 2. 区域、顾客或产品化部门 3. 控制跨度窄 4. 授权

资料来源:詹姆斯·吉布森、约翰·伊凡塞维奇、小詹姆斯·唐纳利,《组织学:行为、结构和过程》,电子工业出版社,2002年,第231页。

6.3.2 组织结构的类型与发展

经典的组织结构形式包括四种类型:职能式、事业部式(区域性、产品性和顾客性)、混合式、矩阵式(参见表6-8)。一般而言,每一种形式都有其相应的关联背景(结构、环境、技术、规模、目标等)与内部系统(经营目标、计划和预算、正式权力等)。特别重要的是,各种形式之间并不存在明确的优劣之分,而是各有所长、各有所短(这对于新型的组织形式也同样适用)。因此,从组织结构审计角度看,我们首先要关注的是把握各类组织结构的优缺点;其次,要清楚一个组织的性质和特点大体决定了何种最优的组织形式选择;最后,在组织运行中,尽可能通过强化管理的手段来扬长避短。

表6-8 不同类型的组织结构比较

形式	职 能 式	事 业 部 式	混 合 式	矩 阵 式
关联背景	结构:职能式 环境:较低的不确定性,稳定 技术:例行,较低的相互依存战略 目标:内部效率,技术质量	结构:事业部式 环境:中度到高度的不确定性,变化性 技术:非例行,部门间较高的相互依存战略 目标:外部效益、适应,顾客满意	结构:混合式 环境:中度到高度的不确定性,变化的客户要求 规模:大 技术:例行或非例行,职能间一定的依存战略 目标:外部有效性,适应,顾客满意	结构:矩阵式 环境:高度不确定性 技术:非例行,较高的相互依存 规模:中等,少量产品线战略 目标:双重核心——产品创新和技术专门化

续表

形式	职能式	事业部式	混合式	矩阵式
内部系统	经营目标：强调职能目标 计划和预算：基于成本的预算，统计报告 正式权力：职能经理	经营目标：强调产品线 计划和预算：基于成本和收益的利润中心 正式权力：产品经理	经营目标：强调产品线和某些职能 计划和预算：基于事业部的利润中心，基于核心职能的成功 正式权力：产品经理，取决于职能经理的协作的责任	经营目标：同等地强调产品和职能 计划和预算：双重系统——职能和产品线 正式权力：职能与产品首脑的联合
优势	1. 鼓励部门内规模经济 2. 促进深层次技能提高 3. 促进组织实现职能目标 4. 在小到中型规模下最优 5. 一种或少数几种产品时最优	1. 适应不稳定环境下的高度变化 2. 由于清晰的产品责任和联系环节从而实现顾客满意 3. 跨职能的高度协调 4. 使各分部适应不同的产品、地区和顾客 5. 在产品较多的大公司中效果最好 6. 决策分权	1. 使组织在事业部内获得适应性和协调，在核心职能部门内实现效率 2. 公司和事业部目标更好的一致性效果 3. 获得产品线内和产品线之间的协调	1. 获得适应环境双重要求所必需的协作 2. 产品间实现人力资源的弹性共享 3. 适于在不确定环境中进行复杂的决策和经常性的变革 4. 为职能和生产技能改进提供了机会 5. 在拥有多重产品的中等组织中效果最佳
劣势	1. 对外界环境变化反应较慢 2. 可能引起高层决策堆积、层级超负荷 3. 导致部门间缺少横向协调 4. 导致缺乏创新 5. 对组织目标的认识有限	1. 失去了职能部门内部的规模经济 2. 导致产品线之间缺乏协调 3. 失去了深度竞争和技术专门化 4. 产品线间的整合与标准化变得困难	1. 存在过多管理费用的可能性 2. 导致事业部和公司部门间的冲突	1. 导致员工卷入双重职权之中，降低人员的积极性并使之迷惑 2. 意味着员工需要良好的人际关系技能和全面的培训 3. 耗费时间，包括经常的会议和冲突解决 4. 除非员工理解这种模式，并采用一种大学式的而非纵向的关系 5. 来自环境的双重压力以维持权力平衡

资料来源：根据R·L·达夫特的著作整理，R·L·达夫特，《组织理论与设计精要》，机械工业出版社，1999年。

正如达夫特所说，每一种结构模式——职能式、事业部式、混合式、矩阵式——都代表了一种工具，这种工具依靠组织条件的要求，帮助管理者使组织更为有效。高级管理者应该定期评价组织结构以判别该结构是否适合正在变化的组织需要。好多组织尝试一种结构之后，又重新组织成为另一种模式，尽力寻找最佳模式，从而实现内部职权关系和外部环境要求的协调一致①。

经典形式的组织结构仍占主导地位,但一些新型的组织形式也在不断发展②,典型的代表有横向型组织和动态网络组织。横向型公司具有如下特征:(1)围绕工作流程或过程而不是部门职能来建立结构,传统部门的边界被打破;(2)纵向的层级组织扁平化;(3)管理的任务委托到更低的层级,多数职工在多职能、自我管理型团队中工作;(4)顾客驱动了横向型公司。为了使横向设计奏效,流程必须以满足顾客需求为基础。自我管理型团队是新型横向型组织的基本单位,是早期团队方式的发展产物。

动态网络结构是以自由市场模式组合替代传统的纵向层级组织。公司自身保留关键活动,对其他职能,如销售、会计、制造等进行资源外取,由一个小的总部来协调或代理。在多数情况下,这些分立的组织通过电子手段与总部保持联系。自由市场方面意味着系统在需要时进行对内和对外的分包,网络的各部分可以根据需求变动增加或撤除。

在组织结构发展趋势上,查尔斯·汉迪预言那些最容易与服务业相联系的组织类型将占优势地位。第一类,也是最出名的一类被他称为"三叶草组织",这是"一种以关键管理人员和工人为核心建立起来的组织形式,其外围是外部承包商和兼职人员"。第二类新兴结构是联邦式结构——中央部门行使协调、影响、指示和建议的功能,而不是制定条款或作短期决策。中央部门考虑的是长期战略,它处于组织的核心,称之为高层或总部都不合适。第三类组织被称为"3I"组织——信息(information)、情报(intelligence)和思想(ideas)。这类组织对人事管理提出了很高要求,因为"明智的组织已经知道,不能简单地把它们聪明的员工定位为工人或经理,而应该把他们定位为个人、专家、专业人员或管理人员、领导者。所有人以及组织如果想跟上变化的节奏,就必须全身心地坚持学习"。

实际上,不管组织采用什么样的组织结构形式,一旦组织的表现具有下列三个特征,我们就可以判定它是一个无效的组织结构或至少是低效的:(1)决策迟缓或质量不高。由于组织层级汇聚太多的问题和决策给决策者,他们可能负担过重。(2)组织不能创造性地对正在变化的环境作出反应。缺乏创新的一个原因在于部门之间不能很好地进行横向协调。(3)明显过多的冲突。组织结构应该将冲突的部门目标汇总成一系列整体组织目标③。或者说,我们对组织结构的关注更多的是基于组织结构为组织所带来的效率与效果。

---

① R·L·达夫特,《组织理论与设计精要》,机械工业出版社,1999年。
② 关于新型组织形式的发展,参见:斯图尔特·克雷纳,《管理百年:20世纪管理思想与实践的批判性回顾》,海南出版社,2003年,第129—193页。
③ R·L·达夫特,《组织理论与设计精要》,机械工业出版社,1999年。

6.3.3 组织有效性审计的基本方法

组织有效性包括组织的效率与效果两个方面:组织效率是指组织实现其目标所需要耗费的数量,通常用投入-产出率来衡量;组织效果是组织实现其目标的程度,而目标可以被定义为组织所期望达到的未来状态。衡量组织有效性有两大类型五种方法。第一类是权变评价法,包括目标评价法、资源评价法、内部过程评价法;第二类是平衡评价法,包括利益相关者评价法、冲突价值观评价法[1]。

(1) 目标评价法即关于组织的产出方面以及组织是否按照期望的产出水平完成目标。目标评价法被用于企业是因为产出目标容易衡量。一般而言,企业都是依据利润率、成长、市场份额、投资回报等来衡量业绩的。然而,确认组织经营目标和衡量组织业绩必须解决的两个问题是多重目标和主观目标指标。目标评价法似乎是评价组织有效性最好的逻辑方法,然而,有效性的实际衡量的确是一个很复杂的问题。用目标评价法对组织有效性的评价要求评价者必须清楚这些问题并且在有效性评价中时刻考虑这些问题。

(2) 资源评价法指的是组织有效性被定义为组织开发环境取得稀缺的、有价值的资源的能力。资源评价法的有效性包括以下几个方面:组织开发环境获取稀缺、贵重资源的能力;系统的决策者觉察并准确解释外部环境真实特点的能力;组织对环境变化做出反应的能力。尽管在没有有效性衡量的其他方法时,系统资源方法是有价值的,但它的缺陷是获得资源的能力似乎不如这些资源的使用本身更加重要。

(3) 在内部过程评价法中,有效性由内部组织的健康和效率来衡量。从组织内部过程评价法看,一个有效组织的指标是:浓厚的公司文化和积极的工作氛围,团队精神,群体,忠诚度与团队工作,员工与管理者之间的信心、信任和沟通等。内部过程有效性的第二个指标是经济效率的衡量。我们首先要确定投入的财务成本(I)、交易(T)、产出(O),然后用这三个变量构成比率来评价组织业绩的各个方面。其中,最常用的效率评价指标是 O/I。

(4) 利益相关者评价法,属于平衡评价法,就是承认每个组织都有许多关心组织结果的区域,利益相关者评价法通过集中组织外部和内部的利益相关者来使组织有效性指标更加完整。债权人、供应商、雇员和所有者都是利益相关者。利益相关者是组织内部或外部关心组织利益的一个集团。在利益相关者评价法中,每个利益相关者都有不同的有效性标准,集团的满意程度可以作为评价组织业绩的指标(参见

---

[1] 本小节的基本内容根据 R·L·达夫特两个不同时期的著作编写,参见:理查德·L·达夫特,《组织理论与设计精要》,机械工业出版社,1999 年;理查德·L·达夫特,《组织理论与设计》(第 7 版),清华大学出版社,2003 年,第 76—86 页。

表6-9）。利益相关者评价法的长处在于它采取了有效性的广义观点，并将环境因素与组织内因素一样对待。利益相关者评价法包括社区社会责任概念，难以用传统的方法来衡量。

表6-9 利益相关者的有效性标准

利 益 相 关 者	有 效 性 标 准
1. 所有者	财务回报
2. 雇员	员工满足感、薪水、监督
3. 顾客	产品或服务的质量
4. 债权人	信用的可靠度
5. 社区	对社区事务的贡献
6. 供应商	满意的交易
7. 政府	遵守法律规章

资料来源：理查德·L·达夫特，《组织理论与设计》(第7版)，清华大学出版社，2003年，第76—86页。

（5）另一种组织有效性的平衡评价法是由奎因和罗尔博提出的冲突价值观法。它是基于组织价值观标准，通过结合关注内部因素和外部因素的关心点维度、关注稳定性和灵活性的结构维度，提出了组织有效性的四种模式：开放系统模式、理性目标模式、内部过程模式、人际关系模式[①]。冲突价值观评价法实际上是对前几种评价方法的综合。

6.4 公司职位结构审计

对一个组织职位结构的审计通常要解决的问题是对职位分析技术、工作设计技术与职位评价技术的审计。这里包含两层含义：第一，各类不同的技术有何优劣区分；第二，对组织而言，也是最重要的，组织目前所采用的技术是否合适以及在实践过程中有何问题。第二类审计虽基于第一类审计所提供的参照标准，但更重要的是对实践过程本身的把握，或者说，它是权变性的。

---

① Robert E. Quinn, John Rohrbaugh, A Spatial Model of Effectiveness Criteria: Toward a Competing Values Approach to Organizational Analysis, *Management Science*, 1983, 29(3), pp. 363-377.

6.4.1 职位分析审计

多伦与舒尔乐把各类不同的职位分析技术归纳为两大类：工作中心型技术和以人为中心的技术。工作中心型技术包括功能性工作分析（FJA）、管理职位描述问卷（MADP）、海氏计划（HAY）、工作信息模型系统（JIMS）、职业分析清单法（OAI）、方法分析（MA）等。以人为中心的技术包括职位分析问卷法（PAQ）、职位描述问卷法（PDQ）、工作要素清单法（FEI）、体能分析（PAA）、关键事件技术（CIT）等[①]。

在对职位分析技术进行了分类之后，多伦与舒尔乐还设计了评价职位分析技术的九大因素：(1)多功能性/适应性，即在分析各种不同的工作时该方法的适合程度；(2)标准化，即该方法所产生的标准能否在不同的时间内和不同来源的工作分析资料进行比较；(3)使用者接受程度，即使用者能否接受这种方法（包括这种方法所采用的形式）；(4)使用者的理解/参与程度，即对这种方法的了解程度，以及是否参与工作分析资料的收集过程；(5)培训需求，即在使用这种方法时需要进行培训的等级；(6)使用上的便利，即在使用这种方法时的便利程度；(7)完成时间，即实施该方法及获得分析结果所需要的时间；(8)信度和效度，即使用该方法所获得结果的一致性，以及该方法对职责的重要性、完成职责所需要的技术和能力的描述的准确性；(9)成本，即与使用该方法花费的成本相比，组织通过使用这种方法所获得的利益或价值的总量大小[②]。

有了职位分析技术的分类和评价这些技术的因素，多伦与舒尔乐对不同的职位分析评价技术在不同评价要素上的差异进行了比较（参见表6-10）。这个比较有两个角度的管理含义。第一，每一种分析技术都会有一个总体水平指数。也就是说，如果我们希望选择一个总体上最好的分析技术，那么总体水平指数最高的是哪种技术。在所有的10种分析技术中，功能性工作分析（FJA）和海氏计划（HAY）的总体水平指数并列最高，都是38。第二，在每一个评价因素上，不同的分析技术有何优劣之分。例如，在多功能性/适应性因素上，功能性工作分析（FJA）和关键事件技术（CIT）是最好的，都是最高的5分。

---

① 西蒙·多伦、兰多·舒尔乐，《人力资源管理：加拿大发展的动力源》，中国劳动社会保障出版社，2000年，第51—57页。
② 同上书，第57—58页。

表6-10 不同职位分析技术的比较

考 虑 因 素	FJA	MPDQ	HAY	JIMS	OAI	PAQ	PDQ	JEI	PAA	CIT
多功能性/适应性	5	4	4	4	4	4	3	4	3	5
标准化	5	5	5	5	5	5	5	5	4	3
使用者接受程度	4	4	4	4	4	4	4	5	3	4
使用者理解/参与程度	4	4	5	4	4	4	4	5	3	5
培训需求	3	3	3	3	3	3	3	4	3	4
使用便利	5	5	5	4	4	5	4	4	3	3
完成时间	4	4	4	4	3	3	3	4	3	3
信度和效度	4	4	4	4	4	3	3	3	3	3
成本	4	4	4	3	3	2	3	3	3	3

注：这里省略了对"方法分析"法的评价。

资料来源：西蒙·多伦、兰多·舒尔乐，《人力资源管理：加拿大发展的动力源》，中国劳动社会保障出版社，2000年，第57—58页。

无论是工作中心型技术还是以人为中心的技术，无论是功能性工作分析技术还是关键事件技术，最终都要应用于人力资源管理实践。而由于不同的分析技术都有各自不同的特点，既各有所长，又各有所短。不同的人力资源管理功能对这些技术的要求又各不相同。因此，这些不同的职位分析技术对不同的人力资源管理功能而言实用性程度自然各有差异（参见表6-11）。例如，功能性工作分析技术（FJA）最适合于职业生涯规划管理，而职业分析清单法（OAI）则最适合于培训开发功能。

表6-11 职位分析技术的实用性评价

	人力资源规划	招聘甄选	绩效评价	培训开发	报 酬	职业生涯规划
以工作为中心的技术						
FJA	4	4	3	4	3	5
MPDQ	4	4	3	3	3	4
HAY	3	4	4	3	5	3
JIMS	3	4	4	4	3	4

续表

	人力资源规划	招聘甄选	绩效评价	培训开发	报　酬	职业生涯规划
以人为中心的技术						
OAI	4	4	3	5	3	4
方法分析	3	3	4	2	3	3
PAQ	4	4	3	3	3	4
PDQ	4	4	3	3	3	4
JEI	4	4	4	4	4	4
PAA	2	4	2	2	2	2
CIT	4	4	4	4	3	2

注:"1"表示技术实用性最低,而"5"表示实用性最高,以此类推。
资料来源:西蒙·多伦、兰多·舒尔乐,《人力资源管理:加拿大发展的动力源》,中国劳动社会保障出版社,2000年,第57—58页。

在实际的职位分析技术审计中,我们首先关心职位分析的目标需求,只有目标才能最后决定技术的最优选择;但同时,职位分析作为人力资源管理的基础性工作,它几乎需要提供人力资源管理所需要的一切信息,因此,信息结构完备性是一个组织关心职位分析的最主要方面。其次,如何进行职位分析也会影响到技术的最后效果。基于传统模式之上的360度职位分析方法可能是一种合适的改进。这种方法强调职位分析的客户导向观点——职位内涵不再只是按组织的功能进行分解,而是取决于这个职位的客户(上级、下级、同级、外部客户等)的期望。最后,我们需要对职位分析的结果——职位说明书进行详细审计,看它是否符合信息完备性要求、是否体现了客户导向、是否具有清晰的可执行性等。

6.4.2 工作设计技术审计

工作设计技术有两种分类:一类是由西蒙·多伦和兰多·舒尔乐提出的,主要包括科学设计法、个体设计法、小组设计法和工效学设计法等(参见表6-12);另一类是由R·A·诺伊等人提出的,主要包括激励型方法、机械型方法、生物型方法和知觉运动型方法等(参见表6-13)。这两类的分类标准不相一致,在内容上也不尽重合,这也可以表明工作设计技术尚在不断的发展之中。这种状态可能会为我们进行工作设计技术审计带来困难,但至少,现有的研究成果能够为我们提供一些参考。

表6-12 工作设计方法的优点和缺陷

方　法	优　点	缺　陷
科学设计法	• 确保了可预测性 • 清晰度高 • 适应很多人的能力 • 效率高、多产	• 有可能造成员工厌倦感 • 有可能导致缺勤、破坏活动、人员流动
个体设计法	• 满足了个人对于责任增长、结果认识需求 • 提供了发展的机会 • 减轻了厌倦感 • 提高了工作质量和员工士气 • 降低人员流动率	• 一些人宁愿选择一成不变的、可预测的工作 • 因为需要更多的技能，有可能造成为此付出更多的报酬 • 使一些工作丰富化的难度增大 • 不是所有的人都愿意轮换工作
小组设计法	• 提供了社会互动机会 • 形成工作多样化 • 获得社会的支持 • 减少缺勤现象	• 人们也许不希望进行互动 • 需要进行人际交往技能的培训 • 群体的作用有时还不如一名最差的员工的作用
工效学设计法	• 使工作去适应人 • 打破了生理障碍 • 使更多的工作能够接纳更多的人	• 某些工作进行再设计的代价很大 • 组织的结构性特征有可能使工作改变无法实现

资料来源：西蒙·多伦、兰多·舒尔乐,《人力资源管理：加拿大发展的动力源》,中国劳动社会保障出版社,2000年,第324—325页。

表6-13 不同工作设计方法的结果总结

工 作 设 计 方 法	积极的结果	消极的结果
激励型方法 强调的是可能会对工作承担者的心理价值以及激励潜力产生影响的那些工作特征，并且它把态度变量（如满意度、内在激励、工作参与以及像出勤、绩效这样的行为变量）看成工作设计的最重要结果。激励型工作设计方案往往强调通过工作扩大化、工作丰富化等方式来提高工作的复杂性，它同时还强调围绕社会技术系统来进行工作的构建	更高的工作满意度； 更高的激励性； 更高的工作参与度； 更高的工作绩效； 更低的缺勤率	更多的培训时间； 更低的利用率； 更高的错误概率； 精神负担和压抑出现的可能性更高
机械型方法 强调要找到一种能够使得效率达到最大化的最简单方式来构建工作。在大多数情况下，这通常包括降低工作的复杂程度从而提高人的效率——也就是说，让工作变得尽量简单，从而使任何人只要经过快速培训就能够很容易地完成它。这种方法强调按照任务专门化、技能简单化以及重复性的基本思路来进行工作设计	更少的培训时间； 更高的利用率； 更低的差错率； 精神负担和压抑出现的可能性降低	更低的工作满意度； 更低的激励性； 更高的缺勤率
生物型方法 以人体工作的方式为中心来对物理工作环境进行结构性的安排，从而将工人的身体紧张程度降低到最小。因此，对身体疲劳度、痛苦以及健康抱怨等方面的问题十分关注	更少的体力付出； 更低的身体疲劳度； 更少的健康抱怨； 更少的医疗性事故； 更低的缺勤率； 更高的工作满意度	由于设备或工作环境的变化而带来更高的财务成本

续表

工作设计方法	积极的结果	消极的结果
知觉运动型方法 通过采取一定的方法来确保工作的要求不会超过人的心理能力和心理界限。这种方法通常通过降低工作对信息加工的要求来改善工作的可靠性、安全性以及使用者的反应性	出现差错的可能性降低； 发生事故的可能性降低； 精神负担和压抑出现的可能性降低； 更少的培训时间； 更高的利用率	较低的工作满意度； 较低的激励性

资料来源：R·A·诺伊、J·R·霍伦拜克、B·格哈特、P·M·莱特,《人力资源管理：赢得竞争优势》,中国人民大学出版社,2000年,第158—161页。作者进行了编辑处理。

在工作设计技术审计实践中,我们必须关注以下几点：第一,并不存在一个一般意义上最优的工作设计技术；第二,一个组织的性质和特点可能更倾向于某一种特定的工作设计技术；第三,不同的工作设计技术在实践中并不是具有严格边界的,而是根据组织实际情况来相机组合使用,以期达到最佳效果。

6.4.3 职位评价审计

组织最常见的职位评价技术包括以下四种：强制排序法、职位分类法、点值要素法和因素比较法。强制排序法是指由经过培训的有经验的测评人员,依据对职位所承担责任、困难程度等基本情况的了解,通过比较每两个职位之间的级别关系（重要程度）,来确定所有职位价值序列的一种方法。职位分类法是指通过建立明确的职位等级标准,将各个职位划入相应等级的一种方法。其前提是不同等级的职位对技能和责任的要求不同,在这一显著特点的基础上,将职位划分出一套等级系统。因素比较法是指根据职位的通用的工作特征,定义职位的评价要素等级,并以此评价关键职位；由于关键职位应得报酬是可知的,那么在评价其他职位时,只要与关键职位的各个要素进行比较,就可以得出各评价要素应得的货币价值。点值要素法是指通过对特定职位特征的分析,选择和定义一组通用性评价指标并详细定义其等级作为衡量一般职位的标尺,将所评价职位依据各个指标打分、评级后,汇总得出职位总分,以这种标准来衡量职位的相对价值。

职位评价的基本技术可以从两个维度划分,根据所使用的分析方法可以分为定量的方法和定性的方法两类。其中,定性方法分为强制排序法和职位分类法,主要是针对工作间的比较,而不考虑具体的职位特征。定量法分为因素比较法和点值要素法,主要侧重于对职位特征的分析,详尽阐明职位评价要素及其等级定义,可以确定每个职位的评价分值,以此进行比较,属于定量的研究方法。

职位评价技术审计的一项基本任务是确定不同职位评价技术的优缺点（参见

表6-14);另一项基本任务是明确不同职位评价技术的使用范围,既包括组织特征(如规模),也包括使用目的。例如,强制排序法大体上只适用于小规模的且对薪酬设计要求不太高的组织(考虑到成本原因)[①]。

表6-14 职位评价技术审计

评价方法	优 点	缺 点
强制排序法	• 简便易行; • 能够节约企业进行职位评价的成本; • 便于向员工解释	• 依赖评价人员的判断,从而主观性影响较大; • 需要既了解所有职位,又能客观地评价它们的评价人员; • 职位的数目增多会导致每两种职位之间的比较次数呈指数级上升,工作量加大; • 误差较大
职位分类法	• 从职位等级与类别的角度考虑职位价值; • 将各种职位纳入一个体系内	• 难以清晰地为特定类别编写职位等级说明; • 对许多职位确定等级比较困难,确定职位的等级会由于主观因素干扰影响评价结果
因素比较法	• 一系列通用性的评价要素已经得到广泛应用; • 由于确定职位价值的标准已十分明确,在一个组织里,对所有职位都能运用这一系列通用的或一般的评价要素进行评价,它使所有的工作都能按同一标准进行比较; • 因素比较法最突出的优点是直接把等级转化为货币价值	• 仍然没有一个明确原则指导其评价行为,这种方法过多地依靠委员会的评判,而委员会决定的作出有时是随意的,很难判别其可信性; • 因素比较法主要依靠关键工作的确定,但针对关键工作的选取始终没有一个明确的理论基础; • 这种方法直接把等级转化为货币价值,其分配到每一因素的货币价值缺乏一个客观的依据,而只能依赖委员会的评判; • 支付额的确定倾向于保留现有的支付原则,并且带有个人的倾向,而不是设法修正它,并且支付额也倾向于人们对等级的评判,带有许多主观因素
点值要素法	• 点值要素法的优点无疑要归功于它的通俗易推广,其中很大程度上是由于特定的评估职位价值的方法具有明确界定的指标,这样不同组织和部门在评价职位的价值时,都可以引用; • 在定义职位评价指标时保存了大量原始调查的数据,可以以此为依据根据组织的变化和调整作进一步的动态分析; • 由于这种方法具有明确界定的指标分配值,可以采取各种统计方法来分析数据; • 明确指出了比较的基础,能够有效地传达组织认为有价值的因素	• 相对于前两种定性的方法,这种方法要耗费大量的时间和成本; • 通常它缺乏对评价要素选择的明确原则,以说明选取的这些要素能否解释和衡量工作价值,因此,在制订职位评价计划时,系统地选择评价要素是关键的一步,这一点在文献上是没有明确具体阐述的; • 由于这种方法操作的复杂性,造成企业与员工解释和沟通的难度; • 评价要素一旦形成,由于重新进行评价需要耗费大量的时间和成本,随时间变化要素调整的难度较大,容易形成僵化

资料来源:彭剑锋,《人力资源管理概论》,复旦大学出版社,2003年,第147页。作者稍作修改。

在职位评价实践中,为适合组织的特定需要,职位评价技术也并非完全按照经典

[①] 更为详细的内容,可参见:彭剑锋,《人力资源管理概论》,复旦大学出版社,2003年,第145—147页。

方法使用,而是要进行适当的调整改进,其中三个显著的发展值得关注。第一个发展是技术的精练化。例如,点值要素法已经有一维、二维和三维技术①。第二个发展是不同技术的组合使用,例如,职位分类法与点值要素法的结合使用以及点值要素法的一维、二维和三维技术的组合使用等,最终导致职位评价技术的改进。第三个发展是组织战略要素的引入,提出战略职位评价技术,以反映日益动态的外部环境的变化与组织内部战略的相应调整。

战略职位评价技术的主要特点在于四个方面:(1)战略决定。即职位职责的履行对公司战略实现的影响程度具有决定性的价值。(2)功能平衡。职位的战略价值主要是通过其所在的功能领域来体现的,而不是职位所属的类别。如有可能,应进行二阶式评价,以确保职位评价的科学性。(3)动态调整。从理论上说,职位价值时刻在变,但从管理的成本收益角度考虑,不可能每天都进行职位评价,因此,有必要进行定期(半年或一年)的功能价值重新评估机制,并确定不同功能职位的战略调整系数。(4)市场微调。中国的市场化日益深入,职位评价必须关注市场面的影响,但目前总体上还不足以作为决定性参数,除非个别职位。

6.5 人力资源信息系统结构审计

人力资源信息系统结构审计关心的首要问题是人力资源信息系统如何帮助组织实现其战略,这是人力资源信息系统存在的基本前提;其次,我们从组织目标和使用者角度关心人力资源信息系统技术设计;最后,在这两个方面的基础上,我们讨论对人力资源信息系统的战略层面与技术层面的审计,但是这种讨论更多是尝试性的,并没有最后的定论。

6.5.1 人力资源信息系统与组织战略

一个组织的人力资源信息系统设计是为了分析有关人力资源的信息,制定出更完善的计划,从而作出更好的决策。人力资源信息系统可以为管理者提供有关人力资源问题的及时的数据资料,其最终目的是帮助人力资源部门达到短期和长期目标②。

---

① 关于职位评价点值要素法的技术比较,可参见:达君、维薇,"美世国际职位评估体系";裴力,"翰威特灵点职位评估法",《21世纪人才报》,2003年6月19日。
② 西蒙·多伦、兰多·舒尔乐,《人力资源管理:加拿大发展的动力源》,中国劳动社会保障出版社,2000年,第81—83页。

人力资源信息系统通常都是由组织中的人力资源专家使用。这些专家借助于该系统，可以更有效率地追踪检索有关工作应征者、培训水平、在册职工名单以及福利选择等方面的信息。

但实际上，招聘录用决策周期始于直线管理者，也终于直线管理者，从而，直线管理者应该对他们了如指掌，并且应该能在需要的时候很便利地使用这些资料。此外，直线管理者们还应该了解哪些人力资源是可以利用的、他们都有些什么技能、什么时候使用他们，以及计划让他们去学会哪些新技术等。因此，让直线管理者参与使用人力资源信息系统可以大大简化决策过程，提高人力资源管理效率①。

为了建立组织的战略目标与确保员工达成这些目标的过程之间的重要联系，人力资源信息系统可以帮助组织迅速并有效地对组织中的人力资源需求进行分析和规划。由于企业规划过程是不间断地进行着的，为了帮助专业人员顺利地进行分析，人力资源部门必须有流畅的通道去获得重要信息。人力资源信息系统就是一种最有效的工具之一，使用人力资源信息系统可以促进组织战略各步骤的实施过程（参见表6-15）。

表6-15 与人力资源战略竞争目标匹配的计算机应用

人力资源竞争战略	执行过程/报告/跟踪系统	专家系统	决策与支持系统
成本导向：让人们工作得更努力	• 减少文件的运用 • 使请示和报告标准化 • 提高程序的精确性 • 提高报告的周转次数 • 及早发现目标的偏离	• 降低对专家的需求 • 在整个劳动力中传播数据和进行应用培训	• 提高对人力资源成本的控制力
质量/客户满意：让人们更聪明地工作	• 有更多的时间提高人力资源质量的创新 • 有利于储存顾客的意见和资料 • 提高了对人力资源信息的了解程度，并有利于进一步改进	• 有助于生产线经理通过人力资源专家的经验作出人力资源管理的决策 • 有助于人力资源管理规划更符合需求 • 提高了对人力资源管理的理解程度，从而增进了满意度	• 增加了提高人力资源质量和客户满意度的机会
创新：让人们为未来而工作	• 增加了从事人力资源管理创新活动的时间 • 可以及时发现目标的偏离	• 增加了从事人力资源管理创新活动的时间 • 使生产线经理了解与人力资源管理合作的重要性	• 对发明创造是有力的支持 • 缩短了发明所需时间 • 可以迅速实验、汇报、认定新的发现

资料来源：西蒙·多伦、兰多·舒尔乐，《人力资源管理：加拿大发展的动力源》，中国劳动社会保障出版社，2000年，第36页。

---

① 西蒙·多伦、兰多·舒尔乐，《人力资源管理：加拿大发展的动力源》，中国劳动社会保障出版社，2000年，第36页。

6.5.2 人力资源信息系统技术设计

在确定了人力资源信息系统与组织战略之间的关系之后,我们需要进行技术上的设计以满足组织目标的要求。人力资源信息系统技术设计的另外一个关键点是必须考虑信息系统使用者——他们主要是管理专家,而不是技术专家。因此,基于组织目标的要求和使用者的技术约束,人力资源信息系统技术设计的基本程序是:确定系统设计计划;定义系统需求;设计业务系统和技术系统;组织与指导系统运行;评价信息系统;并最终根据组织目标和使用者约束调整和重新设计系统(参见图6-2)。

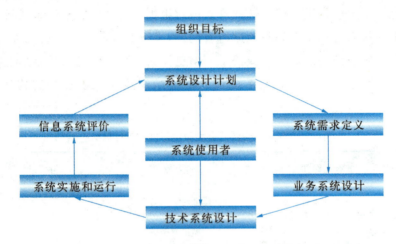

图6-2 人力资源信息系统设计程序

资料来源:根据米尔科维奇和布德罗的模型重新设计。乔治·T·米尔科维奇、约翰·W·布德罗,《人力资源管理》(第8版),机械工业出版社,2002年。

一个清晰的参照实例是由米尔科维奇和布德罗引用的(参见表6-16)。

表6-16 惠普和苹果重新设计人力资源技术

	惠 普	苹 果
通过信息技术重新设计人力资源程序	人力库项目由以下元素构成: 　　雇佣管理系统、电话—福利系统、报酬系统、网页浏览、培训管理系统、人力资源信息系统、人事文件管理系统、国际分工、全球职员资料库等	苹果通过桌面工具、电话和训练有素的人力资源专业人员,利用技术改变日常很重要的人力资源程序的运行;桌面装备包括:交易、信息、对话
目标或收益	开发一个单一的、综合的、多功能的信息系统,使它支持: ● 人员管理 ● 工作的管理 ● 人力资源程序改进	削减后的办公室或交易的费用: ● 增强基础知识及问题解决活动 ● 以更多资源支持各公司 ● 更高层次的顾客满意度 ● 通过标准化提高生产率

续表

	惠　　普	苹　　果
成本范畴	人力库需要大量资金，但单一雇佣管理系统一方面的节约就可以为整个项目提供资金	由于新的信息系统和程序是建立在现有的 Macintosh 基础设施和产品基础之上的，所以新增成本很少，但需要信息系统和技术及人力资源专业人员的工作时间
实施	1990年发起的充实人力资源库项目为期10年，以分阶段不断增长的方式进行，外部卖方也加入	在人力资源资深副总经理的支持下，由于有雇员的参与和反馈，信息系统和技术在开发新信息系统上具有领先的地位
主要教训	• 应确保信息技术战略与明确的人力资源战略相关 • 持续的支持很重要，还应有明确达成共识的法律、角色、责任，特别是程序或资料的归属 • 仪器、装备和程序的标准化也很重要 • 寻求早日成功和建立信任及经验的"立即回报"	• 如果革新近在眼前、容易使用并满足基本要求，客户更乐于接受革新 • 创新的方法必须适应支持客户需要的人力资源总体战略 • 坚持所选战略的恒心和勇气很重要 • 任何模式的改变都是危险的，因为它需要工作方式的根本改变 • 当公司广泛接受和使用内部技术时，如果好，这些类型的方法可以立即被使用

资料来源：Arthur Yeung and Wayne Brockbank, Reengineering HR Through Information Technology, Reprinted with Permission from *Human Resource Planning*, 1995, 18(2), p. 29, Copyright 1995 by The Human Resource Planning Society. 转引自：乔治·T·米尔科维奇、约翰·W·布德罗，《人力资源管理》（第8版），机械工业出版社，2002年。

6.5.3　人力资源信息系统结构审计

对人力资源信息系统结构的审计可以集中于两个方面：一个方面是针对其战略层面；另一个方面是针对其技术层面。战略方面审计的核心在于其核心内容，即人力资源信息系统所能完成的功能，此外，这些功能之间的整合以及谁使用这些功能都是审计的对象。西蒙·多伦和兰多·舒尔乐为人力资源信息系统的战略审计提供了一个矩阵模型作为审计基准。依靠这个基准，我们可以判断不同层次的人力资源信息系统（执行过程/报告/跟踪系统、专家系统、决策支持系统）对于不同的人力资源竞争战略（成本导向、质量/客户满意、创新）所能提供的功能支持。在人力资源信息系统结构的审计实践中，我们首先关心的问题是我们希望这个系统能实现什么样的目标；其次，在系统运行中这个目标是否得到实现或实现的程度是多少；最后，通过审计来确定造成目标缺口的原因是由于功能设计缺陷还是功能使用者设计缺陷。当然，另外一个导致目标缺口的主要原因在于人力资源信息系统技术上的缺陷——这是人力资源信息系统技术审计方面的内容。在通常情况下，技术审计并不是特别关心技术的先进性，而是关注技术选择的切合性、技术运行的稳定性、技术学习的有效性和技术升级的便利性，这是因为人力资源信息系统的技术设计是以其目标以及使用这个系统实现目标的人为导向的，而组织目标是动态变化的，系统使用者绝大多数不是技术专家也不可能投入巨大的学习成本(使用信息系统本身不是他们的首要任务)。因此,切合性、稳定性、有效性和便利性成为人力资源信息系统审计的技术标准。惠普公司和苹果公司对人力资源技术的重新设计或多或少会对我们在进行人力资源信息系统的设计和审计时提供一些启发。

本 章 小 结

1. 人力资源基础结构审计的 GOPI 模型包括四个密不可分且相互联结的部分:人力资源治理审计、组织结构审计、职位结构审计、人力资源信息系统审计。

2. 公司治理是董事和高级管理人员为了外部投资者(股东和债权投资人)和其他利益相关者(职员、顾客、供应商及社会)的利益而管理与控制公司的制度或方法。一套良好的公司治理体系应遵循如下四个方面原则:(1)公平;(2)透明;(3)问责;(4)责任。里昂证券(亚洲)公司的公司治理评级体系包括 57 个指标,分为以下七个方面:(1)管理层的约束;(2)公司透明度;(3)董事会的独立性;(4)董事会的问责性;(5)董事会的责任;(6)公平性;(7)社会意识。

3. 人力资源治理是公司治理的核心。人力资源治理审计包括结构审计、职责审计、人员审计以及激励审计等。苏珊·F·舒尔茨关于对首席执行官的评价与对董事会的评价的研究成果是典型代表;美世公司界定了人力资源治理的内涵。

4. 进行组织结构的审计有两个基本的技术标准:一是组织决策要素标准;二是组织维度标准,这两个标准是相互关联的。组织结构要素包括专业分工、部门化基础、控制跨度和授权等四个方面;而组织维度则包括规范化、集权化和复杂性等三个方面。

5. 经典的组织结构形式包括四种类型:职能式、事业部式(区域性、产品性和顾客性)、混合式、矩阵式。一般而言,每一种形式都有其相应的关联背景(结构、环境、技术、规模、目标等)与内部系统(经营目标、计划和预算、正式权力等)。特别重要的是,各种形式之间并不存在明确的优劣之分,而是各有所长、各有所短(这对于新型的组织形式也同样适用)。因此,从组织结构审计角度看,我们首先要关注的是把握各类组织结构的优缺点;其次,要清楚一个组织的性质和特点大体决定了何种最优的组织形式选择;最后,在组织运行中,尽可能通过强化管理的手段来扬长避短。

6. 组织有效性包括组织的效率与效果两个方面,组织效率是指组织实现其目标所需要耗费的数量,通常用投入—产出率来衡量;组织效果是组织实现其目标的程度,而目标可以被定义为组织所期望达到的未来状态。衡量组织有效性有两大类型五种方法。第一类是权变评价法,包括目标评价法、资源评价法、内部过程评价法;第二类是平衡评价法,包括利益相关者评价法、冲突价值观评价法。

7. 在实际的职位分析审计中,我们首先关心职位分析的目标需求,只有目标才能最后决定技术的最优选择,但同时,职位分析作为人力资源管理的基础性工作,它几乎需要提供人力资源管理所需要的一切信息,因此,信息结构完备性是一个组织关心职位分析的最主要方面。其次,如何进行职位分析也会影响到技术的最后效果。基于传统模式之上的360度职位分析方法可能是一种合适的改进,这种方法强调职位分析的客户导向观点——职位的内涵不再只是按组织的功能进行分解,而是决定于这个职位的客户的期望。最后,我们需要对职位分析的结果——职位说明书进行详细审计,看它是否符合信息完备性要求、是否体现了客户导向、是否具有清晰的可执行性等。

8. 职位评价审计的一项基本任务是确定不同职位评价技术的优缺点;另一项基本任务是明确不同职位评价技术的使用范围,既包括组织特征(如规模),也包括使用目的。在职位评价实践中,为适合组织的特定需要,职位评价技术也并非完全按照经典方法使用,而是要进行适当的调整改进,其中三个显著的发展值得关注。第一个发展是技术的精练化;第二个发展是不同技术的组合使用,最终导致职位评价技术的改进;第三个发展是组织战略要素的引入,提出战略职位评价技术,以反映日益动态的外部环境的变化与组织内部战略的相应调整。

9. 对人力资源信息系统结构的审计可以集中于两个方面:一个方面是针对其战略层面;另一个方面是针对其技术层面。战略方面审计的核心在于其核心内容,即人力资源信息系统所能完成的功能,此外,这些功能之间的整合以及谁使用这些功能都是审计的对象。人力资源信息系统技术审计并不是特别关心技术的先进性,而是关注技术选择的切合性、技术运行的稳定性、技术学习的有效性和技术升级的便利性。

复习思考题

1. 简述人力资源基础结构审计 GOPI 模型。
2. 公司治理结构的内涵是什么?里昂证券(亚洲)公司是如何进行公司治理评级的?
3. 是否存在一个最优的组织结构形式?
4. 如何审计组织的有效性?

5. 如何进行职位分析审计？
6. 如何进行职位评价审计？战略职位评价技术的主要内容是什么？
7. 如何进行人力资源信息系统结构审计？

案例1　职位结构审计：J公司职位评价方案（节选）

第一章　公司职位评价的基本理念

一、目的

为了确定公司各职位的价值等级序列，评估现有薪酬体系的内部公平性和外部竞争性，优化和重构公司的薪酬结构，促进公司的可持续发展，特制定本方案。

二、职位评价的依据

1. 组织战略：公司的发展战略是公司经营的基本导向，也是职位评价的基本导向。职位评价的最终标准是职位对公司战略实现的贡献程度。
2. 组织结构：公司的组织结构是公司价值创造的基本组织方式，也是各个职位发挥作用、体现价值的平台。
3. 职位说明书：职位的职责和任职资格要求，是公司职位评价的基本和直接的依据。

三、职位评价的方法

1. 常见的职位评价方法有排序法、职位归类法、因素比较法和点数法。其中点数法由于具备通用性好、比较客观、稳定性强以及操作方便等优点而受到国际大企业尤其是知识创新型企业的广泛认可。
2. 本咨询项目组所采用的二维点数法，是在参照国外先进的职位评价方法的基础上，结合公司实际情况设计修订而成的。

第二章　公司职位评价的管理体制

一、职位评价委员会

1. 职位评价委员会是职位评价的领导和执行机构。
2. 公司人力资源部为职位评价委员会的办事机构。
3. 专业机构与咨询专家提供专业建议并协助进行职位评价。

二、动态管理

1. 总裁授权人力资源部建立职位评价定期调整或适时调整的制度和程序。
2. 当下列情况发生时，职位评价应该加以调整：职位的新设、撤销、合并、分立，职责调整，任职资格调整，市场人才价格波动，组织战略和教育战略发生变化。

第三章 公司职位评价的工作程序

一、成立职位评价委员会

职位评价委员会由公司的高层领导(总裁与职能副总裁等)、公司总部各部门经理、人力资源部薪酬主管、内部资深员工和外部专业机构与咨询专家所构成。公司总裁担任委员会主席。

二、确定职位评价方案

1. 职位评价委员会或委员会聘请专业机构设计职位评价方案。
2. 专业机构设计的职位评价方案框架须经委员会讨论确认评价要素、权重和点值等关键项目后,确定适用的职位评价方案。
3. 委员会委员应熟悉职位评价的原理和方法,了解各职位的职位说明书。

三、样本职位试评价

1. 选择基准职位进行评价是为了测试并修正职位评价方案。
2. 基准职位要反映公司总的职位设置;基准职位评价也是为节约管理时间和成本。
3. 基准职位的选择:基准职位应该涵盖公司各层各类职位;基准职位数控制在总职位数的 15%—25%。

……

五、建立职位的内部价值序列

1. 将委员会的评价结果汇总并计算均值,得出职位最后评价分值。
2. 按照职位价值高低顺序建立职位价值序列表或价值坐标系。
3. 部分公司为了使用方便而将职位价值分成几个区间,从而职位价值序列表也可以进一步简化为职位价值等级序列。

六、异议与申诉的处理

1. 对评价持有异议的员工可以提出申诉;申诉须以书面形式作出,并明确异议理由、申诉要求以及支持申诉要求的依据。
2. 人力资源部作为公司职位管理的专设机构有权处理对职位结果的异议和申诉。员工的申诉首先须向人力资源部提出。
3. 对人力资源部处理结果仍有异议,可以向公司职位评价委员会再次申诉。职位评价委员会的决定是最终结论。

……

第四章 公司职位评价的基本框架

一、基本评价要素的选择

职位评价的要素非常多,其中重要的就有 50—60 项,本职位评价方案从众多付酬要素中选出与公司经营活动相关、对评价职位比较重要的要素,合理地排除了那些次要的、关系较远的、不稳定的要素,最终确定了七项基本评价要素:对企业的影响、监督管理、责任范围、沟通技巧、任职资格、解决问题的难度、环境条件。

二、职位评价权重结构的设计

1. 权重反映每个要素的相对重要性程度,在本方案中是根据点数的多少体现出来的,即要素的点数越多,它的重要性也就越大。虽然也可以对所有要素赋予同样权重,但大多数点值要素法方案对不同要素赋予不同权重。

2. 公司职位评价权重结构的设计包含两层含义:总点值的确定和各个评价要素在总点值内部的结构分布。

3. 根据公司现有的薪资差距,结合公司未来的价值导向,本评价方案将职位的总点值确定为2 000点。

4. 要素权重的确定极为关键。权重过高会导致职位评价的严重扭曲。本方案根据公司的战略与组织对职位的要求对不同要素设计相应权重,最终确认"对企业的影响(600点)"、"监督管理(200点)"、"责任范围(400点)"、"沟通技巧(200点)"、"任职资格(100点)"、"解决问题的难度(400点)"、"环境条件(100点)"。

三、公司职位评价要素等级的设计

1. 要素等级是指给每一个要素确定不同的水平,从而能够衡量不同职位在该要素上的等级差异。公司方案中的要素等级是由两个维度共同确定的。

2. 大多数职位评价方案将要素的每个维度分为3—8个等级,但并不是说所有要素均如此设计。评价要素等级的划分依据实际需要而定,以合理方便为原则。公司方案将根据不同要素的不同维度对职位价值的影响而设计2—6个等级。

3. 评价要素的等级赋分办法是在各要素的权重决定后确定的。一般地讲,等级赋分的方式有等差赋分、等比赋分、差额递增赋分和差额递减赋分等几种。

4. 等差赋分是国际通行的设计模式,公司方案将遵循这一模式。每个要素的维度点值大体将按照算术级数等差累进,以便建立一个渐进增加的序列结构。

案例来源:作者人力资源咨询项目公司文件,2002年。

案例讨论

1. J公司的职位评价方案采用了哪一种职位评价技术?
2. 从方案的结构和内容来看,我们可以判断这家公司的行业特点吗?
3. 这个职位评价方案存在哪些主要缺陷?

案例2　人力资源信息系统审计：GE(中国)医疗系统部的 e HR 管理(节选)

一、项目需求

GE(中国)医疗系统部于1979年在北京创建，至今已拥有一家独资企业、三家合资企业及20余家办事处和维修中心，遍及全国26个城市，不仅如此，每个分支机构的管理模式和层次又各不相同。GE(中国)医疗系统部共有1 000多名员工，员工的职位层次多而复杂，各类员工又有不同的管理权限。GE美国总部采用Oracle HR 系统以解决人力资源全球统一管理的问题。因此，在中国，GE(中国)医疗系统部迫切需要一套既要符合中国的各种人事政策和实际运作，又可以与其全球的 Oracle HR 系统相兼容的，同时又能实现GE先进的、集中化的人力资源管理思想的人力资源管理系统。经过对国内同类软件的比较、测试，GE公司最终选定了万古科技的 e HR soft2000人力资源管理系统，作为其整体人力资源管理的解决方案。

……

三、实施方案

1. 通过 Intranet 技术实现集中化的管理模式

面对如此复杂、分散的组织结构，再考虑到GE(中国)医疗系统部的硬件环境，决定在总公司和各个分支机构全部使用网络版本，免去以前的报表上传和数据传递的麻烦。同时，借助 Intranet 既实现集中化管理，又保持各下属公司在某些方面的相对独立性；既实现整个公司的资源共享，又达到有严格权限界定的管理要求。GE(中国)医疗系统部在办公自动化方面有着很高的水平，因此基于 Intranet 平台的 e HR soft2000 系统与其内部网络实现了无缝链接，使员工和管理者只要登录到内部网便可进入 e HR soft2000 系统进行操作，并且总部可以统筹管理所有下属公司的 database，GE(中国)医疗系统部的公共资源如人才库信息、培训信息等可以开放给所有下属公司及其分支机构共享。通过权限控制，各个下属公司又有独立操作其人事和薪资的权限范围，使各下属公司之间的一些资料相对保密，充分体现了 e HR soft2000 基于因特网的优势。

2. 通过灵活而全面的设计实现复杂的各级管理

在GE(中国)医疗系统部，由于其下属公司中的部分员工是从总部派去工作的人员，因此在管理上较本地员工要有所区别，这些员工虽然在下属公司工作，但是其人事关系、薪资福利仍然由总部管理。因此，在下属公司的日常管理中不需要对这些员工进行薪资福利计算和发放,但是这些员工须纳入下属公司的人员统计。针对这种情况,在 e HR soft2000 系统中,通过设定特征字符将这些员工区分出来,再编入不同的工资组进行分类,并且系统分配给总部和下属公司的人事管理人员不同的操作权限和操作范围,这样各行其是,解决了这个问题。

在薪资福利管理方面,GE 总部和各个下属公司均为独立核算的薪资系统,其薪资和福利方案不尽相同,而 e HR soft2000 可提供多币种、多工资组、多套工资计算公式、自动银行转账、自动报税表等功能,完全满足了 GE 的管理要求。因此,e HR soft2000 提供的解决方案是:按照不同公司的要求设定不同的工资组,每个工资组中的项目设定和薪资计算方法都完全独立,包括税务计算和社会保险均按各公司所在地区的要求分别加以设定,并按各公司指定的银行进行自动转账。这样系统自动完成了 GE(中国)医疗系统部复杂的薪资计算要求,解决了 GE(中国)医疗系统部跨地区的问题。按照 GE(中国)的要求,每个公司的薪资情况都保密,只有本公司的薪资主管和人事总监可以查看和修改,总部的人事总监也不能查看或修改其下属公司的薪资情况,因此,系统在安全性及操作权限和操作范围几个方面都做了很多、很细致的设定工作,以满足 GE(中国)医疗系统部的要求。e HR soft2000 根据 GE(中国)医疗系统部的要求,摈弃了原有打印工资单的方式,实现工资单的网上查询。GE 公司对系统安全性做了全面的检测之后,现已实现每个员工通过自己的用户名和密码在网上查阅自己的当月工资单以及历史工资单。另外,销售人员在网上做薪资查询时,e HR soft2000 系统还提供与销售提成相关的销售明细的查询功能,使员工可以通过网络获得自己有关薪酬方面的所有信息。

在图表功能方面,e HR soft2000 对人事和薪酬日常工作中涉及的所有数据均可进行统计分析并产生报表和统计图表(如饼图、矩形图)以及组织结构图,同时在 web 上也可以进行统计分析,并可将报表输出至 Excel、Word 等应用软件,因此非常方便地解决了 GE(中国)医疗系统部对报表输出的各种要求。

e HR soft2000 也提供了一些人性化的功能,如雇员生日、试用期满、合同到期、雇员使用的公司财物列表等,系统可做自动提示。对许多重要事件自动保留历史记录并能输出统计报表。对于雇员的部门调动、职位升迁、加薪等,系统能自动发电子邮件提示员工。这些自动提示功能满足了 GE(中国)医疗系统部人力资源部工作细致性的需要,给人力资源部管理人员提供很多便利。

四、员工自助服务的应用

……

2. 网上培训管理

在培训管理方面,公司制定的培训课程可以通过网络发布,员工可以在线申请培训课程。由于网络的互动性和共享性,总部和不同下属公司安排的所有培训课程可以协调管理,使各个公司的培训课程不再有重复和参加人员的限制,每个员工可以申请其合适的培训课程,使资源达到充分共享。培训主管根据员工的报名情况及时确认参加者名单,并及时通知员工参加培训,如果某项课程超员或无人报名的情况发生,也可以及早做调整。培训结束后,员工可以在线输入反馈意见,培训主管通过查阅反馈调查表对培训课程做相关的总结,并改进以后的培训计划。

3. 员工个人信息的网上自助输入

GE(中国)医疗系统部总部要掌握全体员工的个人资料以便提供给其全球的 Oracle HR 系统,GE(中国)医疗系统部在全国各地的办事处没有专门的人事专员管理人事信息,因此在人员资料的搜集和录入方面不但有相当大的工作量,而且统计起来非常困难。eHR soft2000 可以提供员工自助的功能,因此很好地解决了 GE(中国)医疗系统部的这一问题。具体如下:e HR soft2000 对员工个人的部分资料,采用员工自助服务的方式,通过分配给每个员工不同的用户名和密码,使每个员工只要登录 GE 的内部网页,就可以进入 e HR soft2000 系统直接输入和修改个人的资料。这样不但保证了人事部门搜集员工个人资料的及时性和准确性,而且可以保证这些资料的安全性。

五、实施效果

基于互联网的 e HR soft2000 系统帮助 GE(中国)医疗系统部的管理者实现其世界领先的人力资源管理理念,高效、安全地完成所有人力资源管理工作。e HR soft2000 系统在 GE(中国)医疗系统部的应用非常成功,使其在 GE 全球 2000 年度的评比中荣获亚洲最佳人力资源部的大奖。

案例来源:万古科技公司 GE 项目组,万古科技公司网站,http://www.vgtech.com.cn/.

案例讨论

1. 这个人力资源管理信息系统的目标是什么?
2. 谁是这个系统的使用者?他们使用这个系统做什么?
3. 仅就本文提供的信息,试判断该系统技术选择的切合性、技术运行的稳定性、技术学习的有效性和技术升级的便利性。

第7章 战略人力资本审计

【学习目标】

学习完本章内容之后,你应该能够:

1. 掌握战略人力资本审计 SVRAT 模型
2. 了解人力资本结构审计的主要内容和任务
3. 掌握人力资本价值与收益审计的概念
4. 熟悉人力资本价值与收益审计的指标与方法
5. 掌握人力资本倾向审计的概念与方法
6. 掌握人力资本流动审计的定义与分类
7. 熟悉人力资本流动审计的指标与方法

引例　诺基亚管理秘诀：保持薪酬竞争力，重赏好员工

诺基亚对电信业来说，就是一个令人折服的传奇：一个以造纸起家的芬兰小公司，历经130多年，非但没有为时代所淘汰，反而一举走出世界，从摩托罗拉和爱立信等老牌电信巨头手中夺过了手机老大的宝座①。在中国，诺基亚更是如日中天，不但以50%多的市场占有率傲视群雄，而其内部的薪酬制度更是富有竞争力。

毕业于中国人民大学工商管理专业的小张，现任诺基亚（中国）公司总部的销售助理。他说："制度里就有一种吸引力，有一种让人感觉受重视、受公平待遇的魅力。而且决不是纸上谈兵，那种从思考到操作细节的严谨，就让人明白，这是实实在在的、自己身边的事。"

薪酬参数保持行内竞争力

诺基亚认为，优秀的薪酬体系，不但要求企业有一个与之相配的公平合理的绩效评估体系，更要在行内企业间表现出良好的竞争力。比如说，如果行业内A层次的员工获得的平均薪酬是5 000元，而诺基亚付给企业内A层次员工的薪酬只有3 000元，这就很容易造成员工流失，这样的薪酬体系是没有行内竞争力的。

然而这里又存在一个问题，如果企业员工的薪酬水平远高于行业内平均水平，就会使企业的运营成本高于同业，企业的盈利能力就会削减。这同样也是不利于企业发展的。

如何解决这一矛盾呢？小张详细地向《IT时代周刊》记者解释了诺基亚的解决之道。为了确保自己的薪酬体系具备行业内竞争力而又不会带来过高的运营成本，诺基亚在薪酬体系中引入了一个重要的参数——比较率（comparative rate），计算公式为：诺基亚员工的平均薪酬水平/行业同层次员工的平均薪酬水平。例如：当比较率大于1，意味着诺基亚员工的平均薪酬水平超过了行业同层次员工的平均薪酬水平；比较率小于1，则说明前者低于后者；等于1，两者相等。

为了让比较基数——行业同层次员工的平均薪酬水平——能保持客观性和及时性，诺基亚每年都会拨出一定的经费，让专业的第三方市场调查公司进行大规模的市场调查。根据这些客观数据，再对企业内部不同层次的员工薪酬水平作适当

---

① 特别有意思的是，在第二版修订时选用诺基亚这个案例时，诺基亚公司正是业界翘楚，而如今第三版修订时，诺基亚已风光不再。原本想更换一个引例，但再想却觉得这个案例其实更有价值，它提出了一些更为深刻的问题。我们何以在一个公司如日中天的时候体察到可能的危机？人力资源在整个危机中可能扮演什么角色？公司的失败是否也意味着人力资源战略的失败？回答这些问题或许正是人力资源审计的使命所在。

调整，务求每一个层次的比较率都能保持在1—1.2的区间内（即行内同层次薪酬水平与高于水平的2成之间）。这样既客观有效地保持了薪酬体系在行业内的竞争力，又不会带来过高的运营成本。

重酬精英员工

巴雷特法则（Pareto's Law）又称80—20法则，它概括性地指出了管理和营销中大量存在的一种现象，比如，20%的顾客为企业产生了80%的利润，或20%的员工创造了企业80%的绩效。根据前者，营销界衍生出一套大客户管理的营销管理理论与方法；而后者则促进了人力资源管理上的一种新理论——重要员工管理的产生。

小张表示，诺基亚是重要员工管理理论的推崇者，从其薪酬体系中即可明显发现这一点。例如，诺基亚的薪酬比较率明显地随级别升高而递增：在3—5级员工中，其薪酬比较率为1.05；而在更高一层的6级员工中，其薪酬比较率为1.11；到了7级员工，这个数字提高到了1.17。也就是说，越是重要、越是对企业有贡献的精英员工，其薪酬比较率就越高。这样，就确保了富有竞争力的薪酬体制能吸引住企业的重要员工。

这还使得诺基亚的薪酬体系有一个特征，级别越高的员工，其薪酬就越有行业竞争力，让高层人员的稳定性有了较好保证，有效避免了企业高层动荡带来的伤害，使诺基亚的企业发展战略保持了良好的稳定性。而这对于企业的持续发展来说，是至关重要的。

而在不同层次的薪酬结构上，诺基亚也根据重要员工管理原则作了相应的规划，其薪酬结构有三个趋向性特征：基本工资随着等级的升高而递增；现金补助随着等级的升高而降低；绩效奖金随着等级的升高而升高。

小张认为，前两点保证了诺基亚的薪酬体系在稳定性方面会随着员工等级的升高更有行业竞争力，其目标在于保持高层员工的稳定性。而第三个特征则注重鼓励高层员工对企业作出更大贡献。因为高层员工的绩效对企业整体效益的影响，是数倍甚至是数十倍于一般员工的。

重要员工管理理论在诺基亚薪酬体系中的嵌入，一方面保证了高层员工有更好的稳定性和更好的绩效表现，同时也给低层次员工开拓了一个广阔的上升空间，在薪酬体系中表现出相当强的活力与极大的激励性。

注重本土化与人性化的薪酬制度

如果说以上是先进管理的理论在其薪酬体系中的灵活应用，让人感受到一种来自理性制度的优越，那么，诺基亚在薪酬体系中表现出来的本土化与人性化的元素，就足以让人享受到一份来自感性上的欢畅。

> 记者打开了"诺基亚北京公司薪酬体系"的"现金福利"部分,看到一个排满中国节日的现金福利发放表:春节每个员工发放现金福利600元,元旦200元,元宵节100元,中秋节200元,国庆节300元,员工生日发放400元。
>
> 诺基亚是一个典型的跨国公司,其现金福利的发放,虽然不算一个大数目,却完全是按照中国传统的节日来设计的。其中体现出的对中国文化的理解,让中国员工有被尊重与被照顾的感觉。而"员工生日"现金福利的规定,更是让员工感受到细致入微的个性化体贴。
>
> 在薪酬体系中表现出来的对中国文化与中国员工的尊重,使员工们"受尊重、被确定"的组织认同需求得到满足,这无疑是诺基亚薪酬制度上的另一个闪光点。
>
> "以人为本",诺基亚不但这样说了,也的确这样做了。这套兼具理性与感性的薪酬体系,就是诺基亚文化的一次完美表现。它深刻地展示出:诺基亚130多年的传奇并非偶然,严谨的态度和宽容的文化也是其成功的重要因素。
>
> 案例来源:卓越领导网,2007年9月15日,转引自:人民网,http://mobile.people.com.cn/GB/79431/6268202.html,2009年9月9日下载;经作者整理。

本案例展示了诺基亚公司在薪酬战略上的竞争力,其中的一个重要做法是通过比较率作为薪酬水平决策的基础。这实际上是人力资本收益审计的一个重要方法,即强调组织薪酬水平与市场水平特别是同行水平的比较——相对水平更重要。与此类似,一个组织的人力资本结构、人力资本价值、人力资本倾向以及人力资本流动等方面更加关注在市场中的相对位置,竞争力依赖于竞争优势的差距。这些内容正是本章试图要回答的问题:人力资本审计。

7.1 人力资本审计模型

人力资源管理的基本对象是人,因此,对人自身的审计应该是人力资源审计的重要内容。在人力资源管理中,一旦我们提到人自然就想到性别、年龄等特征,这属于人力资本结构中的人口统计学结构的要素,但人力资本结构还包括职位、部门等工作特征结构与影响力、成就动机等素质结构。这些结构特征可能在很大程度上既决定了人力资本的价值,又决定了人力资本的收益;前者指的是人力资本对组织的贡献,而后者是人力资本因为这种贡献而获得的回报。如果从总报酬模型来看,人力资本收益就不仅限于经济上的回报了。更重要的是,这个回报会影响到人力资本倾向,即人对组织的态度或满意度。而人力资本倾向则是人力资本流动的先行指标。由此,我们可以构建一个人力资本审计模型——SVRAT模型(参见图7-1)。SVRAT模型包括：人力资本结构审计（human capital structure audit）、人力资本价值与收益审计（human capital value and rewards audit）、人力资本倾向审计（human capital attitude audit）、人力资本流动审计（human capital turnover audit）等。这个模型不仅呈现了人力资本审计的内容模块，而且试图展现这些模块之间的逻辑联系。

图7-1　人力资本审计模型：SVRAT模型

模型始终是一种高度提炼与简洁展示，是思想层面的；而管理实践则要求明确具体与实际可行，是行动层面的。这就是既需要一个人力资本审计模型，又需要一个人力资本审计清单的基本理由。从这个清单中，我们能够清晰地看到它更详细的分类（参见表7-1）。首先，人力资本结构包括三个方面：人的自然属性结构（即人口统计学特征）、人的职业属性结构（即工作特征）、人的个性行为能力属性结构（即素质特征）。其次，人力资本价值与收益审计在内容上是最显而易见的了，包括价值审计、收益审计以及价值收益比审计等。但由于人力资本收益在理论与实践上的巨大发展，导致人力资本收益审计必须扩展到总报酬审计层面上去。再次，人力资本倾向审计关心的是人的态度。在通常情况下，组织既进行定期审计，也会在特定事件后进行专项审计；既有总体的员工满意度审计，也有专门具体领域的满意度审计等。最后是人力资本流动审计。人力资本流动是劳动力市场最为突出的现象，也是组织最为头疼的人力资源管理领域。人力资本事务性流动、人力资本职业性流动、人力资本功能性流动是人力资本流动审计的三大组成部分。

表7-1　人力资本审计清单

人力资本审计	人力资本结构审计	人口统计学结构审计
		工作特征结构审计
		素质结构审计
	人力资本价值与收益审计	人力资本价值审计
		人力资本收益审计
		人力资本价值收益比审计
	人力资本倾向审计	人力资本倾向的定期与专项审计
		人力资本倾向的总体与专门审计
	人力资本流动审计	人力资本事务性流动审计
		人力资本职业性流动审计
		人力资本功能性流动审计

人力资本审计在人力资源审计中有些特殊性。人力资源战略审计、人力资源规则审计、人力资源行动审计以及人力资源基础结构审计等都更关注"组织标准",而人力资本审计不仅关注"组织基准",确保人力资本属性特征更加切合组织的特征与发展需要,而且更关注"市场标准",特别是行业与竞争对手标准。人力资本审计的核心在于相对性。例如,就人力资本收益来说,一个组织所支付的绝对薪酬水平可能远没有这个薪酬水平在同类组织中的位置(百分位)重要。如果这个水平与直接竞争对手相差较大的话,那么结果可能是致命的。这里当然假定其他人力资本收益是既定的。此外,人力资本审计的相对性还体现在动态变化上。虽然在某一个时点上薪酬水平有差距,但在下一个时点上差距被大大缩小甚至产生反差,那么结果又完全是另一番景象。所以,静态的相对性很重要,动态的相对性可能是更重要的,毕竟没有组织希望只有一个"时点"的生命期,永续经营才是组织的基本使命。

7.2 人力资本结构审计

人力资本结构审计是战略人力资本审计中最基础的部分,它包括人口统计学结构、工作特征结构以及素质结构。各类组织经常进行的对组织员工的性别、年龄、学历结构等方面的分析属于人口统计学结构;而对职称(职业资格证书)、工作年限、专业、部门、层次、功能(业务与支持)、海外经历等结构方面的分析都属于工作特征结构领域;素质结构包括严谨、影响力等个性与行为能力特征。

到目前为止的分析更多的似乎是"为分析而分析",而缺乏对结构内涵的挖掘,即这些结构对组织战略意味着什么?另外一个问题是,对人力资本结构分析更多的是静态的,不仅缺乏行业之间的比较,而且缺乏组织内部的动态比较和行业之间的动态比较,不足以反映人力资本结构适应组织战略变化的程度。因此,人力资本结构审计的主要任务在于以下四个方面:(1)把握组织人力资本结构的状况;(2)确定现行的人力资本结构与组织战略所要求的理想的结构之间的缺口;(3)把握人力资本结构的动态变化,并将这种变化与组织战略的变化联系起来;(4)把握行业竞争对手的人力资本结构及其变化,并将其作为基准,确定组织与行业"最佳实践"的差距。

7.2.1 人口统计学结构审计

人口统计学特征指的是人们与生俱来的特征,个人后天一般难以改变的身体属性,例如性别、年龄、民族、种族、肤色(可手术改变)、出生地、父母情况等。在一个组织的人口统计学结构审计中,我们关注最多的是性别和年龄。在中国的情境下,家庭背景也是经常被关注的特征;而在美国等西方国家的情境下,种族则是被特别关注的方面。从中可以看出,人力资本方面的因素不能仅仅在纯粹的经济学逻辑中被考虑,还要关注社会乃至政治因素。

在人口统计学结构中,性别结构是指男性/女性员工在全体员工中的比例。一般意义上说,男女平衡是一种比较理想的状态,但是这个结论针对特定的组织则没有任何意义。举两个极端的例子:一个是纺织公司;另一个是煤矿公司。在这两类组织中,性别偏态集中是事实,也是行业特点所决定的。当然,另外一个需要考虑的因素是技术的变化。技术可能会改变行业的性别特点。从组织利益考虑,性别结构的最重要问题集中在法律方面。

年龄结构反映了一个组织不同年龄段的员工构成。年龄结构审计首先关注员工年龄的大小。显然,年轻员工具有更大的生产能力和发展潜力,而且在工作期间不会由于身体原因而损失工作时间从而影响公司正常的生产经营活动,也不会由于身体的原因而增加公司的医疗费用支出从而增加公司的人工成本。但是,年轻员工有更多的个人发展要求,主张企业发展与个人发展并重。

年龄结构审计其次要关注年龄的分布。因为在某一年龄段的员工数量过多有可能引起晋升瓶颈,解决不好会影响工作积极性;此外,年龄的偏态集中也会导致退休的偏态集中,从而影响公司的正常运转,除非公司通过人力资源调整和管理来消化这种现象。

年龄结构审计最后要关注员工的出生年代。每一个年代都有其相对独特的特征,这些特征必然又影响到这个年代出生的人的思维与行为。例如,在美国婴儿潮出生的一代人所具有的特征与随后年代出生的美国人在职业场所就具有比较明显的差异。在中国,20 世纪六七十年代出生的人和八九十年代出生的人的职业行为也差异极大。

P·简斯特和 D·赫西认为,年龄分析可以揭示一些战略问题,即围绕着管理职位的任期、即将发生的高层人员的变动,以及基层和中层所存在的一些管理者的职业生涯规划方面的问题。年龄分析还可以为计算一些与退休有关的事宜提供依据,而且有助于揭示管理人员接替计划中所存在的不足之处[①]。

7.2.2 工作特征结构审计

人力资本的工作特征指的是人们后天积累的与个人教育经历、工作经历相关的特征。一般而言,这些特征是不断动态变化的,尤其是在其职业生涯的早期阶段。工

---

① P·简斯特、D·赫西,《公司能力分析:确定战略能力》,人民邮电出版社,2004 年,第 123 页。

作特征结构审计关心的是员工所拥有的这些特征与工作的匹配程度以及这些特征分布的科学合理程度,特别重要的是,与组织的竞争对手相比的情形。

在工作特征结构中,学历结构是指按照不同学历划分的员工构成,反映了一个组织全体员工的综合素质。公司合理的员工学历结构应按照工作的性质由职位说明书来确定,避免人才奢侈配置。否则,不仅提高了公司的人力成本,也难以充分发挥员工的积极性,其结果是公司的劳动生产率损失。考虑到中国高等教育内部结构的巨大差异,同样的学历或学位可能意味着非常大的专业知识或专业技能差异。

职称结构是指按照员工所获得的专业技术职称来划分组织的员工,它基本上能够反映专业技术人员在本专业领域中的专业水平。由于职称制度在中国推行的扭曲,它很难准确地反映一个企业真正的专业水准。对于较大的企业来说,建立自己的专业技术职务体系,既能够衡量员工的专业技术水平,又能够解决员工的晋升瓶颈问题,有助于调动员工的积极性。

专业结构是根据员工所从事的工作性质对员工进行的划分,它主要反映公司员工的专业配置,特别应关注一线员工的相对比重。在不同的成长阶段,对人员专业结构的要求是有所差别的。对于进入快速成长期的企业来说,销售人员的比重会较大一些,但是,专业结构本身不存在一个恒定的比例。另外,可从人工成本和服务效率质量角度根据实际情况来解决服务人员的问题。

部门结构考虑的是员工在不同部门的分布情况,关注的是公司业务主导部门员工的相对比重。职务结构表明公司内部管理关系的基本结构,反映了公司职务晋升的路径与机会。薪酬与职务是员工发展的最重要标志,如果公司没有建立比较明确的职务体系,在一定程度上会影响员工的积极性。专业技术职务体系的建立将是一条可选择的途径。

在分析了具体的案例之后,我们再回到一般性的问题上来。P·简斯特和D·赫西认为,对大部分组织来说,知道员工人数应该不是什么问题,但有时由于某种定义和时间安排上的原因,即使这样简单的问题都不容易回答。不过根据法律的要求,这样的数据至少在一年的某个时点上是必须具备的。但如果我们想更仔细地去了解一个组织,我们还需要更多的统计数字,而不仅仅是这些总计数字。不仅如此,假如我们不清楚这些总数后面的含义,它们还会产生误导。不难看出,统计数字是十分重要的。但如果我们能把这些数据放到时间序列中去,那么,这些数据对我们就更有意义了,因为,我们不仅可以对连续几年的数据进行逐年比较,甚至在季节性因素出现时,还可以进行逐月或逐季的观察[①]。

---

① P·简斯特、D·赫西,《公司能力分析:确定战略能力》,人民邮电出版社,2004年,第123页。

7.2.3 素质结构审计

真正重要的是人力资本的素质结构,通常称之为素质模型,也称胜任力模型。它是 1973 年哈佛大学麦克兰德教授应美国国务院要求为正确选拔外交官而研发出来的管理模型。素质模型是从组织战略发展的需要出发,找到员工胜任工作的能力要求并以此来选拔员工,以强化竞争力、提高实际业绩,在现代人力资源管理实践中具有特别重要的地位。所谓素质模型是指为完成某项工作,达成某一绩效目标所要求的一系列不同素质的组合,包括不同的动机表现、个性与品质要求、自我形象与社会角色特征以及知识与技能水平。通常,素质模型以"冰山模型"或"洋葱模型"来展示。

人力资本素质结构审计的核心在于明确组织中各职位的素质模型,然后通过测量任职者的素质水平来确定职位与任职者素质的差距,最终满足人力资源管理的各项要求,包括通过培训开发提升任职者的素质等。这里呈现的是一个户外媒体销售主任的素质模型与其任职者真正的素质水平。通过素质结构审计,我们可以了解到任职者的素质与实际需要的素质之间的差距(参见图 7-2)。

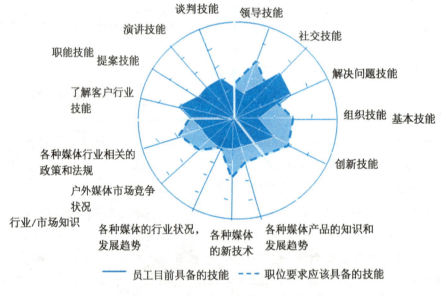

图 7-2 户外媒体销售主任的素质结构审计

资料来源:作者人力资源咨询项目公司文件,2006 年。

7.3 人力资本价值与收益审计

人力资本价值是指人力资本为组织创造的价值,而人力资本收益则是指人力资本从组织中所获取的收益。从组织利益角度看,人力资本价值可以被看作人力资本为组织带来的产出,而人力资本收益则是组织对人力资本的投入。因此,人力资本价值收益比能够比较准确地反映组织的人力资本投入产出效率,是衡量组织在人力资本方面竞争力的一个好的指标。

7.3.1 人力资本价值审计

从一个企业角度看,它更看重人力资本的总体价值,而不是每一个人的价值;它更看重人均价值,而不是价值总值;它更看重核心价值指标,而不是面面俱到的价值指标;它更看重与市场竞争对手相对比的相对价值,而不是总体绝对值。人力资本价值不是考虑对每一个员工的绩效评价——这是员工绩效考核的内容。

在测量和审计人力资本价值时,我们可以将人力资本价值分解为几个层次的指标:人均销售额、人均利润、人均经济增加值[①]。当然,这些指标并不是唯一的,它的设计主要是考虑到人力资本价值审计分析的一般性和便利性。实际上,任何组织都可以根据自身的行业特点与发展阶段来设计具有组织个性的指标体系;只是在设计这些指标的过程中要考虑到时间序列数据的一致性以及行业数据的可获得性,否则无法进行跨时、跨域比较,而只能进行静态分析,使得数据的作用大打折扣。此外,如果一个组织的人力资源统计基础设施比较完善,我们还可以细化到人均工作小时的价值,这个变量可以更详细也更准确地反映人力资本的价值。

就人力资本价值审计而言,我们需要关注以下五部分内容。(1)要对目标值与实际值进行比较分析。在通常情况下,一个公司会有一个公司业绩目标值,但较少有人均业绩值目标。而实际上,人力资本价值在经济学意义上说反映了组织的劳动生产率,而劳动生产率的不断提高正是组织持续发展的源泉,为此,各组织不仅应该关注总额目标,更应该不断确定劳动生产率改进的目标,这样才能保证组织的竞争能力和持续发展能力。(2)要实施人力资本价值的动态变化审计分析,也即对人力资本价值三大指标的时间序列数据进行审计分析,这种分析主要反映组织持续改进劳动

[①] 就人均销售额、人均利润和人均经济增加值三个指标而言,人均经济增加值在人力资源管理实践中使用较少,但是这个指标更能说明人力资本的价值贡献。

生产率的能力。(3)要进行人力资本价值的行业内比较分析,或许最重要的是与直接竞争对手的比较分析。它所反映的关键问题是组织劳动生产率在行业内的竞争能力。(4)要对人力资本价值的时间序列数据与行业内数据进行组合分析,这是最完整也是最有价值的分析,它不仅反映一个组织的劳动生产率在行业内的竞争地位,还能反映这种竞争地位的发展趋势是否具有可持续性,这才是一个组织真正关心的问题。(5)人力资本价值审计分析的任务绝不只是对数据进行统计分析,真正的任务是要发现"缺口"——目标缺口(既包括当年的目标,也包括时间序列目标,如目标增长等)与行业缺口等;最重要的是要找到产生缺口的原因。

为便于不同组织选择适当的人力资本价值指标,我们编辑了一个人力资本价值指标集,但显然,这个指标集决不是完整的,仅具参考价值(参见表7-2)。不过,需要强调的是,为建立行业内可比较的人力资本价值指标体系,创建对各类组织均有益的"公共产品",建议至少将人均销售额、人均利润、人均经济增加值作为人力资本价值的基础指标。

表7-2 人力资本价值指标集

• 人均资产	• 人均市值
• 人均净资产	• 人均账面价值
• 人均产值	• 人均经济增加值
• 人均销售额	• 管理层人均销售额
• 人均利润	• 管理层人均利润
• 人均税前收益	• 管理层人均税前利润
• 人均税后收益	• 管理层人均经济增加值

7.3.2 人力资本收益审计

人力资本收益则是指人力资本从组织中所获取的收益。这是从人力资本角度来看的,它意味着组织对人力资本的吸引力;如果从组织角度来考察,人力资本收益实际上构成了组织的人工成本,不利于组织的市场竞争。

与人力资本价值审计分析一样,为了分析的一般性和便利性,我们考虑的人力资本收益指标主要有以下几种:人均总报酬、人均货币薪酬、人均绩效薪酬、人均福利收入、人均股权、人均培训时数、人均带薪休假天数以及收益组合的选择自由度。其中,我们设定总报酬为货币薪酬与福利收入之和,而绩效薪酬是货币薪酬的一部分。我们特别强调收益组合的选择自由度,它将是最具有激励作用的人力资本收益形式。收益组合的选择自由度主要包括福利组合的选择、培训方式与内容的选择、带薪休假的时间选择以及货币与股权的选择等方面。因为选择自由可能会对人力资本动力产生巨大的积极作用,从而最终有利于组织的持续发展。但是,对收益组合选择自由度的准确测量可能还需要进行许多基础性的工作;为在实践中寻找更好的测量技术与方法,我们首先可以从问卷调查做起。

对于一个组织而言,人力资本收益具有双重性:一是人力资本收益的成本性,即它是组织的成本项目,因而起的是降低投入产出效率的作用。在其他条件不变的情况下,人工成本越高,组织市场竞争力越低。二是人力资本收益的收益性,即它会对组织吸引、维持、开发和激励人力资本的能力产生积极影响,高人力资本收益的组织一定会增强组织的人力资本竞争力,从而,它又能起提升组织投入产出效率的作用。这是我们在进行人力资本收益审计时首先必须考虑到的。其次,必须考虑到的问题是不同员工的人力资本收益问题,我们特别关注管理层和关键员工的人力资本收益。最后,人力资本收益审计分析也同样要关注时间序列数据、行业数据以及这两类数据的组合使用,并进行深度分析,以挖掘问题及其成因,为开发更合理的人力资本政策奠定基础。

为便于选择合适的人力资本收益指标,这里提供一个人力资本收益指标集(参见表7-3),它比人力资本价值指标更多一些,这也可以从一个侧面反映员工需求的多样性以及组织满足这种多样性的难度。

表7-3 人力资本收益指标集

• 人均总薪酬	• 人均培训时数
• 人均货币薪酬	• 管理层培训小时数
• 人均绩效薪酬	• 关键员工的培训小时数
• 人均福利收入	• 新进员工定向培训小时数
• 人均股权	• 新进员工的培训小时数(不超过一年)
• 人均带薪休假天数	• 每位员工的能力开发费用
• 管理层(关键员工)人均总报酬	• 收益组合的选择自由度
• 管理层(关键员工)人均福利收入	• 管理层(关键员工)收益组合的选择自由度
• 管理层(关键员工)人均股权	
• 管理层(关键员工)人均带薪休假天数	

人力资本收益实际上已经超越经济回报而上升到总报酬层面。美国薪酬协会总结了薪酬领域的发展,于2006年提出了一个全新的总报酬模型(参见图7-3)。总报酬是吸引、激励和保留员工的各种手段的整合,任何员工认为具有价值的东西都有可能成为总报酬的组成部分[①]。总报酬模型包括薪酬、福利、平衡工作与生活、绩效与认可、个人发展与职业机会等五个部分。

7.3.3 人力资本价值收益比审计

人力资本价值收益比就是人力资本价值与人力资本收益的比值,可以定义为每

[①] Worldatwork, *What is Total Rewards?*, 2006, http://www.worldatwork.org/aboutus/generic/html/aboutus-whatis.html#today.

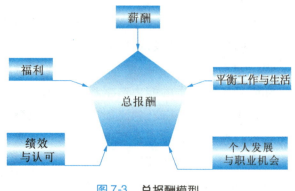

图7-3 总报酬模型

货币单位人力资本收益所创造的价值。它的基础指标按照人力资本价值的三大指标来设计,即每货币单位人工成本的销售额、每货币单位人工成本的利润、每货币单位人工成本的经济增加值。这些指标反映的是组织对人力资本每投入一个货币单位(人力资本收益)能够为组织带来多大的销售额、利润和经济增加值(人力资本价值),因此,它们真正反映了一个组织的人力资本投入产出效率,是衡量组织在人力资本方面竞争力的一个好的指标。显然,从人力资本审计角度来说,我们关心的问题与人力资本价值审计是完全一样的:我们不仅关注组织实现人力资本价值收益比目标的能力,而且还关注人力资本价值收益比的时间序列变化以及组织实现人力资本价值收益比目标能力的动态变化;另外,我们还关注人力资本价值收益比在行业内的水平,特别是与竞争对手的差距或领先程度;最后,我们还关注持续提高人力资本价值收益比的能力,这需要对时间序列数据和行业数据进行组合分析。

7.4 人力资本倾向审计

人力资本倾向审计可以理解为现行人力资源管理实践中的员工态度调查,但人力资本倾向审计不仅包括总体的员工满意度审计,还包括具体的满意度审计(如薪酬满意度、工作环境满意度等);不仅包括定期审计,还包括针对组织发生特定事件后的专项满意度审计(如组织发生重大变革、重大事故等);不仅包括满意度调查的直接结果的分析,而且关注员工满意度的动态变化以及员工满意度在行业内的比较等。因而,人力资本倾向审计是对员工满意度调查的扩展和深度利用,以期挖掘更多的有用信息,利于组织人力资源管理决策。

员工态度调查被认为是获取人力资源管理绩效信息的最客观也最经济的方法之一,它揭示出员工对组织、对特定的部门和活动以及对管理层和其他员工的感觉。由于态度决定员工行为,而行为产生绩效,因此,不管一个组织的人力资源政策如何,关键在于员工对这些政策的感觉如何。斯托瑞(M. Story)对澳大利亚航空公司的一项研究发现员工满意度与客户满意度之间呈现强劲的正相关关系,而且,员工满意度提高1个百分点会导致销售收入增加1 700万澳元①。薛伯尔(P. Sheibar)提供了一个详细的员工态度调查过程指南(参见表7-4),而德斯勒则为我们提供了一个很好的员工态度调查问卷样本(参见表7-5)。

表7-4 员工态度调查过程指南

阶 段	关 键 问 题	活 动
倡议确认	• 调查与改进行动承诺 • 调查需求:问题指标、调查目标 • 调查效果(实现目标程度)	• 关键经理访谈 • 员工聚焦小组访谈 • 问题分析
管理计划	• 调查人群/适当的调查单位 • 抽样策略,参与者匿名化,处理选择性方案 • 管理方法与实施 • 调查前后的沟通 • 反馈方法与实施 • 资源获取与分配	• 项目计划开发(明确任务、时间框架、责任) • 沟通、定向(针对经理)
问卷开发	• 适当的调查结构与内容	• 原型(prototype)工具开发
先行测试	• 每一个问题的意思都很清楚吗? • 答案分类利于有效回复吗? • 工具能获取所需要的信息吗?	• 与员工共同设计先行测试 • 工具的最后修正
管 理	• 有效的内部管理与跟踪	• 问卷发放与管理
数据分析	• 回收率 • 初步结果	• 数据输入、计算机处理
向管理层报告	• 基本趋势 • "热点问题"(hot spots) • 总体结论 • 后续行动建议	• 分析与解释 • 演示 • 管理评估
管理层/员工反馈	• 结论的证实/清晰化 • 变革建议 • 员工参与	• 沟通 • 反馈会议
行动计划	• 基于结论的行动计划承诺	• 短期与长期计划、计划执行

资料来源:P. Sheibar, The Seven Deadly Sins of Employee Attitude Suyveys, *Personnel*, 1989, 66(6), p.68。

---

① M. Story, Employee Surveys Reveal Trends in Corporate Behavior, *Human Resources*, 1996, 1(2), p.3.

表7-5 得克萨斯设备有限公司的态度调查问卷(节选)

本问卷用以帮助你便捷地将你的看法告诉我们。答案没有"对"、"错"之分,只是我们想了解你自己真实的看法。请不要填写你的姓名			
根据你对以下各题的看法,选择同意或不同意;如果你无法确定,则选中间的答案			
范例: 我更愿意在大城市工作而不愿在小城镇工作	2分 同意	1分 ?	0分 不同意
1. 这里的工作时间很好 2. 我了解我的工作与我小组其他人工作的关系 3. TI的工作环境比别的公司好 4. 我认为这里的工资比别的公司低 5. 我认为TI在实施娱乐计划方面花了太多钱 6. 我的上司认为我们受过从事工作的适当培训 7. 我的上司认为我们要做好本职工作还需做上努力 8. 管理人员真的在努力建设组织并使它成功 9. 我对TI及其未来怀有极大的兴趣 10. 在TI我几乎没有机会发展我的能力 11. 与其他TI人相比我的工资是公平的 12. 与其他公司相比,TI的福利是好的 13. 与我一起工作的少数人认为他们主管着这个地盘 14. 与我一起工作的人们相处很好 15. 在TI得到提升的人往往是应当提升的 16. 要求我花太多的时间工作 17. 我的上司欢迎我们发表意见,即便这些意见与他自己的不同			
请在以下各项中选出最符合你所从事工作类型的一项: 1. □职员或办公室人员 2. □生产人员 3. □技术人员 4. □维修人员 5. □制造人员 6. □研究与开发人员 7. □工程人员 8. □其他			
1. □按小时计酬 2. □年薪或月薪	1. □男 2. □女	你是否负责管理3个以上TI雇员? 1. □是 2. □否	
你部门的名称:			
请你在此写出你所想到的任何意见或建议:			

资料来源:加里·德斯勒,《人力资源管理》,中国人民大学出版社,1999年,第282—285页。

诺伊等人强调,一项系统的、持续性的员工调查与研究计划都应该是任何人力资源战略中的一个至关重要的组成部分。其原因在于以下四个方面:(1)它可以使公司能够对一段时间内的工作满意度发展趋势进行监控,从而在雇员自愿流动出现之前就能够阻止这一问题的出现。(2)它能够为一项政策(如引入一套新的绩效评价体系)或人事变动(如一位新的首席执行官到任)对雇员态度所产生的影响提供一种经验性的评价方法(如某一个关键事件发生前后工作满意度各方面的一般状况)。(3)当企业将这些员工满意度调查与像工作描述指数或工资满意度问卷等标准化问卷结合在一起的时候,公司就可以根据这些维度去把公司与同行业中的其他公司进行比较。如果发现一个组织的工作满意度水平与整个行业的工作满意度水平之间存在的主要差距,那么这个组织就可以在自己的员工大量流向竞争对手之前作出反应,尽快修改公司的政策。在一个组织内部,系统的调查计划还可以被用来考察各个不同单位与从所有单位中提炼出来的作为基准的"最佳实践"之间所存在的差异(如不同地区分支机构工作满意度各方面的平均状况)。(4)每年进行一次调查也为雇员提供了一个发表他们意见以及发泄不满的建设性机会,雇员们正式表达自己对于工作条件不满的这样一种机会被称作发言(voicing)。研究表明发言为雇员发泄他们在工作中所遇到的令人沮丧的事情提供了一个积极的、富有建设性的机会①。

7.5 人力资本流动审计

我们对人力资本流动的界定是广义的,它是指人力资本与工作的分离,或暂时的,或永久的。人力资本流动包括三个部分:事务性流动、职业性流动和功能性流动(如果狭义地理解,人力资本流动仅包含职业性流动)。相对应地,人力资本流动审计也就自然包括人力资本事务性流动审计、人力资本职业性流动审计和人力资本功能性流动审计等三个组成部分。但考虑到对人力资本流动广义和狭义理解的平衡,特别是考虑到职业性流动对一个组织所带来的影响更为复杂也更为重要,我们对人力资本职业性流动审计的探讨更为详细一些。

关于人力资本流动审计有两个要素始终要予以关注:一是员工离开人数;另一个是他们离开的缘由。我们可以按照组织的不同领域、级别或不同的年龄/工龄对此加以比较。出于预测和公司政策制定的要求,有必要了解员工离开的主要原因,比如,死亡、退休、健康状况、组织裁员、其他公司挖墙脚和辞职等。最后,我们想再强调按等级和年龄来考察人员流动情况的重要性,因为有时在整体上看来十分正常的人员流动率往往会掩盖一些部门和地区所存在的重大问题。10%的整体流动率可能会掩盖某些部门的流动率超过100%的事实。组织各单位人员流动率的差别使我们难以发现各部门人员流动率的健康或合理的界限②。

---

① R·A·诺伊、J·R·霍伦拜克、B·格哈特、P·M·莱特,《人力资源管理:赢得竞争优势》,中国人民大学出版社,2000年,第463—467页。
② P·简斯特、D·赫西,《公司能力分析:确定战略能力》,人民邮电出版社,2004年,第126—127页。

7.5.1 人力资本事务性流动审计

人力资本事务性流动是指员工因各类事务而暂时离开工作岗位；一旦事务结束或完成，员工将重新回到原来的工作岗位。在人力资源管理实践中，人力资本事务性流动通常被称为缺勤，以缺勤工作日数来反映员工缺勤的严重性。为便于人力资本事务性流动的测量、比较与评价，缺勤率是最被常用的一个指标。

在乔治·T·米尔科维奇和约翰·W·布德罗看来，缺勤通常会受到惩罚或被解雇，因为缺勤是一种非常明显的有害行为。他们引用美国国内事务局采用的计算缺勤率的公式是：当月雇员缺勤天数/(平均雇员人数×当月工作天数)。这个公式不仅反映了缺勤的雇员人数，而且反映了他们的缺勤时间。美国国内事务局对于缺勤的规定中没有包括由于执行陪审员义务造成的缺勤、预先安排好的脱产训练时间、长期伤残造成的缺勤(四天以上)以及事先安排好的有原因的缺勤[1]。这里，我们可以得出四个结论：(1)缺勤对于一个组织的正常运转而言是不利的；(2)缺勤本身作为一个绩效指标是与缺勤者的负向激励(惩罚)以及雇佣状况联系在一起的；(3)缺勤率指标的计算方法既体现了绝对值(缺勤人数、时间)，也反映了相对值(比率)；(4)缺勤本身还有不同的情形，对于一个组织而言，没有预期到或临时发生的缺勤的危害性是最大的。

缺勤率是人力资本事务性流动审计的基础指标，但是我们很清楚，不同类型的缺勤对组织的损害是不同的，不同员工的缺勤对组织的损害和影响也是不同的。此外，为防止负面的示范效应，我们还需要关注高缺勤群体(个人缺勤率超过组织缺勤率的员工)的缺勤行为。因此，我们首先要对缺勤率指标进行再细化。从缺勤类型来看，我们大体可以关注六类缺勤行为：因公缺勤(凡本企业派出学习培训、法定产假、法定婚假与其他企业认定的非因私缺勤者，为因公缺勤)、因私缺勤(凡迟到、早退、因私外出与串岗者，为因私缺勤)、旷工缺勤(凡事先不请假而缺勤、事后无正当理由补假者，为旷工缺勤)、事假缺勤(凡因私请假并获主管同意而缺勤，为事假缺勤)、工伤缺勤(凡因公负伤且住院治疗期间的缺勤，为工伤缺勤)以及病假缺勤(凡非因公负伤、因公负伤康复期与疾病治疗期缺勤且有指定医疗机构证明者，为病假缺勤)。从缺勤主体来看，我们可以区分管理层缺勤率和关键员工缺勤率。这里的管理层和关键员工取决于各个组织自身的界定。从缺勤异常来看，我们可以设定缺勤异常比，即个人缺勤率超过组织缺勤率的员工缺勤天数与组织缺勤天数之比。

为进行有效的人力资本流动审计，我们首先关心的是不同类型的缺勤率、不同员

---

[1] 乔治·T·米尔科维奇、约翰·W·布德罗，《人力资源管理》(第8版)，机械工业出版社，2002年。

工(管理层、关键员工)以及高缺勤群体的缺勤率与作为基准指标的组织缺勤率之间的比较分析,由此,我们能够发现缺勤的结构状况,明晰组织内部的关键问题。其次,我们需要引入时间概念,通过比较分析缺勤率的时间序列数据,我们能够发现缺勤的动态发展变化。再次,我们还需要引入行业数据(如果可能的话),既可用以参照,也可以作为改进目标。当然,行业数据与时间序列数据的组合使用会挖掘出更多的有用信息。最后,也是人力资本流动审计最重要的内容之一,就是探究其原因,从而为改进人力资源管理提供基础条件。

7.5.2 人力资本职业性流动审计

人力资本职业性流动是指员工离开本组织而到其他组织任职的流动,这是人力资源管理实践中最受关注的流动。为强调其严重性,更多的时候它被称为人力资本流失。导致这种后果的主要原因是人力资本流动率是预测组织恶化最为敏感的变量之一[1]。斯通认为,流失是指员工离开一个组织并需要被重新填补的过程。高流动率导致招聘、甄选、定向和培训成本的增加,而且,员工流失也会导致生产的中断、质量控制问题、沟通差强人意、团队与士气发展的无能等不良后果[2]。美国劳工部的调查表明替换一个员工需要一个新员工 1/3 的年薪成本[3];而瑞伊(Ray,1996)估计,替换高级管理人员的成本则高达其年薪的 150%[4]。

我们将流动率作为衡量人力资本职业性流动的基础指标,但对一个组织而言,主动性流动和被动性流动对组织的影响还是有差别的,特别是被动性流动会导致组织正常运转的巨大困难,因此,我们将流动率再细分为辞退率(组织主动,而员工被动)和辞职率(组织被动,而员工主动)两个指标。另外一个问题或许对一个组织来说更为重要,那就是流动的是哪些员工(这些员工还可以区分为辞退率和辞职率)。正如哈金斯和库尔茨(Harkins and Kurtz,1991)的研究所表明的,如果高绩效的员工没有被留住,那么即使流失率很低结果也会变得更糟,因为这可能会导致组织人力资本结构的恶化,因此,真正重要的是流动的质量而不是数量[5]。由于这个原因,我们进一步区分管理层流动率和关键员工流动率。还有一个变量也很重要,它的重要性来源于总的流动率指标的天然缺陷。这就是对于一个组织来说,流动率太高肯定不是一件好事,但是,如果流动率太低或根本没有任何员工流动,那也不意味着是件好事,因

---

[1] M. C. Knowles, Labor Turnover: Aspects of Its Significance, *Journal of Industrial Relations*, 1976, 18(1), pp. 67-75.
[2] R. J. Stone, *Human Resources Management*, 3rd edition, Brisbane: John Wiley & Sons Australia, 1998, p. 735.
[3] G. L. White, Employee Turnover: The Hidden Drain on Profits, *HR Focus*, 1995, 72(1), p. 15.
[4] P. Ray, Hire Executives Who'll Stay, *HR Magazine*, 1996, 41(6); p. 19.
[5] P. J. Harkins, L. Kurtz, The Real Cost of Employee Turnover, *World Executive's Digest*, 1991, 7(10), p. 87.

此,很难为组织确定一个最优流动率。

如果流动率与组织的利益关系不是单调发展的关系,而又不能确定一个最优的流动率,那么应用这个指标的时候,就存在着不确定性和危险性,因此,如果我们能对这个指标进行精炼化,发展出一种合适的单调关系,那么这个指标的解释力就会更强、更清晰。新员工六个月内的流动率或许是一个合适的指标,这个指标值应该是越低越好。新员工六个月内的流动率所能揭示的内涵有:巨大的招聘、甄选、定向、培训成本(已经发生的和即将要发生的);组织招聘甄选的能力(未能选择合适的人选);组织的自身条件(工作环境、文化、待遇、发展机会等);组织形象(员工流失带来的市场反应);内部员工的稳定性与士气(关于组织内外部的新信息的带入、传播等对现有员工的影响)。

从人力资本流动审计的角度看,第一,将员工流动率作为基础指标来进行静态审计:将员工流动率与辞退率/辞职率(设定辞退率与辞职率之和为1)进行比较、与管理层流动率和关键员工流动率进行比较、与新员工六个月内的流动率进行比较等。第二,管理层流动率和关键员工流动率还可以区分为相应的辞退率/辞职率,从而与员工流动率进行比较分析;新员工六个月内的流动率也可以区分为相应的辞退率/辞职率,从而与员工流动率进行比较分析;新员工还能区分为管理层和关键员工,从而进行相应的流动率比较分析等。第三,我们需要关注这些数据的时间序列变化。第四,行业数据对各类流动率的比较分析极为重要。最有效的比较分析可能是基于行业数据与时间序列数据的组合使用。第五,我们仍然需要关注机理分析,即导致这些结果的原因何在,而不只是关心数据的变化。

7.5.3 人力资本功能性流动审计

人力资本功能性流动是指由于员工生理或心理状态的变化导致无法胜任工作要求并因此而结束职业生涯的流动。人力资本功能性流动按照导致流动的原因可以分为三类:因病流动、因伤流动和因老流动。因病流动是指由于员工因各类生理或心理疾病而从本组织工作岗位上退出职业生涯;因伤流动是指由于严重的工伤或非工伤而引起的员工生理或心理功能已无法胜任工作,员工因而从本组织工作岗位上退出职业生涯;因老流动则是正常的功能性流动,是指员工由于年老而引起的生理或心理功能衰退,使其已无法胜任工作并退出职业生涯。

基于人力资本功能性流动的分类,我们设计三个指标来进行人力资本功能性流动测量和审计,这三个指标分别是:病休率、伤休率和退休率。病休率主要和两大因素有关(我们仅考虑因为工作而引起的疾病,而不考虑员工天生的一些疾病):一是组织的工作压力;二是组织的员工健康计划。病休率与工作压力成正比,而与员工健康计划成反比。组织员工的工作压力可以通过问卷调查的方式进行了解(参见表7-6),而组织的员工健康计划既要考虑到组织的经济承受能力,也需要关注行业的"最佳实践"——从某种意义上说,它确定了行业标准。例如,在 IT 行业,微软等公司的员工健康计划对整个行业产生了巨大压力。

表7-6 压力自测(节选)

这份测试的目的是评估压力的起因,你不必花太多时间去思索任何一道问题,只需要尽可能快地作答并移动至下一问题(1:从未或不常,2:偶尔,3:经常,4:不断或几乎总是)。				
1. 我被委派的工作量多到无法愉快胜任	1	2	3	4
2. 我被指派的工作困难到无法顺利完成	1	2	3	4
3. 干扰太多	1	2	3	4
4. 我无法确定自己何时该做何事	1	2	3	4
5. 我在同一时间被不同的人指派不同的工作	1	2	3	4
6. 我的工作过于简单	1	2	3	4
7. 我对物质条件、噪声感到厌烦	1	2	3	4
8. 我的工作似乎无关紧要且要求不高	1	2	3	4
9. 流言蜚语或暗箭伤人的情形太多了	1	2	3	4
10. 我周围的人太缺乏幽默感了	1	2	3	4
11. 我的工作量不足以使我保持忙碌	1	2	3	4
12. 我期望发生一些令人兴奋的事情	1	2	3	4
13. 我周围的人全都令人厌烦	1	2	3	4
14. 我的工作不断重复而且单调乏味	1	2	3	4
前十题的分数加起来得到你的 P 分,后十题的分数加起来得到你的 T 分。这两者可以勾勒出你工作中固有的压力,简而言之,工作量过少或过多都可以造成你的压力。 P 和 T 分都不高于 23 分:你可能工作愉快,且不受压力苦恼; P 分高于 23 分:和大多数一样,你的工作有压力; T 分高于 23 分:你的工作倾向于枯燥乏味,而且你有可能感觉未获重用或者不满; P 和 T 分都(或其中之一)高于 29 分:你目前可能觉得工作压力让你喘不过气来。 (本自测题由德惠公司提供)				

资料来源:周展宏,"工作压力困扰中国经理人",《中华儿女(海外版)》,2004年第3期,第25页。

伤休率主要与组织的职业安全系统有很大关系。在西蒙·多伦和兰多·舒尔乐看来,伤休率可能是事故率、严重率(严重度)和频率的函数(参见表7-7)[1]。退休率

---

[1] 西蒙·多伦、兰多·舒尔乐,《人力资源管理——加拿大发展的动力源》,中国劳动社会保障出版社,2000年,第447—478页。

的变化可预先从组织的人力资本结构分析中得到一些启发;为减少退休率的巨大波动对组织运转所带来的影响,设计和维持适合的员工的年龄结构极为重要。

表7-7 事故率、严重率和频率的定义与计算

事故率:工业安全中最精确的指标为事故率。 其计算公式为: 事故率 = 记录的工伤与职业病人数 × 1 000 000/全体雇员工作小时数
严重率(严重度):一个企业可能在安全问题上出现了大量的小问题或是一两个大问题,因此,其战略也有所不同。严重率(度)反映伤病带来的实际损失的工作小时数。它表明所有的伤病不是等同的。可分为四类:死亡、永久性全部失能、永久性部分失能、暂时性全部失能。一个企业可能与另外一个企业的伤病数相同,但它因为死亡人数多而比另一个企业有更高的严重率(度)。 严重率(度)的计算公式: 严重率(度) = 工作总损失小时数 × 1 000 000/全体雇员工作小时数
频率:频率与事故率相类似,但它表示的是每百万工时的伤病数,而不是每年的伤病率。 其计算公式如下: 频率 = 伤残数 × 1 000 000/雇员工作小时数

资料来源:西蒙·多伦、兰多·舒尔乐,《人力资源管理——加拿大发展的动力源》,中国劳动社会保障出版社,2000年,第447—478页。

从人力资本功能性流动审计角度看,我们所关心的问题与人力资本职业性流动审计大体是一样的,但也有一些自身的特点。第一,我们关注病休率、伤休率和退休率的静态比较;第二,我们关心管理层和关键员工的病休率、伤休率和退休率水平;第三,我们关心组织的病休率、伤休率和退休率的动态变化;第四,我们还关心病休率、伤休率和退休率的行业比较,并对行业的时间序列变化感兴趣;第五,我们需要了解导致人力资本功能性流动的根本原因是什么。

本 章 小 结

1. 战略人力资本审计SVRAT模型包括:人力资本结构审计、人力资本价值与收益审计、人力资本倾向审计、人力资本流动审计等。

2. 人力资本结构审计是战略人力资本审计中最基础的部分,它包括人口统计学结构、工作特征结构以及素质结构。各类组织经常进行的对组织员工的性别、年龄、学历结构等方面的分析属于人口统计学结构;而对职称(职业资格证书)、工作年限、专业、部门、层次、功能(业务与支持)、海外经历等结构方面的分析都属于工作特征结构领域;素质结构包括严谨、影响力等个性与行为能力特征。人力资本结构审计的主要任务在于以下四个方面:(1)把握组织人力资本结构的状况;

(2) 确定现行的人力资本结构与组织战略所要求的理想的结构之间的缺口;
(3) 把握人力资本结构的动态变化,并将这种变化与组织战略的变化联系起来;
(4) 把握行业竞争对手的人力资本结构及其变化,并将其作为基准,确定组织与行业"最佳实践"的差距。

3. 人力资本价值是指人力资本为组织创造的价值,而人力资本收益则是指人力资本从组织中所获取的收益,人力资本价值收益比就是人力资本价值与人力资本收益的比值,可以定义为每货币单位人力资本收益所创造的价值。

4. 人力资本倾向审计可以理解为现行人力资源管理实践中的员工态度调查,但人力资本倾向审计不仅包括总体的员工满意度审计,还包括专项的满意度审计(如薪酬满意度、工作环境满意度等);不仅包括定期审计,还包括针对组织发生特定事件后的满意度审计(如组织发生重大变革、重大事故等);不仅包括满意度调查的直接结果的分析,而且关注员工满意度的动态变化以及员工满意度在行业内的比较等。因而,人力资本倾向审计是对员工满意度调查的扩展和深度利用,以期挖掘更多的有用信息,利于组织人力资源管理决策。

5. 广义的人力资本流动是指人力资本与工作的分离,或暂时的,或永久的。人力资本流动包括三个部分:事务性流动、职业性流动和功能性流动(如果狭义地理解,人力资本流动仅包含职业性流动)。相对应地,人力资本流动审计也就自然包括人力资本事务性流动审计、人力资本职业性流动审计和人力资本功能性流动审计等三个组成部分。

6. 缺勤率是人力资本事务性流动审计的基础指标。更细化的指标有以下几类。从缺勤类型来看,我们大体可以关注六类缺勤行为:因公缺勤、因私缺勤、旷工缺勤、事假缺勤、工伤缺勤以及病假缺勤;从缺勤主体来看,我们可以区分管理层缺勤率和关键员工缺勤率;从缺勤异常来看,我们可以设定缺勤异常比,即个人缺勤率超过组织缺勤率的员工缺勤天数与组织缺勤天数之比。

7. 流动率是衡量人力资本职业性流动的基础指标。更细化的指标包括辞退率(组织主动,而员工被动)和辞职率(组织被动,而员工主动),以区分对一个组织而言是主动性流动还是被动性流动。从流动主体看,可以区分为管理层流动率和关键员工流动率。由于总的流动率指标的天然缺陷,选择新员工六个月内的流动率作为一个衡量指标可能会更合适。新员工六个月内的流动率所能揭示的内涵有:巨大的招聘、甄选、定向、培训成本(已经发生的和即将要发生的);组织招聘甄选的能力(未能选择合适的人选);组织的自身的条件(工作环境、文化、待遇、发展机会等);组织形象(员工流失带来的市场反应);

内部员工的稳定性与士气(关于组织内外部的新信息的带入、传播对现有员工的影响)。

8. 人力资本功能性流动是指由于员工生理或心理状态的变化导致无法胜任工作要求并因此而结束职业生涯的流动。人力资本功能性流动按照导致流动的原因可以分为三类:因病流动、因伤流动和因老流动。因病流动是指由于员工因各类生理或心理疾病而从本组织工作岗位上退出职业生涯;因伤流动是指由于严重的工伤或非工伤而引起的员工生理或心理功能已无法胜任工作,员工因而从本组织工作岗位上退出职业生涯;因老流动则是正常的功能性流动,是指员工由于老而引起的生理或心理功能衰退,使其已无法胜任工作并退出职业生涯。基于人力资本功能性流动的分类,我们设计三个指标来进行人力资本功能性流动测量和审计,即病休率、伤休率和退休率。

复习思考题

1. 简述战略人力资本审计 SVRAT 模型的主要内容与逻辑关系。
2. 什么是人力资本结构审计?它的主要任务有哪些?
3. 如何定义人力资本价值、人力资本收益和人力资本价值收益比?
4. 人力资本价值与收益审计的指标有哪些?如何进行审计?
5. 如何定义人力资本倾向审计?如何进行人力资本倾向审计?
6. 人力资本倾向审计对组织战略有何价值?
7. 如何定义人力资本流动审计?它有哪几种类型?
8. 不同类型的人力资本流动审计的基础指标分别是什么?对它们如何进行审计?

案例1 人力资本结构审计:ST 公司的员工调查

人力资源状况是企业发展过程中人力资源管理的重要依据。进行人力资源现状分析的根本目的在于:通过对企业内部人力资源的现状分析,掌握有关公司人力资源现状的全面信息;然后根据这些信息,结合公司未来的发展战略,可以制定出一定时期内企业人力资源管理策略方案与规划,为公司的人员选聘、任用、调整和开发等一系列人力资源管理活动提供制度化管理保障;使公司的人力资源管理遵循公平、公正、公开的原则,同时做到有章可循。

调查与分析说明

本次人力资源现状调查与分析数据来自公司人员名册和员工情况一览表。在相关数据统计基础上,我们对部门员工配置、员工分类结构、员工年龄与工龄、员工专业分类、员工学历分布进行了分析,其中部门员工配置分析根据人员名册作出,其他各项分析根据员工情况一览表作出。以下各项调查分析中缺省项为员工情况一览表中相关项目中没有填写完整者。

现状调查(一):部门员工配置

1. 员工总人数:133人。

2. 部门与员工配置:员工分属10个部门。

3. 各部门员工比例:业务部门员工所占比例较大,符合公司急于形成核心产品并拓展业务的战略构想;但是,市场拓展部员工数量不足,不符合公司市场开拓的需要。

现状调查(二):员工分类结构

公司员工分为五大类。

1. 高级管理人员:包括公司总经理1人、副总经理2人、总经理助理1人、总工1人、副总工2人,计7人。

2. 中级管理人员:包括各部门总经理、副总经理,计18人。

3. 技术人员:各部门技术人员共计43人。

4. 销售人员:各部门销售人员共计16人,其中不包括其他几类人员中承担销售任务的员工。

5. 其他:包括相关内勤人员——前台、会计、出纳、秘书、人力资源管理人员等,计21人。

6. 各类员工的比例:高级管理人员、中级管理人员比例之和为20%;技术人员比例为34%;销售人员比例为13%,考虑到相关管理人员、技术人员也承担一部分销售职能,这一比例还应该略高;其他内勤人员比例为17%,约为21人。

现状调查(三):员工年龄

1. 员工年龄分五段:其中38岁以下年轻员工比例之和为86%,与现代信息产业整体人员年龄构成较为一致,而且这部分员工中,三个年龄段员工比例分配较为合理,没有人员断档现象;38岁以上员工多为中高级管理人员,从年龄结构上具备公司管理所必需的管理经验积累。

2. 各部门员工平均年龄:公司高层管理人员(总裁委员会成员)平均年龄47岁,符合高级管理人员年龄构成;其他几个部门平均年龄在30岁左右,与信息产业从业人员年龄构成大体相当。

现状调查(四):员工平均工龄

1. 公司高层管理人员平均工龄23年,工龄结构符合他们所应该具备的管理经验。

2. 其他部门平均工龄10年左右,工龄结构能满足公司业务发展所需要的技术和销售方面的经验积累。

3. 网络工程部平均工龄4年,略微偏低。

现状调查(五):员工专业分类

员工的专业构成比较复杂,根据员工所接受专业教育的现状进行分析,员工专业结构可划分为六类。

1. 计算机:计38人。

2. 自动化:计23人。

3. 通信工程:计21人。

4. 经济管理类:涉及国际贸易、企业管理、信息管理、管理工程和市场营销等相关专业,计6人。

5. 会计与金融类:涉及财务、会计和金融3个相关专业,计4人。

6. 其他类:以上各类以外的专业教育,计27人(注:员工专业分类以大专以上可确定专业教育为依据)。

员工专业分类比例分析:

1. 公司各类技术专业毕业的员工达到65%以上,加上其他专业中相关专业毕业的员工,技术专业毕业的员工比例达到75%以上。

2. 各类经济管理类专业毕业的员工比例为8%。

3. 员工专业结构中技术人员比例偏高,经济管理类人员比例偏低,不适合公司规范内部管理、进行市场拓展的需要。

现状调查(六):员工学历分布

1. 员工学历总体分布:大学本科以上比例为75%,学历结构比较合理;但是其中硕士以上学历员工比例为20%,对从事信息产业的企业来说,这一比例略为偏低。

2. 人员岗位分类学历构成:中高级管理人员25人中,90%以上学历为大学本科及以上;技术人员43人中,25%以上学历为大专,这一比例略为偏低;销售人员16人中,85%以上学历为大学本科及以上,学历结构较为合理。

3. 人员专业分类学历构成：会计金融与经济管理类专业员工10人中，有50%学历为大专，这一比例略为偏低；计算机、自动化和通信工程等技术类专业中，约有20%员工学历在大专及以下，60%为大学本科，20%为硕士，低学历员工比例偏高，高学历员工比例偏低。

4. 人员岗位分类专业构成：各类员工专业分布较为分散，但是，高级管理人员都是技术类专业毕业，从专业结构上看缺乏经营管理类专业人员。

案例来源：作者人力资源咨询项目公司资料，2001年。

案例讨论
1. 该份报告对人力资本结构的分析主要涉及哪些项目？
2. 从人力资本结构审计的一般原理来看，这份报告的主要问题是什么？
3. 这份报告对公司的人力资源管理的改进有价值吗？

案例2 人力资本流动审计：谷歌员工纷纷转投微软，人才流动演绎新篇章

近日，有消息称，谷歌员工在比较了微软和谷歌的工作环境以及企业文化后，纷纷选择离开谷歌，转而投奔微软。

据国外媒体报道，早前，有消息称，微软公司的程序员纷纷逃离微软，投入谷歌的怀抱；最近情况又有了变化，据悉，越来越多谷歌公司的开发者选择离开谷歌，前往微软。还有人在同时接到谷歌和微软的邀请函后，放弃了谷歌，选择微软公司。曾在谷歌工作过的 Sergey Solyanik 就是从谷歌回到微软的开发者中的一位，他抱怨谷歌公司的企业文化，并称谷歌缺乏相关的职业培训。

Sergey Solyanik 在一篇题为《回到微软》的博客中写道："上周我离开了谷歌，回到微软。我认为谷歌在许多方面都需要改进，公司内部有太多无趣的政治活动。然而我离开谷歌的主要原因并非这些，而是因为谷歌的开发过程。谷歌在开发过程中居然没有项目管理员和测试员间的协作，这种开源的工作模式并不适合我。我觉得作为一个企业，谷歌的内部并没有紧密连接在一起，其应用程序的可靠性也不达标。回顾我在谷歌工作期间，我并不感觉有多大收获，因此，我选择从微软重新开始。"

据悉，Sergey 并不是唯一一个对谷歌项目作出过巨大贡献，却又选择转投微软

的高级工程师。电脑程式设计师 Svetlin Nakov 也在其博客中总结了他接受微软和谷歌采访时的不同感受。Svetlin Nakov 指出,谷歌的采访十分不专业,只会问及一些算法和数据结构的问题,并不会深入到软件技术及软件工程的问题。此外,谷歌所需要的只是初级开发者,并不需要高级开发者。如果你刚开始你的第一份工作,那谷歌是个不错的选择,但如果你已工作多年,拥有了丰富的阅历之后,自然会选择比谷歌更适合你的位置。

案例来源:李远,2008 年 7 月 3 日,赛迪网,http://www.ccidnet.com.

案例讨论

1. 本案例所涉及的流动属于哪一类人力资本流动?导致这种流动的原因何在?

2. 请根据本案例所提供的信息以及你查阅的关于这两个公司的资料,为谷歌提出人力资本流动审计建议。

参考文献

[1] 布莱恩·贝克、马克·休斯理德、迪夫·乌里奇,《人力资源计分卡》,机械工业出版社,2003年。

[2] 陈清泰、吴敬琏,《公司薪酬制度概论》,中国财政经济出版社,2001年。

[3] 戴维·沃尔里奇,《人力资源教程》,新华出版社,2000年。

[4] 戴维·I·克利兰,《项目管理:战略设计与实施》,机械工业出版社,2002年。

[5] 高学东、武森、喻斌,《管理信息系统教程》,经济管理出版社,2002年。

[6] G·约翰逊、K·斯科尔斯,《公司战略教程》,华夏出版社,1998年。

[7] 胡汝银、司徒大年,"公司治理评级研究",《上海证券交易所研究报告》,2002年4月。

[8] 何淑明,"论企业人力资源'外包'的优势与风险",《企业研究》,2005年第2期,第97—98页。

[9] J·A·布雷克利、C·W·史密斯、J·L·施泽曼,《管理经济学与组织架构》,华夏出版社,2001年。

[10] 乔治·T·米尔科维奇、杰里·M·纽曼,《薪酬管理》(第6版),中国人民大学出版社,2002年。

[11] 乔治·T·米尔科维奇、约翰·W·布德罗,《人力资源管理》(第8版),机械工

业出版社,2002年。

[12] 加里·德斯勒,《人力资源管理》(第6版),中国人民大学出版社,1999年。

[13] 詹姆斯·吉布森、约翰·伊凡塞维奇、小詹姆斯·唐纳利,《组织学:行为、结构和过程》,电子工业出版社,2002年。

[14] 詹姆斯·P·刘易斯,《项目经理案头手册》,机械工业出版社,2001年。

[15] 经济学家情报社、安达信咨询公司、IBM咨询公司,《未来组织设计》,新华出版社,2000年。

[16] K·L·迈耶、J·L·布鲁德尼,《公共管理中的应用统计学》(第5版),中国人民大学出版社,2004年。

[17] 罗辉,《再造企业制度》,经济科学出版社,2003年。

[18] 劳动和社会保障部,《中国劳动和社会保障年鉴2002》,中国劳动社会保障出版社,2002年。

[19] 迈克尔·波特,《竞争优势》,华夏出版社,1997年。

[20] 迈克尔·阿姆斯特朗,《战略化人力资源基础》,华夏出版社,2004年。

[21] 玛丽·F·库克,《人力资源外包策略》,中国人民大学出版社,2003年。

[22] P·简斯特、D·赫西,《公司能力分析:确定战略能力》,人民邮电出版社,2004年。

[23] 彭剑锋,《人力资源管理概论》,复旦大学出版社,2003年。

[24] R·A·诺伊、J·R·霍伦拜克、B·格哈特、P·M·莱特,《人力资源管理:赢得竞争优势》,中国人民大学出版社,2000年。

[25] R·L·克利姆、I·S·卢丁,《项目中的人力资源管理》,机械工业出版社,2002年。

[26] R·L·达夫特,《组织理论与设计精要》,机械工业出版社,1999年。

[27] 苏珊·F·舒尔茨,《董事会白皮书:使董事会成为公司成功的战略性力量》,中国人民大学出版社,2003年。

[28] 斯图尔特·克雷纳,《管理百年:20世纪管理思想与实践的批判性回顾》,海南出版社,2003年。

[29] 王养成,"人力资源外包服务商选择组合评价模型",《生产力研究》,2007年第10期,第111页。

[30] 王光远,《管理审计理论》,中国人民大学出版社,1996年。

[31] 吴淑琨、陈峥嵘,"中国上市公司治理评价体系(CGESC)研究",《上海证券报》,2003年3月。

[32] 西蒙·多伦、兰多·舒尔乐,《人力资源管理——加拿大发展的动力源》,中国劳动社会保障出版社,2002年。

[33] 徐二明,《企业战略管理》,中国经济出版社,2002年。

[34] 叶银华、李存修、柯承恩,《公司治理与评级系统》,中国财政经济出版社,2004年。

[35] 约翰·皮尔斯二世、小理查德·B·鲁宾逊,《战略管理——制定、实施和控制》(第8版),中国人民大学出版社,2004年。

[36] 张一弛,《人力资源管理教程》,北京大学出版社,1999年。

[37] 张德,《人力资源开发与管理》(第2版),清华大学出版社,2001年。

[38] 张振香、杨伟国,《发电企业人力资源管理理论与实践》,中国劳动社会保障出版社,2009年。

[39] 郑楠,"企业人力资源外包风险及规避措施探析",《软科学》,2005年第2期,第24—25页。

[40] 周展宏,"工作压力困扰中国经理人",《中华儿女(海外版)》,2004年第3期,第25页。

[41] 中国证券监督管理委员会,《上市公司治理准则》,2002年1月7日。

[42] Arif, A. R., Performance Audit of Human Resources Management, *International Journal of Government Auditing*, Apr. 1989, 16(2), pp. 9–11.

[43] Andrews, Christopher John, *Developing and Conducting a Human Resource Management Performance Audit: Case Study of an Australian University*, Dissertation, Faculty of Business, University of Southern Queensland, 2007.

[44] Dolenko, Marilyn, *Auditing Human Resources Management: Institute of Internal Auditors*, Florida: Altamonte Springs, 1990.

[45] Dwyer, Dale, *Human Resource Auditing*, 2002, www.shrm.org/whitepaper.

[46] Easteal, Martin, The Audit of Human Resources, *International Journal of Government Auditing*, Jan. 1992, 19(1), pp. 10–11.

[47] Edwards, Jack E., Scott, John C., Raju, Nambury S., *The Human Resources Program-Evaluation Handbook*, Thousand Oaks, CA.: Sage Publications, 2003.

[48] Eddy, E. R., Stone, D. L., Stone-Romero, E., The Effects of Information Management Policies on Reactions to Human Resource Information Systems: An Integration of Privacy and Procedural Justice Perspectives, *Personnel Psychology*, 1999, 52(2), pp. 335–358.

[49] Foulkes, Fred K., The Expanding Role of the Personnel Function, *Harvard Business Review* (March–April), 1975, pp. 71–84.

[50] Fisher, C. D. Schoenfeldt, L. F., Shaw, J. B., *Human Resources Management*, 3rd edition, Houghton Mifflin Company, 1999, p. 91.

[51] Grossman, R. J., Measuring Up, *HR Magazine*, 2000, 45(1), pp. 28 – 35.

[52] Greer, C. R., Youngblood, S. A., Gray, D. A., Human Resource Management Outsourcing: The Make or Buy Decision, *Academy of Management Executive*, 1999, 13, pp. 85 – 96.

[53] Heneman, H. G. Jr., *Personnel Audits and Manpower Assets*, Minneapolis: Industrial Relations Center, University of Minnesota, 1967.

[54] Human Resource Strategies Services, 2003.

[55] Harkins, P. J., Kurtz, L., The Real Cost of Employee Turnover, *World Executive's Digest*, 1991, 7(10), p. 87.

[56] Iverson, Gary, Rowlee, Eric, Designing a Balanced Scorecard for Human Resources, *HR Research — Intel Corporation*, Apr. 17th, 2003.

[57] Jefferson, Thomas, *Personnel Audit and Appraisal*, New York: McGraw-Hill, 1955.

[58] Jenster, Per V., Deal Maker or Deal Breaker: Human Resource Issues in Successful Outsourcing Project, *Strategic Change*, 1999, 8, pp. 263 – 268.

[59] Knowles, M. C., Labor Turnover: Aspects of Its Significance, *Journal of Industrial Relations*, 1976, 18(1), pp. 67 – 75.

[60] McBrayne, I., Audit in the Human Resources Field, *Public Administration*, 1990, 68(3), pp. 369 – 375.

[61] Morrish, K., *Navigating Human Resource Benchmarking: A Guide for Human Resource Managers*, Workforce Management and Development Office, 1994.

[62] Nutley, Sandra, Beyond Systems: HRM Audits in the Public Sector, *Human Resource Management Journal*, 2000, 10(2), pp. 21 – 38.

[63] Nilson, Carolyn, *How to Manage Training: A Guide to Design and Delivery for High Performance*, 3rd edition, New York: American Management Association, 2003.

[64] O'Connell, Sandra E., Calculate the Return on Your Investment for Better Budgeting, *HR Magazine*, Oct. 1995, p. 40. Reprinted with the permission of *HR Magazine* published by the *Society for Human Resource Management*, Alexandria, VA.

[65] Olalla, M. F. and Castillo, M. S., Human Resources Audit, *International Advances in Economic Research*, 2002, 8(1), pp. 58 – 64.

[66] Paterson, Lee T., *The Human Resource Audit*, 3rd edition, Charlottesville: VA Lexis Law Publishing, 1999.

[67] Parsons, J. G., Values As a Vital Supplement to the Use of Financial Analysis in HRD, *Human Resource Development Quarterly*, 1997, 8(1), pp. 5 – 13.

[68] Ray, P., Hire Executives: Who'll Stay, *HR Magazine*, 1996, 41(6), p. 19.

[69] Schwind, Das and Wagar, *Canadian Human Resource Management a Strategic Approach*, *6th edition*, Toronto: McGraw-Hill Ryerson, 2001.

[70] Seybold, Geneva, *Personnel Audits and Reports to Top Management*, New York: National Industrial Conference Board, 1964.

[71] Sheibar, Paul, Personnel Practices Reviews: A Personnel Audit Activity, *Personnel Journal*, Mar. 1974.

[72] Sheibar, Paul, The Seven Deadly Sins of Employee Attitude Surveys, *Personnel*, 1986, 66(6), p. 68.

[73] Story, M., Employee Surveys Reveal Trends in Corporate Behavior, *Human Resources*, 1996, 1(2), p. 3.

[74] Stone, Raymond J., *Human Resource Management*, *3rd edition*, Brisbane: John Wiley & Sons Australia, 1998.

[75] Swist, Jeannette, Benchmarking in Human Resources, *White Paper*, *Society for Human Resources Management*, Feb. 1997, Reviewed Nov. 2002.

[76] U.S Department of Labor, Employment Law Guide, Apr. 2003, pp. 1 – 2.

[77] Viswesvaran, C., Introduction to Special Issue: Role of Technology in Shaping the Future of Staffing and Assessment, *International Journal of Selection and Assessment*, 2003, 11(2/3), pp. 107 – 112.

[78] White, G. L, Employee Turnover: The Hidden Drain on Profits, *HR Focus*, 1995, 72(1), p. 15.

[79] Walker, J. W., Are We Using the Right Human Resource Measures?, *Human Resource Planning*, 1998, 21(2), pp. 7 – 8.

[80] Weelbourne, T. M., and Andrews, A. O., Predicting the Performance of Initial Public Offerings: Should Human Resource Management Be in the Equation?, *Academy of Management Journal*, 1996, 39(4), pp. 891 – 919.

[81] Yeung, Arthur, Brockbank, Wayne, Reengineering HR Through Information Technology, Reprinted with permission from *Human Resource Planning*, 1995, 18(2), p, 29. Copyright 1995 by The Human Resource Planning Society.

后记（第一版）

这本教材有两个"第一"：首先，它是国内第一部关于人力资源审计的教材；其次，它第一次以全新的结构来探讨人力资源审计，这个结构也同样适用于对人力资源管理的分析。但是，"第一"也意味着"尝试性"，而教材的基本要求则是"确定性"，因此，在"尝试性"的结构下，本教材基于对大量研究成果的借鉴与引用尽可能充实"确定性"内容。这种尝试是否成功有赖于读者和学界的判断。

本教材是中国人民大学劳动人事学院院长曾湘泉教授主编的"复旦博学·21世纪人力资源管理丛书"的一部分，在此，我要特别感谢曾湘泉教授给我这个机会让我能够参与其中。作者感谢劳动人事学院领导的支持与院里诸位同仁的帮助，没有他们的支持和帮助，很难想象能够顺利地完成这项工作。作者特别感谢曾湘泉教授、文跃然副教授、石伟副教授、周文霞副教授、徐世勇博士，与他们的讨论极大地扩展了我的思路。作者感谢张珂、王颖、李凤、王倩倩、黄敏等同学为英文原始文献所提供的出色的翻译。此外，作者非常感谢复旦大学出版社苏荣刚先生对本书所给予的大力支持。

最后，我特别感谢我的家人——我的父母、妻子和儿子，没有他们的支持、鼓励和督促，完成这项工作是没有任何可能的。

鉴于作者的学识，这本教材必定还有许多不足乃至不当的地方，恳请读者和学界批评指正。对于书中的错误，作者理当承担一切责任。

杨伟国
2004年5月28日

图书在版编目(CIP)数据

战略人力资源审计/杨伟国著. —3 版. —上海:复旦大学出版社,2015.5
(复旦博学·21 世纪人力资源管理系列)
ISBN 978-7-309-11448-5

Ⅰ.战… Ⅱ.杨… Ⅲ.企业管理-人力资源管理-高等学校-教材 Ⅳ.F272.92

中国版本图书馆 CIP 数据核字(2015)第 100815 号

战略人力资源审计(第三版)
杨伟国 著
责任编辑/宋朝阳

复旦大学出版社有限公司出版发行
上海市国权路 579 号 邮编:200433
网址:fupnet@fudanpress.com http://www.fudanpress.com
门市零售:86-21-65642857 团体订购:86-21-65118853
外埠邮购:86-21-65109143
上海浦东北联印刷厂

开本 787×1092 1/16 印张 14.25 字数 265 千
2015 年 5 月第 3 版第 1 次印刷

ISBN 978-7-309-11448-5/F·2141
定价:39.00 元

如有印装质量问题,请向复旦大学出版社有限公司发行部调换。
版权所有 侵权必究